BERNARD ANDREAE

LAOKOON
UND DIE GRÜNDUNG ROMS

KULTURGESCHICHTE
DER ANTIKEN WELT

BAND 39

VERLAG PHILIPP VON ZABERN · MAINZ AM RHEIN

BERNARD ANDREAE

LAOKOON
UND DIE GRÜNDUNG ROMS

VERLAG PHILIPP VON ZABERN · MAINZ AM RHEIN

220 Seiten mit 14 Abbildungen; 40 Tafeln mit 30 Farb- und
22 Schwarzweiß-Abbildungen

Vorsatzblatt: Kupferstich in Tuschmanier von Stefano Mulinari (1774)
nach Federigo Zuccaris Federzeichnung im Gabinetto Disegni e Stampe der Uffizien in Florenz:
„Taddeo Zuccari, Bruder des Künstlers zeichnet die Laokoon-Gruppe."

Im Umschlag hinten: Karte des Mittelmeergebietes im 2. Jh. v. Chr.

CIP-Titelaufnahme der Deutschen Bibliothek

Andreae, Bernard:
Laokoon und die Gründung Roms / Bernard Andreae. – Mainz
am Rhein : von Zabern, 1988
  (Kulturgeschichte der antiken Welt ; Bd. 39)
  ISBN 3-8053-0989-9

NE: GT

© 1988 by Verlag Philipp von Zabern, Mainz am Rhein
ISBN 3-8053-0989-9
Alle Rechte, insbesondere das der Übersetzung in fremde Sprachen, vorbehalten.
Ohne ausdrückliche Genehmigung des Verlages ist es auch nicht gestattet, dieses Buch oder Teile daraus
auf photomechanischem Wege (Photokopie, Mikrokopie) zu vervielfältigen.
Printed in West Germany by Philipp von Zabern
Printed on fade resistant and archival quality (PH 7 neutral)

MEINER MUTTER

INHALTSVERZEICHNIS

Einleitung
Laokoon und die Gründung Roms
9

1. Teil
Florenz und Rom
Das schöpferische Mißverständnis
über den Ruhm der Laokoon-Gruppe
21

2. Teil
Sperlonga und Rhodos
Die neuen Entdeckungen über
die Laokoon-Bildhauer
67

3. Teil
Pergamon und Rom
Die Lösung der Widersprüche
und die tiefere Bedeutung
der Laokoon-Gruppe
135

Nachwort
186

Dokumentation
189

Abbildungsverzeichnis
217

Einleitung

Laokoon und die Gründung Roms

Plinius, 36, 37:	Entweder:	Oder:
opus omnibus et picturae et statuariae artis praeferendum.	Ein Werk, das allen Werken der Malerei und Bildhauerkunst vorzuziehen ist.	Als Arbeit allen in Malerei und Bronzeguß vorzuziehen.

Die Laokoon-Gruppe, das wohl berühmteste Werk antiker Skulptur, wird nach der herrschenden, vor kurzem noch einmal bekräftigten Lehrmeinung als eine Originalschöpfung der Zeit um 30 v. Chr. angesehen. Da in der gleichen Zeit der Dichter des römischen Nationalepos, Vergil (70–19 v. Chr.), die ausführlichste erhaltene Schilderung vom Tode des Laokoon niederschrieb, war diese Datierung verständlich, zumal sie durch inschriftliche Zeugnisse abgesichert schien.

Die herrschende Meinung

Unter der Voraussetzung dieser Datierung hat sich die Forschung aber immer tiefer in Widersprüche verwickelt, über die man bisher hinwegging, weil die scheinbare Gewißheit die Fragen überwog. Doch so entstanden immer neue, nicht mehr lösbare Schwierigkeiten. Der Laokoon wurde zum erratischen Block in einer wenigstens halbwegs geordneten Kunstlandschaft. Deshalb versucht dieses Buch zunächst die Widersprüche einzeln aufzuzeigen und zu erklären, wie es dazu gekommen ist. Da das grundsätzliche Mißverständnis bis in die Zeit noch vor der Auffindung der Gruppe im Jahre 1506 zurückreicht und als solches bis heute noch nicht einmal erkannt wurde, muß man weit ausholen und erklären, warum das Werk von Anfang an so berühmt war, daß alle Fragen davor verstummten.

Widersprüche

Dieses Buch wird zu dem überraschenden Ergebnis kommen, daß die Laokoon-Gruppe im Vatikan nicht eine Originalschöpfung ist, sondern eine Marmorwiederholung der frühen römischen Kaiserzeit, kopiert nach einer hellenistischen Bronze-Gruppe des mittleren zweiten Jahrhunderts v. Chr. Doch dann tun sich Fragen auf:

Zu erwartendes Ergebnis

Nicht nur die naheliegende, wieso diese Erkenntnis der Forschung fünfhundert Jahre lang verborgen bleiben konnte, sondern auch, woher eine römische Marmorkopie die historische Wucht haben sollte, welche die Geschichte der Betrachtung des Kunstwerks Laokoon bestimmt. Um diese Frage zu beantworten, ist es notwendig, auch die Rezeptionsgeschichte des Werkes knapp ins Auge zu fassen.

Einkreisung des Problems

Dabei muß von vornherein sicher sein, daß der Leser nicht in weiten Kreisen um das Problem herumgeführt wird, das dann letztlich doch unlösbar bleibt, sondern daß ihm eine präzise Lösung vorgetragen wird, die er um so eher akzeptieren mag, je genauer die Gründe verständlich werden, weshalb die bisher geltende Erklärung und Datierung des Werkes nicht richtig sein können.

Eine neue Basis

Wenn man dieses heute eindeutig zeigen und zugleich zu einem neuen Verständnis der Gruppe vordringen kann, so ist das einer fast unglaublichen Folge neuer Funde und Entdeckungen zu verdanken, die das ganze Problem auf eine neue Basis gestellt haben. Diese in den drei letzten Jahrzehnten nicht abreißende Kette unerwarteter Entdeckungen allein rechtfertigt eine neue Schrift über das alte Thema. Entscheidend aber ist, daß eine neue Übersetzung der seit jeher im Mittelpunkt der Streitfragen stehenden, einzigen Erwähnung des Laokoon aus dem Altertum, nämlich der bekannten Textstelle im Buch 36, 37 der Naturgeschichte des Plinius, das Kunstwerk in ganz neuem Licht erscheinen läßt. Diese neue, im Grunde einfache Übersetzung ergab sich erst, als durch die erwähnten Entdeckungen der Wissensstand des Plinius annähernd wieder erreicht war. Damit ist im Kern die Frage beantwortet, warum die richtige Interpretation der Passage bei Plinius nicht früher entdeckt wurde: sie setzte die neuen Funde voraus.

Zwei entscheidende Informationen

Zwei von einander unabhängige, gleichzeitige Ereignisse vor 30 Jahren, nämlich der Beginn der Wiederherstellungsarbeit an der Laokoon-Gruppe durch Filippo Magi im Jahre 1957 und die Entdeckung einer Inschrift der Laokoon-Künstler am 24. September des gleichen Jahres, bildeten den Anfang zu der Serie neuer Entdeckungen über die Laokoon-Gruppe. Die dadurch gewonnenen Erkenntnisse machen ein Vielfaches der Informationen aus, mit denen sich das halbe Jahrtausend an Forschungs- und Rezeptionsgeschichte begnügen mußte, seit der Laokoon aufgrund jener maßlos rühmenden Erwähnung bei Plinius schon vor seiner Auffindung im Jahre 1506 in den Mittelpunkt des Interesses an der antiken Kunst gerückt war. Als Stichdatum kann das etwa gleichzeitige Erscheinen des ersten neuzeitlichen Aeneis-Kommentars von Cristoforo Landino in Florenz und der ersten Übersetzung der Naturalis Historia ins Vulgäritalienische des gleichen Autors im Jahre 1478 gelten. Die ausführlichste Schilderung der Laokoon-Tragödie im 2. Buch der Aeneis Vergils und die bekannte Stelle der Naturalis Historia Buch 36, 37, wo Plinius die Skulpturen-Gruppe im Titus-Palast auf dem Oppius-Hügel so rühmend erwähnt, wurden schon damals miteinander kombiniert und als Herausforderung zum wettstreitenden Vergleich der Renaissance-Malerei mit dem literarisch überlieferten, vermeintlichen Hauptwerk antiker Plastik angesehen. Ein berühmter Auftraggeber und ein nicht weniger berühmter Maler hatten diese Herausforderung angenommen. So kam es, daß die Laokoon-Gruppe schon berühmt war, bevor sie gefunden wurde. Als das ebenso heißersehnte wie unerwartete Ereignis 1506 eintrat, kannte die Begeisterung keine Grenzen.

Man kann die Geschichte der Laokoon-Verehrung von der Auffindung bis zum Beginn der neuen Entdeckungen in drei Phasen einteilen.

Geschichte der Laokoon-Verehrung

Die erste Phase, die von 1506 bis zur Mitte des 18. Jahrhunderts reicht, ist die der künstlerischen Auseinandersetzung mit dem großen Vorbild.
Künstler wie Michelangelo, Jacopo Sansovino, Bramante Lazzari, Baccio Bandinelli, Marco Dente als Kuperstecher Raffaels, Tizian, Montorsoli, Primaticcio, die Caracci und die Zuccari, Sisto Badalocchio, Jan de Bisschop, Joachim von Sandrart, Greco, Rubens und viele andere haben in der Bewunderung und Nachahmung des Laokoon gewetteifert.
Für diese Periode galt, was Gerard Audran, der den Laokoon als Modell für die Proportionen des menschlichen Körpers hinstellte, unter seine Zeichnungen der Skulptur aus verschiedenen Standpunkten schrieb: „Die Statue des Laokoon ist immer von allen hervorragenden Künstlern als wunderbar bezeichnet worden, so daß die meisten nicht zögerten, ihr den ersten Platz unter allen Antiken einzuräumen."
Diesen Platz hatte ihr schon zur Einleitung der Epoche des rühmenden Kündens durch die Künstler der spätere Kardinal Jacobus Sadoletus in einem lateinischen Gedicht eingeräumt, das er im

1. Phase: rühmendes Künden durch die Künstler

13

2. Phase: literarische Auseinandersetzung im Zeitalter der deutschen Klassik

Auftrag des Papstes Julius II. zum Fest der Aufstellung des Laokoon im Vatikan am 1. Juni 1506 verfaßte.
Die zweite Phase ist die der an Sadoletus anknüpfenden literarischen Auseinandersetzung mit dem Werk im Zeitalter der deutschen Klassik. Das auslösende Ereignis ist die Abfassung von J. J. Winckelmanns Schrift „Gedanken über die Nachahmung der griechischen Werke in der Malerei und Bildhauerkunst" im Jahre 1754, die ein Jahr später in Dresden erscheint. Diese Schrift eröffnet nicht nur die wiederholte Beschäftigung des Begründers der klassischen Archäologie und der Kunstgeschichte mit dem Thema, sondern sie löst auch die Gedanken Lessings, Herders, Goethes und Schillers zum Laokoon aus, die den Ruhm der Gruppe in Deutschland begründet haben.
Nach den Worten von H. Althaus, der diese zweite Phase der Laokoon-Verehrung durch die deutsche Klassik in einer Schrift mit dem programmatischen Titel „Laokoon. Stoff und Form" in grundlegender Weise untersucht hat, war auch für die klassischen deutschen Dichter „das Urteil des Plinius über den Laokoon als einem alle Werke der Bildenden Kunst überragenden Werk, das sie uneingeschränkt übernahmen, ... der entscheidende Anlaß, sich mit der Gruppe so nachdrücklich zu beschäftigen. Überdies bekräftigte es den Glauben, aus diesem Werk wie aus keinem anderen die Gesetze der Kunst ablesen zu können".
„Der Glaube an den Laokoon als eine recht eigentlich vorbildliche höchste Leistung der griechischen Kunst läßt sich nicht festhalten", so schrieb hingegen ein hervorragender Vertreter der dritten Phase der Beschäftigung mit dem Laokoon, Reinhard Kekulé, in seinem Beitrag „Zur Deutung und Zeitbestimmung des Laokoon" 1883. Diese dritte Phase ist die erste einer rein wissenschaftlichen Auseinandersetzung mit dem Werk. Sie erscheint in der Phase der literarischen Auseinandersetzung schon vorbereitet, wenn man besonders an die Grundsätze Lessings denkt oder an den Göttinger Professor Christian Gottlob Heyne, der 1779 seiner gelehrten Abhandlung über die Laokoon-Gruppe folgenden Satz voranstellte: „Vom Laocoon ist so viel geschrieben worden, dass man wohl glauben sollte, es müssten alle Umstände, welche die Gruppe angehen, in das völligste Licht gesetzt seyn. Gleichwohl erinnere ich mich es noch von der Zeit her, da Winkelmanns und Lessings Schriften unsere Landsleute auf dieses Kunstwerk aufmerksam machten, dass mir, mitten unter aller der Bewunderung und ent-

zückter Anstaunung desselben, einige Schwierigkeiten und Zweifel entstanden, die ich nirgends aufgelöset fand". Ein Satz, den man auch dem vorliegenden Buch hätte voranstellen können und der, aller Voraussicht nach, auch anderen späteren Büchern noch als Motto dienen mag.

Auch Johann Gottlieb Welckers 1827 formulierte Einwendungen gegen Goethe und sein Ansatz, das Berechnende der verwickelten Bewegungen der Schlangenleiber zu erfassen, sind schon Vorboten der wissenschaftlichen Beschäftigung, so wie William Blakes Laokoon-Radierung von 1815 mit dem Titel: „Jehova und seine beiden Söhne, Satan und Adam, kopiert nach dem Cherubim vom Tempel Salomons durch drei rhodische Künstler und auf die natürliche Geschichte von Ilion übertragen" ein Nachklang aus der ersten Phase der künstlerischen Verehrung ist, der, wenn auch in besonderer Weise, sogar Ossip Zadkines Plastik von 1947–1953 „Die zerstörte Stadt" in Rotterdam noch zuzuordnen ist. *Abb. 54*

Das eigentliche Merkdatum für den Beginn der dritten Phase dürfte jedoch das Erscheinen von Heinrich Brunns „Geschichte der griechischen Künstler" im Jahre 1853 gewesen sein. Darin wird zum ersten Mal nicht nur ein Eindruck der Gruppe mehr oder minder dichterisch beschrieben, sondern eine gründliche Analyse der technischen Behandlung und der künstlerischen Gestaltung unternommen, die zu einer später abgelehnten, jetzt aber wieder in ihr Recht einzusetzenden Datierung der Gruppe in den gleichen hellenistischen Kunstkreis führt, dem auch die Gruppe des sogenannten „Farnesischen Stiers" entstammt. H. Brunn differenziert seine verhaltene Bewunderung für das Werk auf der einen Seite in eine Anerkennung des von den Künstlern erfaßten „wunderbaren Mechanismus des menschlichen Körpers in seiner gewaltigsten Anstrengung" sowie der „einzigartig geschlossenen und überschaubaren Komposition"; auf der anderen Seite erkennt er „eine gewisse Magerkeit und Trockenheit in der Behandlung der Flächen" und formuliert den Eindruck, daß „wir zu sehr Form neben Form, zu viele einzelne Formen und Flächen sehen". Als ob er geahnt hätte, daß die Bravour der äußeren Formgebung von anderer Art ist als die Erfindung des Ganzen, eine Erkenntnis, die tatsächlich erst das Ergebnis der hier vorzutragenden Forschung ist.

3. Phase: wissenschaftliche Auseinandersetzung

Abb. 36

Seit Erscheinen des Werkes von Brunn bis heute nehmen die negativen Töne in der Beurteilung der Skulpturen-Gruppe ständig zu. Diese ist zu einem Werk geworden, das man „mit halb staunendem, halb fragendem Blick betrachtet". Staunen und Fragen aber waren schon für Herodot der Anlaß, die Geschichte zu erforschen.

Schauplätze Die Forschungen führen an die verschiedensten Schauplätze: Außer nach Rom, wo man jedoch den Schlüssel zum Problem des Laokoon nicht finden kann, nach Florenz und Poggio a Caiano, nach Sperlonga und Baia, nach Rhodos und Pergamon, nach Korinth, Karthago und Numantia, jenen von den Römern zerstörten Städten, die die Errichtung der römischen Herrschaft im Osten, Süden und Westen der mittelmeerischen Welt bezeichnen. Auf diesen Schauplätzen wird man den gleichen historischen Persönlichkeiten, gleichsam den *dramatis personae*, immer wieder begegnen. Es ist nicht eine unüberschaubare Fülle von Menschen, sondern es ist eine kleine Gruppe, sei es im Florenz und Rom der Renaissance, wo das Interesse am Schicksal des Laokoon neu belebt und die schon vor der Wiederentdeckung berühmte Skulpturengruppe im Jahre 1506 gefunden wurde, sei es in der römischen und hellenistischen Welt zur Zeit der späten Republik und des frühen Kaiserreichs, als die Gruppe geschaffen und als sie von den Römern ihrer eigenen Erlebniswelt eingefügt wurde.

Personen Es ist erstaunlich, daß in jedem Fall die Ereignisse nur um wenige Menschen gravitieren. Unwillkürlich kommt einem das Wort Konstellation in den Sinn, das für die Konjunktion von Sternen geprägt wurde. In der Renaissance sind es Lorenzo il Magnifico und sein Kreis, vor allem Giuliano da Sangallo, Filippino Lippi und Michelangelo, die in Rom in den Bannkreis des Papstes Julius II. geraten. Dieser hatte sich durch seine Namensgebung in die Familie der Julier eingereiht, deren Geschick mit dem des Laokoon eng verknüpft war.

Außer den großen Juliern, Gaius Julius Caesar und seinem Adoptivsohn Augustus sind es dessen Hofdichter Vergil und sein Adoptivsohn und Nachfolger Tiberius, die eine besondere Rolle in der Geschichte des Kunstwerkes Laokoon spielen.

Völlig neu ins Blickfeld treten die Gestalten, die im 2. Jahrhundert v. Chr. die Weltgeschichte bewegen: Titus Quinctius Flamininus, der Sieger von Kynoskephalai (197 v. Chr.), Aemilius Paullus, der Sieger von Pydna (168 v. Chr.) und sein Sohn Publius, der von einem Sohn des älteren Scipio Africanus, des Siegers von Zama

(202 v. Chr.) adoptiert wurde und den Namen Scipio Aemilianus annahm. Er ist eine zentrale Gestalt des ganzen Geschehens im Mittelpunkt des Koordinatennetzes, das dieses Buch nachzuzeichnen versucht. 146 v. Chr. hat er Karthago und 133 v. Chr. Numantia zerstört.
Nicht weniger wichtig als die Römer sind die gleichzeitigen hellenistischen Fürsten und Feldherren, allen voran Hannibal, der überhaupt die treibende Figur des Geschehens im Mittelmeerraum an der Wende des 3. zum 2. Jahrhundert v. Chr. ist. In letzter Stunde hatte er sich vergeblich dem Aufstieg Roms zur bestimmenden Macht im Mittelmeerraum entgegengestemmt. Er war es, der die Makedonen unter Philipp V. in den Krieg mit Rom verwickelte, er trieb auch Antiochos III. den Großen von Syrien in den Krieg mit Rom, der 189 v. Chr. mit dem Sieg des Lucius Scipio Asiaticus, des Bruders des Africanus, bei Magnesia endete und mit dem Frieden von Apameia (188 v. Chr.) den Aufstieg von Rhodos und Pergamon zur Höhe ihrer Macht begründete. Hannibal widmete den Rhodiern seine Denkschrift über die Untaten der Römer in Kleinasien und säte damit das Mißtrauen in das Herz der Rhodier, das zum Sieg der romfeindlichen Partei und damit zum Niedergang von Rhodos beitrug.
In Rhodos begegnet man auch dem rätselhaften Dichter Lykophron, der offenbar zu den Attaliden von Pergamon enge Beziehungen unterhielt. Diese aber sind die wichtigsten von allen für die Geschichte des Laokoon. Attalos I., den Mommsen mit Lorenzo il Magnifico von Florenz verglich, war der König, der die Freundschaft mit den Römern begründet hat, welche die ganze Blütezeit Pergamons bestimmen sollte. Sein Sohn Eumenes II. ließ das gewaltigste pergamenische Kunstwerk schaffen, den großen Altar, dessen Alkyoneus das unmittelbare Vorbild des Laokoon ist. Wie zu zeigen versucht wird, waren es die beiden letzten Attaliden, die den Laokoon als den vollkommensten Ausdruck ihrer Zeit in Auftrag gaben und damit das bedeutendste Denkmal der weltgeschichtlichen Auseinandersetzung zwischen Rom und dem griechischen Osten schufen, dessen historische Wucht die erstaunliche Rezeptionsgeschichte dieses Werkes erklären kann.

Wenn das überraschende Ergebnis der jüngsten Forschungen nicht zu widerlegen sein sollte, dann fragt man sich doch immer wieder, wieso es der Forschung so lange verborgen blieb. Wir glauben,

Das schöpferische Mißverständnis

daß dies an dem schöpferischen Mißverständnis lag, in dem die Laokoon-Forschung von Anfang an befangen war. Will man ein Mißverständnis aufklären, so muß es zuerst als solches entdeckt werden. Diese Erkenntnis kam nicht von ungefähr, sondern sie konnte sich erst ergeben, als die neuen Entdeckungen die Laokoon-Forschung in unauflösbare Widersprüche verwickelten. Man mußte deshalb noch einmal alle Fakten und Argumente auf ihre Stichhaltigkeit prüfen. Schließlich trat, wie Albert Einstein es einmal formuliert hat, „der Moment ein, wo alle Tatsachen gesammelt sind, die man zur Lösung des Problems braucht. Die Tatsachen erscheinen oft seltsam, unvereinbar und ohne jegliche Beziehung zueinander. Man erkennt jedoch, daß im Augenblick keine weiteren Nachforschungen nötig sind und daß nur reines Nachdenken zu einer richtigen Zusammenstellung der gesammelten Tatsachen führen kann." Zu diesem Punkt versuchen die folgenden Darlegungen vorzudringen. Die Lösung des Problems, die am Ende vorgeschlagen wird, ist nur eine Konsequenz. Der Leser muß entscheiden, ob er den Indizienbeweis gelten lassen will, denn ein Geständnis der aufgerufenen historischen Persönlichkeiten liegt nicht vor.

Zum Titel Ein Wort noch zum Titel des Buches. Wann wurde Rom gegründet? Wer hat Rom gegründet? Auf diese Fragen weiß man eine Antwort; man hat sie in der Schule gelernt. Der Urgründer des römischen Volkes war Aeneas, der mit seinem Vater Anchises, dem Geliebten der Venus, und mit seinem Sohn Julus, dem Kind von Ilion, aus Troja floh. Die Stadt Rom wurde erst sehr viel später von den aus dem Geschlecht der Venus stammenden Zwillingen Romulus und Remus, den Söhnen des Mars und der Rhea Silvia, gegründet, nach Livius, der die ältere Annalistik zusammenfaßt, im Jahre 753 v. Chr. Von diesem Datum an: *ab urbe condita*, rechnet man den römischen Kalender. Die eigentliche Gründung Roms aber ist die Begründung des als schicksalhaft hingestellten Imperium Romanum in der Auseinandersetzung mit der hellenistischen Staatenwelt.

Doch, was hat Laokoon damit zu tun? Es ist nicht eine Gedankenspielerei, sondern es war eine im Politischen hochwirksame Vorstellung, daß das römische Volk von Flüchtlingen aus Troja gegründet wurde.

In vorgeschichtlicher Zeit war der Mythos die Erinnerung der Völker. Im Mythos wurde verdichtet, was der Überlieferung wert war. In historischer Zeit bewahrte der Mythos diese Rolle. Er prägte das Bewußtsein in den tiefsten Schichten.

Der Mythos von den trojanischen Urahnen der Römer erlangte im geschichtlichen Rom zu Beginn des 2. Jahrhunderts v. Chr. eine neue Bedeutung, als die Römer in die welthistorische Auseinandersetzung mit dem griechischen Osten hineingezogen wurden. Titus Quinctius Flamininus weihte zum Dank für seinen Sieg auf den Hundsköpfen (Kynoskephalai) im Jahre 197 v. Chr. im Heiligtum des Apollo von Delphi silberne Schilde, in deren Epigrammen er sich als „Aineadas", Nachkomme des Aeneas und als „Aineadan tagos megas" bezeichnet, das heißt, daß er die Römer Aeneaden nennt, deren großer Anführer er ist. In einem delphischen Orakel, das den Römern während des Krieges mit Antiochos III. dem Großen (191–189 v. Chr) zuteil wird, werden die Römer selbst „das Geschlecht der Troer" und die Makedonen in Syrien „Phöniker" genannt.

Damals bekam auch die schon in archaischer Zeit nachweisbare Überlieferung neue Bedeutung, daß Aeneas aus Troja floh, als er das düstere Vorzeichen des Todes der Laokoontiden sah.

Dieses Buch versucht zu zeigen, daß der Tod des Laokoon als Gründungsopfer Roms angesehen wurde. Der Tod des Priesters ist ein Gleichnis für die gottgewollte Zerstörung Trojas. Er wurde als erster, schon vor dem Untergang der Stadt geopfert, damit Aeneas ein Zeichen zur Flucht erhielt und Troja in Rom erneuern konnte. Das ist der Sinn, den die Römer einer Darstellung Laokoons beilegen konnten. Die bekannteste bildliche Darstellung des Mythos ist die Skulpturen-Gruppe im Vatikan. Wenn diese nun nicht eine Original-Schöpfung aus der Zeit Vergils, sondern eine Kopie in Marmor nach einem hellenistischen Bronzeoriginal ist, dann bleibt die Frage zu beantworten, was ein hellenistischer Grieche bei der Betrachtung des Laokoon sich denken sollte, da ihn das Gründungsopfer Roms doch kaum interessieren konnte. Diese Frage wird das vorliegende Buch auch dann nicht aus dem Auge verlieren, wenn es sich mit seinen Einzeluntersuchungen weit davon zu entfernen scheint.

Der Tod des Laokoon als Symbolon für die Gründung Roms

1. Teil

Florenz und Rom

Das schöpferische Mißverständnis
über den Ruhm der Laokoon-Gruppe

ad aeternam rei memoriam

Julius II.

Drei Menschen mußte die Auffindung der Laokoon-Gruppe im Jahre 1506 mehr bedeuten als allen übrigen in der Welt: Papst Julius II., dem Architekten Giuliano da Sangallo und dem Bildhauer Michelangelo.
Als Julius II., der nicht nur das geistliche Oberhaupt der Christenheit, sondern auch das weltliche des Kirchenstaates und seiner Hauptstadt Rom war, pflichtgemäß von der Auffindung einer besonders eindrucksvollen Statuengruppe im Weinberg des Felice de Fredis bei Santa Maria Maggiore informiert wurde, schickte er einen Reitknecht zu seinem Hofarchitekten Giuliano da Sangallo und bat nachzusehen, um was es sich handelt.
Da Michelangelo sich zu dieser Zeit im Hause seines Florentiner Freundes in Rom aufhielt, ging auch er mit.
So kam es, daß jene drei Persönlichkeiten im Rom der Hochrenaissance, und das heißt im damaligen Mittelpunkt der Welt, für die der unerhörte Fund die höchste Bedeutung hatte, als erste Kunde davon erhielten.
Das Faktum ist denkwürdig, wenn die historische Konstellation auch eher zufällig erscheint. Jedenfalls war diese erstaunliche Konstellation die Ursache dafür, daß der alle anderen antiken Statuen übertreffende Ruhm der Laokoon-Gruppe mit ihrer Auffindung zugleich begründet wurde, auch wenn dabei ein schöpferisches Mißverständnis eine Rolle gespielt hat, das die Laokoon-Gruppe nicht nur zum berühmtesten, sondern auch zum wissenschaftlich besonders heiß umstrittenen und zum rätselhaftesten Stück antiker Skulptur gemacht hat.

Eine erstaunliche Konstellation

Der Mythos von Laokoon bei Vergil

Der Mythos, der in der eindrucksvollen Skulpturen-Gruppe Gestalt gewann, ist am ausführlichsten im römischen Nationalepos, der Aeneis, geschildert, in der Vergil (70–19 v. Chr.) die Gründung des römischen Volkes besungen hat.

Im 2. Buch des Epos gibt Aeneas, „unsägliches Leid erneuernd", auf Geheiß der Königin Dido einen Bericht vom Untergang Trojas. Darin wird nicht ausgesprochen, daß der Tod des Laokoon für ihn das erste Zeichen vom nahenden Untergang Trojas ist, den die Götter beschlossen haben; sondern mit rein dichterischen Mitteln führt Vergil den Leser selbst zu dieser Erkenntnis. Man muß dieses berühmte zweite Buch ganz in sich aufnehmen, wenn man erfahren will, wie sich nach und nach, unter dem Schrecken der Vernichtung um ihn herum, in Aeneas die Erkenntnis Bahn bricht, daß die Götter, die Troja dem Untergang preisgaben, seine Rettung, seine Flucht wünschen. So, wie es am Anfang des Buches heißt, daß seine Zuhörer verstummen und den Blick gespannt auf Aeneas richten, so muß man dem Dichter selber folgen. Hier kann nur eine kurze Nachzeichnung des Aufbaues dieser achthundertundvier Verse gegeben werden, um die einzelnen Stufen herauszuheben, in denen die furchtbare und doch nicht hoffnungslose Erkenntnis bei Aeneas zum Durchbruch kommt, daß der Untergang Trojas und seine Flucht gottgewollt sind.

Das hölzerne Pferd

Aeneas beginnt seinen Bericht damit, daß die Griechen vom Kriege erschöpft und vom Schicksal gehindert durch die göttliche Kunst der Athene ein hölzernes Pferd bauten, hoch wie ein Berg, als ein täuschendes Gelübde für die Heimkehr. Im Bauch des Pferdes versteckten sie eine schwerbewaffnete Mannschaft und segelten ab, als wollten sie die vergebliche Belagerung Trojas abbrechen. In Wahrheit verbarg sich die Flotte bei der vorgelagerten Insel Tenedos.

Ganz Troja fühlt sich befreit, man öffnet die Tore und strömt zum verlassenen Lager der Griechen. Das Roß wird bestaunt und verschiedene Meinungen werden laut, was mit ihm geschehen soll; die einen raten, es in die Stadt zu bringen, die anderen wollen es ins Meer stürzen oder den Bauch durchstoßen, ob es ein hohles Versteck birgt. Da kommt, brennend vor Eifer, der Priester Laokoon von der Burg herab und ruft seine Warnungen aus: „Was es auch sei, ich fürchte die Griechen, auch wenn sie Geschenke bringen". Mit diesen Worten stößt er seine Lanze in die Flanke des Pferdes, das hohl ächzt. Als Aeneas sich daran erin-

▷

Abb. 1 Die Laokoon-Gruppe erscheint nach den Entdeckungen der letzten dreißig Jahre in neuem Licht. Es gilt, „die Hülle von Verständnis und Mißverständnis, die sich um den Laokoon gelegt hat", zu durchstoßen und zu seiner wahren Bedeutung vorzudringen.

Abb. 2   In einem Wandgemälde des Menander-Hauses in Pompeji ist der Tod des Laokoon, wie bei Vergil, einem Stieropfer gleichgesetzt. Der Priester wird von den Göttern geopfert, damit Aeneas ein Zeichen zur Flucht und zur Neugründung Trojas in Rom erhält.

Abb. 3 Das hölzerne Pferd, mit dem die Verteidiger selbst ihre Feinde in die Stadt bringen, zeigt die Verblendung der Trojaner. Sie machen sich zum Werkzeug des göttlichen Ratschlusses, der Troja zerstören und in Rom erneuern will, wie Vergil es kündet.

nert, wie nahe Troja damals der Rettung war und wie die eigene Blindheit verhinderte, daß der Speer des Laokoon die griechische Tücke vernichtete, da bekennt er, daß es nur göttliche Fügung gewesen sein konnte, sonst „stände Troja noch heute, noch ragte des Priamos Feste".

Das erste Zeichen hatte also auch Aeneas erst im nachhinein verstanden.

Auch er war mit Blindheit geschlagen. Denn plötzlich ward die Aufmerksamkeit der Trojaner auf eine Elendsgestalt gerichtet, die mit gefesselten Händen vor den König geschleppt wird. Es ist Sinon, der Vetter des Odysseus, der den Trojanern unter Einsatz seines Lebens eine Lügengeschichte erzählt, um sie dazu zu bringen, das hölzerne Pferd in die Stadt zu schaffen. Sie glauben ihm, daß er als Sühneopfer der Griechen ausersehen war, um die Götter zu besänftigen, die durch den von Odysseus und Diomedes ausgeführten Raub des Palladions beleidigt worden seien. Die Wahrheit ist, daß Athena, die den Trojanern wie Hera wegen des Paris-Urteils zürnte, die Stadt ihres Schutzes beraubt sehen wollte. So ließ sie das nächtliche Kommandounternehmen der beiden Helden Odysseus und Diomedes gelingen. Doch das ahnten die Trojaner nicht, sie begannen dem entkommenen Griechen, der seine Geschichte so flehentlich vorbrachte, Glauben zu schenken.

Sinon

Da verwirrt die sorglosen Herzen der armen Trojaner ein noch weit größeres, grausiges Wunder. Athena greift noch einmal zugunsten der Griechen ein und sendet von Tenedos zwei Schlangen über das Meer. Nun vollendet sich das Schicksal des Laokoon. Er weiht gerade dem Neptun, zu dessen Priester ihn das Los bestimmte, einen mächtigen Stier. Die Schlangen wälzen sich wie Drachen über das Meer heran. Ihre Kämme ragen blutrot über die Wellen, blutunterlaufen funkeln die Augen. Sie umschlingen zuerst die zarten Leiber der Söhne, packen und zermalmen ihre Glieder mit Bissen. Der Vater eilt mit Waffen zu ihrem Schutz herbei. Da ergreifen ihn die Schlangen, umschnüren ihm doppelt den Leib und doppelt den Hals und überragen ihn mit den Köpfen. Noch versucht er mit den Händen die Knoten zu lösen, doch seine heiligen Gewänder sind mit Eiter und Gift besudelt. Da brüllt er auf. Sein Tod wird in einem Gleichnis ausgedrückt: „So schauerlich brüllend rennt ein Stier, der schlecht getroffen, blutend hinweg vom Altare und schüttelt die Axt aus dem Nacken zu Boden".

Der Tod des Laokoon

◁
Abb. 4 Durch die Flucht des Aeneas aus dem brennenden Borgo ließ Julius II. (1503–1513) darstellen, wie aus den Trümmern des antiken und aus dem Schutt des mittelalterlichen Rom durch einen neuen Julier das Rom der Renaissance entsteht.

Die Schlangen entweichen zum Tempel und verbergen sich hinter dem Schild zu Füßen der Göttin.

Die Verblendung der Trojaner

Die Trojaner beschleicht Grauen. Sie sagen, Laokoon büße seinen Frevel zu Recht, weil er das hölzerne Pferd mit der Lanze verletzte. Die Mauern der Stadt werden durchbrochen, und das Tier wird von den verblendeten Trojanern ins Innere des Burghofes gebracht, obwohl es viermal an der Schwelle stockt und Waffengerassel aus seinem Bauch ertönt.

Auch Kassandras Rufe verhallen vergeblich. Die Verblendeten sind dem letzten Tag verfallen.

Erscheinung Hektors

Als Aeneas erzählt, wie in der Nacht Sinon das Feuerzeichen der zurückkehrenden griechischen Schiffe empfängt und die Falltür des Pferdes öffnet, um die Helden herauszulassen, da denkt der Held zum zweiten Mal, daß dies nur unter dem Schutz eines feindlichen Ratschlusses der Götter geschehen konnte. Denn die Stadt schläft, im vermeintlichen Siegestaumel von Wein und Schlummer begraben. Aeneas selbst hat ein Traumgesicht. Der erschlagene Hektor erscheint ihm und ruft ihm zu: „Fliehe, du Sohn der Göttin, entreiß Dich den Flammen!" Da Hektor die Stadt gerettet hätte, wäre sie zu retten gewesen, soll Aeneas sich und die heimischen Götter, die Penaten, retten und ihnen neu ragende Mauern zu erbauen suchen, wenn er die Meere durchfahren.

Erscheinung der Venus

Doch noch immer nicht begreift der Held. Er packt seine Waffen, schart einige Freunde um sich und greift die eingedrungenen Griechen an, deren er viele erschlägt. Um ihn werden alle Gefährten niedergemacht. Die Burg des Priamus wird erstürmt, der König erschlagen. Aeneas ist allein noch übrig. Plötzlich sieht er Helena, die sich in einem Winkel verbergen will. Widerstreitende Gedanken durchzucken ihn. Auch wenn die Bestrafung von Frauen verächtlich ist, will er die Frevlerin doch dahintilgen und der Rache Flammen kühlen. Da erscheint ihm, so klar wie nie zuvor, in der dunklen Nacht von hellem Licht beschienen, seine erhabene Mutter, Venus. Sie öffnet ihm die Augen, daß die anderen Götter, Neptun sowie Juno, Minerva und Jupiter, die Stadt vernichten wollen und sich dabei der Griechen bedienen. Aeneas eilt nach Hause, nimmt den Vater, der mit reinen, nicht vom Blut besudelten Händen die Penaten trägt, auf die Schulter, den Sohn Julus an die Hand und flieht gefolgt von seiner Frau Kreusa, die plötzlich zurückbleibt.

Als Aeneas Vater und Sohn in Sicherheit gebracht hat, stürzt er noch einmal in die brennende Stadt zurück, um seine Frau zu retten. Rasend durchsucht er die Häuser, da sieht er plötzlich das Schattenbild seiner Frau. Aus ihrem Munde erfährt er die Weissagung, auf die alles zulief. Aeneas muß mit dem gemeinsamen Sohn Julus fliehen, um in einem anderen Lande, wo der lydische Tiber seine Fluten ergießt, ein Königtum und eine fürstliche Gattin zu finden. Es war der Wille der Götter, daß Kreusa ihn nicht halten, ihm nicht folgen durfte.

Erscheinung der Kreusa

Vom Tode des Laokoon an wird in einer gewaltigen Steigerung an Gesichten Aeneas seine große Aufgabe gezeigt, sich durch die Flucht zu retten und Troja in Rom wieder auferstehen zu lassen. Hektor, seine Mutter Venus, Neptun und die Götter, die später zur Capitolinischen Trias werden sollten, und schließlich seine ihn liebende, geliebte Frau, eine reale Verkörperung der Liebe, vollenden das Symbol, das Zeichen, das ihm mit dem Tod des Laokoon zu Anfang gegeben wurde. So führt ein Dichter den Leser durch sein Mythologem.

Ein Dichtwerk ist so vielschichtig, daß darinnen bestimmte Gedanken für lange Zeit verborgen bleiben können. So scheint eine poetische Aussage dieses Textes in ihrer tieferen Bedeutung bisher noch nicht ausgeschöpft. Es ist der erschütternde Vergleich, in dem Vergil den Tod des Laokoon anschaulich macht: Laokoon brüllt auf wie ein Stier, der vom Opferbeil schlecht getroffen ist. Der trojanische Priester wird mit einem Opfertier verglichen. Doch es ist nicht irgendein Opfertier, sondern wie Vergil an anderer Stelle (Georgica II 146f.) sagt: *maxima taurus victima*, die größte Gabe, der Stier, der dem römischen Staatsopfer vorbehalten war. Das Gleichnis macht sinnfällig, daß Laokoon selbst ein Opfer ist. Die Opfernden sind die Götter: Jupiter, Juno und nicht zuletzt Minerva, die den Ratschluß ausführt und die Schlangen sendet. Jupiter, Juno und Minerva aber sind die Staatsgötter, denen später in Rom, auf dem Kapitol, das Stieropfer dargebracht wird. Sie wollen zwar die Zerstörung Trojas, sie wollen die Stadt aber auch in Aeneas und seinen Nachkommen erneuert sehen. Deshalb opfern sie Laokoon, der ihren Ratschluß durchkreuzen wollte; sie lassen seinen Tod aber zugleich für Aeneas zum ersten Zeichen werden, daß der Sohn der Venus und des Anchises sich retten und für die große Aufgabe der Erneuerung Trojas im römi-

Der Tod des Laokoon als Gründungsopfer Roms

schen Volk aufbewahren kann. Das allein gibt dem ungerechten Tod Laokoons und seiner Söhne einen Sinn.

Die Sicht des Dichters

Der Dichter spricht in poetischen Bildern, die vor dem inneren Auge erstehen; er macht keine berichtenden Aussagen, wie sie vom Historiker verlangt werden. Das setzt auch beim Leser eine Gestimmtheit voraus. Wenn dieser schon ein früheres Werk des Vergil gelesen hat, dann kann er den Gedanken des Dichters noch tiefer verstehen.

Vergil hat in der von ihm selbst verfaßten Grabinschrift seine drei größten Werke erwähnt:

> Mantua hat mich gezeugt, Apulien geraubt; mich hält nun Parthenope. Ich besang Weideland, Äcker und Herr'n.

Vergil starb im Alter von 51 Jahren in Brindisi in Apulien, wollte aber in Neapel begraben sein, dessen griechischer Name Parthenope lautet. Mit Weideland meint Vergil seine Hirtendichtung, die Bucolica, mit Äckern sein Gedicht vom Landleben, die Georgica, und mit Herr'n sein großes Epos von den Führern des römischen Volkes, vor allem von Aeneas, dem die Götter mit dem Tod des Laokoon ein Zeichen gaben.

Verjüngung der Bäume

In den Georgica II 23 f. hatte Vergil geschildert, wie alte Bäume durch Senkreiser verjüngt werden:

> „Mancher schnitt vom schwachen Leib der Mutter das Reis und senkte es ein in die Furchen."

So wie man im Landleben von alten Bäumen, die keine Frucht mehr tragen, Reiser für die Aufzucht neuer Bäume nimmt, so wird Aeneas mit den Seinen nach Italien verpflanzt. Die Erneuerung ist notwendig, aber sie ist schmerzlich und nur durch Gewalt möglich. Davon handelt das 2. Buch der Aeneis.

Voraussetzungen und Wirkung Vergils

Vergils vielschichtige Darstellung vom Tode des Laokoon ist nun, wie man nachweisen konnte, keineswegs die einzige literarische Fassung des Mythos im Altertum gewesen. Sie hat aber alle früheren und auch die erhaltenen späteren überstrahlt, und vor allem war sie die grundlegende für das Verständnis der Zeit, in der die Laokoon-Gruppe gefunden wurde. Man kann davon ausgehen, daß den drei eingangs erwähnten Männern, dem Papst Julius II., dem Architekten Giuliano da Sangallo und dem Bildhauer Michelangelo die Vergilische Darstellung des Laokoon-Todes nicht unbekannt war. Trotzdem reicht das nicht aus, um die außerordentliche Wirkung zu erklären, welche die Laokoon-Gruppe seit dem Augenblick ihrer Wiederentdeckung entfaltet hat.

Die Laokoon-Gruppe wurde an einem nicht absolut exakt überlieferten Tag um die Mitte des Monats Januar, wahrscheinlich am 13.1.1506, gefunden.

Julius II. war zwei Jahre zuvor, am 1. Oktober 1503, als nahezu Sechzigjähriger zum Papst gewählt worden. Er stammte aus einer nicht begüterten Seitenlinie des Hauses della Rovere und war am 5.12.1443 in Albissola bei Savona an der Ligurischen Riviera geboren. Sein Taufname war Giuliano. Als er 27 Jahre alt war, wurde sein Onkel als Sixtus IV. Papst. Das war im Jahre 1471. Sixtus IV. machte den Neffen alsbald zum Kardinal. In einem berühmten Fresko Melozzo da Forlis vom Jahre 1477 sieht man den Kardinalnepoten vor dem Thron des Papstes stehen. Dieser überreicht dem knienden Platina die Urkunde der Ernennung zum Oberbibliothekar der kurz zuvor, im Jahre 1475, zufälligerweise dem Geburtsjahr Michelangelos, gegründeten Vatikanischen Bibliothek. Das Fresko schmückte früher das Erdgeschoß des von Nikolaus V. (1447–1455) erbauten Apostolischen Palastes, in dem Sixtus IV. die erste öffentliche Bibliothek Roms untergebracht hatte.

Die Gründung der Vatikanischen Bibliothek bezeugt nicht nur die neue Bedeutung der Literatur, in der die für die Renaissance vorbildlichen Themen aus Mythos und Geschichte, darunter auch der Tod des Laokoon im zweiten Buch der Aeneis, überliefert wurden, sie war auch ein Symbol der Wiederbelebung Roms in der Renaissance. Die lateinische Inschrift des Bildes preist Sixtus IV. als Erneuerer des antiken Rom und schließt mit den Worten: „Was so lang unter dem Schutt verborgen lag, ist in dieser Bibliothek wieder auferstanden."

Die eindrucksvolle Szene der Ernennung des Bibliothekars Bartolomeo Platina, in der dem Kardinal Giuliano della Rovere eine herausragende Stellung eingeräumt ist, läßt viel vom Geist und Wesen des späteren Papstes Julius II. erkennen. Weil nur sein markantes Profil vor dem blauen Himmel im Fensterausschnitt des Hintergrundes erscheint und er die am höchsten aufragende Gestalt des Bildaufbaus ist, wirkt er fast wie die Hauptperson. Sein Blick ist geradezu mit hypnotischer Gewalt auf den Papst gerichtet. Eher untergeordnet erscheint der neben dem Papst stehende Protonotar Raffaele Riario, der, ebenfalls aus Ligurien stammend, auch mit dem Papst versippt war und an Rang über dem Kardinal Giuliano stand, mit dem er 25 Jahre später um die

Julius II.

Abb. 5

Der Kardinalnepote Sixtus' IV.

29

Papstwürde konkurrieren sollte. Man erkennt in diesem hellsichtigen Bild die überragende Persönlichkeit Giuliano della Roveres. Er hat auf die künstlerischen Unternehmungen seines Oheims, unter denen die Errichtung der Sixtinischen Kapelle die bedeutendste war, einen entscheidenden Einfluß gehabt.

Die Sixtinische Kapelle   Die Erbauung und die erste malerische Ausgestaltung der Kapelle, 1472–1482, fielen in die gleiche Epoche, in der auch das Gemälde von Melozzo entstand, das 1477 datiert ist. 31 Jahre später sollte der Papst Michelangelo mit der Ausmalung der Kapellendecke beauftragen. Das Gemälde Melozzos zeigt Giuliano zu einer Zeit, in der er seinen zweifellos bestimmenden Einfluß bei der Inangriffnahme des Freskenzyklus an den Wänden der Sixtinischen Kapelle geltend machte. Mit der Ausführung der Fresken, die sich oberhalb der mit gemalten Teppichen verzierten Sockelzone und unter den Fenstern hinziehen, wurden die bedeutendsten Maler des letzten Quattrocento-Viertels beauftragt: Perugino, der Lehrer Raffaels, Ghirlandaio, der Lehrer Michelangelos, Botticelli, der sich und seinen Freund Filippino Lippi im Gemälde der Versuchung Christi darstellte, weiter Pinturicchio, Roselli und Signorelli, also die angesehensten Meister der umbrischen und toskanischen Malerschule der Zeit zwischen dem Wirken Pieros della Francesca, der 1452 starb, und dem Dreigestirn Leonardo da Vinci, der im gleichen Jahr 1452 geboren wurde, Michelangelo (1475–1564) und Raffael (1483–1520), welche die Malerei des Cinquecento bestimmten und in Julius II. ihren bedeutendsten Auftraggeber fanden. 1472 riet dieser als Kardinal seinem Onkel Sixtus IV., in dem gewaltigen Bildprogramm der Sixtinischen Kapelle die Kontinuität der Theokratie in der Weltgeschichte herauszustellen: Das Wirken des Moses im Reich des Gesetzes findet seine Fortsetzung durch das Wirken Christi im Reich der Gnade, und als die Vollendung dieser beiden Reiche in der als Heilsgeschichte aufgefaßten Menschheitsgeschichte sollen Kirche und Papsttum hervortreten. Wie die Darstellung Giuliano della Roveres im Fresko des Melozzo da Forlì und wie seine Rolle bei der Gestaltung des Bildprogramms der Sixtinischen Kapelle zeigen, war dieser Mann auf die große Aufgabe vorbereitet, als er im Jahre 1503 siegreich aus der Papstwahl hervorging. Er gab sich den programmatischen Namen Julius II. und adoptierte sich dadurch gleichsam selbst in das Haus der Julier, aus dem die Begründer des römischen Kaisertums, Gaius Julius Caesar und sein Neffe und Adoptivsohn Gaius

Julius Caesar Octavianus Augustus, stammten. Das Haus der Julier aber führte sich auf Julus, den Sohn des Aeneas zurück, der als der mythische Gründer des römischen Volkes galt.

Das eigentliche Ziel des Papstes Julius II., bei dessen Erreichung die Kunst eine wichtige propagandistische Rolle spielen sollte, war die Einigung Italiens im Kirchenstaat. *Das Ziel Julius' II.*

Dadurch sollte das Programm, das im Freskenzyklus der Sixtinischen Kapelle entwickelt worden war, nun auch eine politische Realität werden, für die der Papst wie sein großes historisches Vorbild Gaius Julius Caesar, auch persönlich seinen Truppen voranreitend, zu Felde zog. Als Michelangelo ihn 1508 fragte, was er der für das Tympanon der Kirche San Petronio in Bologna bestimmten Bronzestatue des Papstes in die Hand geben solle, sagte dieser: „Ein Schwert!".

Als diesem Mann berichtet wurde, was die auf dem Oppius-Hügel neugefundene Statuengruppe darstellt, mußte er darin eine wunderbare Bestätigung seines Lebenszieles sehen.

Ohne zu ahnen, wie alles ineinandergreifen würde, hatte er den richtigen Mann ausgeschickt, der auf Anhieb erkennen konnte, was es mit den durch Zufall entdeckten Marmorskulpturen auf sich hatte.

Giuliano da Sangallo gehörte der gleichen Generation an wie Papst Julius II., stammte aber aus der Hauptstadt der Kunst, Florenz, wo er 1445 geboren wurde und am 20. Oktober 1516 starb. *Giuliano da Sangallo Abb. 7*
Er ging von den Bauideen Brunelleschis aus, griff jedoch in sehr viel bestimmterer Weise als dieser auf antike Vorbilder zurück, und leitete damit zur Florentiner Hochrenaissance über: In der Kirche Santa Maria delle Carceri in Prato schuf er 1484 den ersten Kuppelbau über einem griechischen Kreuz der Neuzeit, ein Bautypus, der in der römischen Palastarchitektur unter Kaiser Nero entwickelt worden war. Das früheste bekannte Beispiel ist das unter der Kirche Santa Maria Nuova in Rom erhaltene Vestibül der sogenannten Domus Transitoria, die den Kaiserpalast auf dem Palatin mit dem Goldenen Haus des Nero auf dem Oppius-Hügel verbinden sollte, wo nach Plinius die Laokoon-Gruppe stand. Während Giuliano da Sangallo mit dem Kuppelbau über einem griechischen Kreuz einen aus dem antiken Villen- oder Palastbau stammenden Typus in einen Kirchenbau verwandelte, übertrug er andererseits als erster die klassische Sakralform der antiken Tempelfront in die neuere Villenarchitektur, als er 1485 der im Auf-

Abb. 9

Filippino Lippi in der Villa von Poggio a Caiano

Abb. 10

Das unvollendete Fresko

Abb. 11

trag Lorenzo de'Medicis erbauten Villa von Poggio a Caiano eine Vorhalle mit vier jonischen Säulen zwischen Anten gab, auf denen ein Faszienarchitrav, ein jonischer Fries und ein mit flachem Relief geschmückter Dreieckgiebel ruhen.

Diese Vorhalle sollte in der Geschichte des Laokoon eine besondere, erst in jüngster Zeit geklärte Rolle spielen. Wer diese Vorhalle heute betritt, wird sich darüber wundern, daß das Fresko auf der rechten östlichen Seitenwand nur bis zur oberen Hälfte vollendet ist (damit herabtropfende Farben das Bild nicht verderben, beginnen die Wandmaler ihre Fresken immer von oben). Man sieht hier eine antikisch anmutende Architektur, die den Hintergrund einer Szene bilden sollte, welche der erste Biograph der berühmtesten Renaissancekünstler, Giorgio Vasari, ein Sacrifizio, d.h. ein Opfer nennt. In seiner Lebensbeschreibung Filippino Lippis, den Botticelli neben seinem eigenen Selbstporträt unter den Zuschauern des Freskos der Versuchung Christi in der Sixtinischen Kapelle verewigt hatte, schreibt Vasari: „In Poggio a Caiano begann er (sc. Filippino Lippi) für Lorenzo de'Medici in einer Loggia eine Opferszene in Fresco zu malen, die unvollendet blieb". Unvollendet blieb das Bild, weil der Auftraggeber Lorenzo mit dem Beinamen il Magnifico 1492 starb und die Unruhen, in die die Reformbestrebungen Savonarolas die Stadt Florenz in dieser Zeit gestürzt hatten, eine Vollendung unmöglich machten.

1504 starb Filippino Lippi, ohne noch einmal den Pinsel in der Vorhalle von Poggio a Caiano angesetzt zu haben.

Was sollte nun im unteren, unvollendeten Teil des Freskos dargestellt werden? Schon Vasari war dies offenbar nicht mehr genau bekannt, wenn er nur von einer Opferszene spricht, ohne dies näher zu erklären. Zwei Informationen kommen zusammen, um eine Antwort auf diese Frage geben zu können.

Erstens wurde die Forschung auf zwei zeichnerische Entwürfe Filippino Lippis aufmerksam, den einen in den Uffizien (169 F), den anderen ehemals in der Sammlung Königs in Haarlem, der im zweiten Weltkrieg leider verschollen ist. Beide Zeichnungen zeigen zwar eine voneinander und auch von dem ausgeführten oberen Teil des Freskos in Poggio a Caiano leicht abweichende Hintergrundarchitektur, im unteren Teil der beiden Blätter ist aber eine sehr ähnliche Darstellung einer Opferszene wiedergegeben. Diese von Vasari Sacrifizio genannte Opferszene ist wegen ihrer charakteristischen Einzelheiten und ihrer Übereinstimmung mit einer

Abb. 5 Das Gemälde des Melozzo da Forlì in der Vatikanischen Bibliothek zeigt den zukünftigen Papst Julius II. als Kardinalnepot Sixtus IV. Die Inschrift verkündigt das Programm der Erneuerung Roms.

Abb. 6 Giorgio Vasari (1511–1574), der das unvollendete Laokoon-Gemälde Filippino Lippis in der Villa von Poggio a Caiano als ‚sacrifizio' bezeichnete, stellt in diesem postumen Porträt den Auftraggeber von Villa und Gemälde, Lorenzo den Prächtigen, dar.

berühmten Textvorlage genau zu benennen: es ist das Opfer, das Laokoon darbringt, als er mit seinen beiden Kindern von den gottgesandten Schlangen angegriffen wird. Die Textvorlage, die dem Maler die Anregung gab, ist Vergil. Man erinnere sich, daß der vom Schlangenbiß vergiftete Laokoon einem Opferstier verglichen wird, der schauerlich brüllend vom Altar rennt und die Axt aus dem Nacken zu Boden schüttelt.

Filippino Lippi hat das poetische Gleichnis, in das der Tod des Laokoon gekleidet ist, zu einem anschaulichen Bild umgestaltet. Das findet sich so schon in antiken Wandgemälden. Allerdings können die beiden noch heute erhaltenen Beispiele aus Pompeji dem Renaissance-Maler nicht bekannt gewesen sein. Auch die zu seiner Zeit im Besitz des großen Philologen und Humanisten Pontanus befindliche illustrierte Vergil-Handschrift aus dem 5. Jh. n. Chr., die 1605 in die Vatikanische Bibliothek kam, und die Laokoon-Darstellungen auf den sogenannten Kontorniat-Medaillons des 4. Jhs. n. Chr. kommen als Vorlagen nicht in Frage. Weil sie eine ganz andere Gruppenkomposition zeigen, muß man voraussetzen, daß Filippino Lippi ein heute verschollenes antikes Laokoon-Gemälde gekannt und als Vorlage benutzt hat, will man nicht annehmen, daß er nur aus literarischen Quellen geschöpft habe. Das ist wegen der Übereinstimmung seiner Zeichnungen mit den ihm nicht bekannten pompejanischen Bildern allerdings unwahrscheinlich. Doch wie dem auch sei, die eigentliche Frage lautet, was die Laokoon-Darstellung im Vestibül der Villa Medicea von Poggio a Caiano bedeuten sollte.

Der Entdecker der Laokoon-Gruppe

Hier ist die zweite Information bedeutungsvoll, nämlich daß der Architekt der Villa, Giuliano da Sangallo, nicht nur die Laokoon-Gruppe sofort benennen konnte, als er sie zum ersten Mal in ihrem unterirdischen Gemäuer auf dem Oppius-Hügel sah, sondern, daß er auch wußte, daß Plinius sie erwähnt.

Bekannt ist diese Tatsache aus einem Brief des 1494 geborenen Sohnes Giulianos, des Bildhauers Francesco da Sangallo, der sich als alter Mann im Jahre 1567 an das aufregende Erlebnis erinnert und es in einem Brief folgenden Wortlautes mitteilt: „Ich war seit wenigen Jahren das erste Mal in Rom, da wurde dem Papst berichtet, man habe in einem Weinberg bei Santa Maria Maggiore sehr schöne Statuen gefunden. Der Papst befahl einem Reitknecht: geh' und sag dem Giuliano da Sangallo, er solle sofort hingehen und nachschauen. Und so ging er sofort hin. Und da Michelangelo

Buonarroti sich ständig im Hause aufhielt, weil mein Vater ihn hatte kommen lassen und ihm das Grabmal des Papstes verschafft hatte, da wollte er, daß auch er mitginge. Und ich so auf dem Rücken des Vaters, und wir gingen hin. Als wir hinuntergestiegen waren, wo die Statuen standen, sagte mein Vater sofort, das ist der Laokoon, den Plinius erwähnt. Man ließ das Loch erweitern, um ihn herausziehen zu können, und als das geschehen war, kehrten wir zurück, um zu speisen; und man redete immer von den antiken Dingen, und diskutierte auch die Angelegenheiten in Florenz."

Dieser Bericht ist ebenso knapp und unverbrämt wie plastisch. Das Erlebnis der Auffindung der später so berühmten Gruppe muß sich dem zwölfjährigen Knaben unvergeßlich eingeprägt haben, wenn er es, 61 Jahre danach, in dieser Weise auf das Wesentliche reduziert, wiedergeben konnte. Es scheint durch nichts angereichert oder ausgemalt, sondern es wirkt wie ein echtes Kindheitserlebnis. Die Erwähnung des Plinius muß für den Knaben unverständlich gewesen seien, doch der Ausruf des Vaters beim ersten Hinschauen hat ihn ebenso beeindruckt, wie ihm das Reden der Erwachsenen über die antiken Sachen und über die politischen Zustände in Florenz lästig war. Aber, daß man das Loch erweitert hat, um die Statuen herauszuziehen, und daß man dann zum Essen gegangen war, hat er nicht vergessen.

Gleichwohl könnte man zweifeln, ob der Erinnerung Francescos nicht im nachhinein aufgeholfen wurde, das heißt, ob der Vater wirklich sofort gesehen hat, daß die Statuen-Gruppe, die da völlig unerwartet mitten in den Ruinen plötzlich vor ihm stand, die von Plinius erwähnte Laokoon-Gruppe war, wenn nicht durch das unvollendete Fresko im Vestibül der von ihm erbauten Villa dem Architekten die Bedeutung der Gruppe schon vorher genau bekannt gewesen wäre. Denn es war offenbar der Pliniustext, der überhaupt die Anregung zu dem Auftrag an Filippino Lippo gegeben hatte.

Plinius Seit der größte florentinische Dichter und Humanist des 14. Jahrhunderts, Francesco Petrarca, im Jahre 1350 in Mantua die später in die Bibliothèque Nationale in Paris gelangte Plinius-Handschrift Parisinus Latinus 6802 erworben hatte, gehörte die Naturgeschichte des gelehrten römischen Flottenadmirals, der beim Vesuv-Ausbruch 79 n. Chr. ums Leben kam, zur Pflichtlektüre der italienischen Humanisten. Cristoforo Landino hat sie 1476 ins Italienische übersetzt. In dieser, 37 Bücher umfassenden Gesamtdarstellung des naturgeschichtlichen Wissens seiner Zeit gibt Plinius im Buch über die Farben, die man aus Mineralien und Pflanzen gewinnen kann, einen Abriß über die antike Malerei, im Buch über die Erze einen solchen über die Bronzeplastik und im Buch über die Steine einen solchen über die Plastik aus Marmor. Diese Kapitel über die drei herausragenden Gattungen der bildenden Kunst sind die wichtigste Quelle zur antiken Kunstgeschichte. Der Satz, den Giuliano da Sangallo im Sinn hatte, steht im Kapitel über die Marmorplastik und wirkt in seiner Kürze ungemein prägnant, fast lapidar. Er bezeichnet den Laokoon aus Marmor als *„Opus omnibus et picturae et statuariae artis praeferendum"*. Ein Zweifel, wie dieser Satz zu verstehen sei, schien von Anfang an nicht möglich. Da die ersten Philologen, die sich mit dem Satz beschäftigten, Italiener waren und *arte statuaria* auf italienisch ganz allgemein Skulptur bedeutet, wurde der Satz immer in der denkbar einfachsten Weise interpretiert, als ob Plinius sagen wolle, der Laokoon ist ein Werk, das allen anderen in der Malerei und Bildhauerkunst vorzuziehen ist.

Diese Aussage ist natürlich elektrisierend, denn Plinius sagt nach dieser Übersetzung klipp und klar, daß der Laokoon das größte Kunstwerk sei, das er kennt. Solange die Laokoon-Gruppe nicht bekannt war, brauchte man diese Aussage des bedeutendsten Gewährsmanns für die antike Kunst in keiner Weise in Frage zu stellen. Man konnte sich ein Werk vorstellen, das schöner war als alle damals bekannten antiken Kunstwerke, einschließlich der Dioskuren vom Monte Cavallo, die als *opus Phidiae* und *opus Praxitelis* galten, also als die Werke der größten antiken Meister. Die Aussage des Plinius konnte also ohne Schwierigkeiten hingenommen werden, sie mußte aber im Herzen der Renaissance-Antiquare einen doppelten Stachel hinterlassen: den Wunsch, das Werk kennenzulernen und, wenn das schon nicht möglich war, sich ihm durch die Imagination zu nähern, sich ein Bild von ihm zu machen und dadurch mit ihm in Wettstreit zu treten. Man wollte es den nur namentlich bekannten rhodischen Künstlern Athanadorus, Hagesandrus und Polydorus gleichtun, ja sie möglicherweise noch übertreffen.

Das eine, die Wiederauffindung des Werkes, konnte nur ein glücklicher Zufall bringen, denn von einer systematischen archäologischen Nachforschung im Bereich des Titus-Palastes, wo nach Aussage des Plinius die Laokoon-Gruppe stand, war man damals noch weit entfernt.

Das andere, nämlich der Wettstreit mit dem unbekannten, aber von Plinius beschriebenen und so hoch gerühmten Werk erschien nicht ausgeschlossen. Es gibt eine Reihe von Anhaltspunkten, daß es genau darum in dem Auftrag des Lorenzo il Magnifico an Filippino Lippi ging.

Lorenzo il Magnifico Abb. 6

Lorenzo il Magnifico, 1469–1492 Signore von Florenz, hatte sich, wie es in dieser Zeit an den Höfen Europas üblich war, mit einer Schar von Humanisten, Dichtern, Gelehrten und Philologen umgeben, deren bekannteste Angelo Poliziano, Pico della Mirandola, eine der facettenreichsten und komplexesten Gestalten des kulturellen Lebens in Florenz in der zweiten Hälfte des 15. Jahrhunderts, Marsilio Ficino, der Gründer der Platonischen Akademie in Florenz, und Cristoforo Landino waren, der 1478 den ersten neuzeitlichen Kommentar zu Vergils Aeneis herausgegeben und Lorenzo il Magnifico gewidmet hatte. Von ihm stammt, wie bereits erwähnt, auch die erste Übersetzung der Naturgeschichte des Plinius ins Vulgäritalienische. In seinen „Disputationes Camaldulenses" hatte er das später so bekannt gewordene Konzept der irdischen und der himmlischen Liebe entworfen, das er am Beispiel der trojanischen Venus ausführt: der irdischen Venus, die Paris zum Raub der Helena verführt und dadurch den Untergang Trojas heraufbeschwört, und der himmlischen Venus, die Aeneas aus der brennenden Stadt führt und als *Venus genetrix* die Stammutter des römischen Volkes wird.

Zu diesem Kreise gehörte auch Giuliano da Sangallo, der als entwerfender und leitender Architekt des größten befestigten Villenbaus Lorenzos, eben der Villa von Poggio a Caiano gewiß auch den Auftrag des Laokoon-Gemäldes an Filippino Lippi, einen der berühmtesten Florentiner Maler der Zeit, zu vermitteln hatte.

Der Wettstreit

Der Gedanke dazu muß in dem Kreise der Humanisten um Lorenzo il Magnifico entwickelt worden sein. So wie der Dichter Angelo Poliziano um die gleiche Zeit dem 17jährigen Michelangelo nach der Lektüre Ovids die Anregung zu seinem berühmten ersten Meisterwerk, dem Kentaurenrelief, gegeben hat, könnte er im Gespräch mit dem Vergil-Forscher und Plinius-Übersetzer Landino und mit den Mitgliedern der Florentiner Akademie die berühmte Plinius-Stelle als Anreiz zur Auseinandersetzung der zeitgenössischen Kunst mit dem größten antiken Kunstwerk empfunden und Lorenzo den Vorschlag gemacht haben, einen geeigneten Künstler mit der Ausführung zu beauftragen.

Das antike Kunstwerk war nach dem allgemein akzeptierten Sinn des Plinius-Zitates eine Marmorplastik, und diese war allen Werken der Malerei und Bildhauerkunst vorzuziehen. Es lag nahe, nicht durch eine Plastik mit dem Werk der antiken Bildhauerkunst zu konkurrieren, sondern ein neuzeitliches Werk der Malerei zu schaffen, das allen übrigen Gemälden vorzuziehen sei, um so gleichsam den Gedanken zu vollenden, der in dem prägnanten Satz des Plinius verborgen schien. Es galt, um es mit anderen Worten zu sagen, ein Gemälde des gleichen Themas: Laokoon zu schaffen, das die Renaissance der Antike als ebenbürtig erweisen und das zum berühmtesten neuzeitlichen Freskogemälde werden sollte, so wie der Laokoon die berühmteste Marmorskulptur des Altertums gewesen war. Daß hier ein schöpferisches Mißverständnis des Plinius-Zitates vorlag, konnte damals wohl keiner ahnen.

Allerdings könnten auch diese Überlegungen als reine Hypothese abgetan werden, wenn der Maler, und das bedeutet natürlich auch der Auftraggeber, nicht einen untrüglichen Hinweis gegeben hätten, daß sie das Bild so verstanden wissen wollten. Plinius erwähnt, daß der Laokoon im Palast des Imperators Titus stand. Zur Zeit Lorenzo il Magnificos waren schon Münzen des Kaisers Titus (69–81 n. Chr.) bekannt, die auf der Rückseite einen Delphin zeigen, der sich um einen Anker ringelt. In der bereits ausgeführten Hintergrundsarchitektur des Laokoon-Freskos von Poggio a Caiano stellt Filippino Lippi nicht weniger als dreimal einen Delphin dar, der sich zwar nicht um einen Anker, jedoch um einen formal sehr ähnlichen Dreizack ringelt. Die Anspielung ist unverkennbar. Sie soll die Assoziation auslösen, daß sich dieses Gemälde gleichsam als neuzeitliches Gegenstück in einem idealen Titus-Palast befindet. Die Villa von Poggio a Caiano konkurriert auf diese Weise mit dem römischen Kaiserpalast des Titus. Diesen Kaiser hat die Geschichtsschreibung als *deliciae generis humani*, als „die Wonne des Menschengeschlechtes" bezeichnet, eine Vorstellung, die noch in Mozarts Oper „La clemenza di Tito" fortlebt. Der Bezug zur Laokoon-Gruppe im Palast des Titus und zu ihrer überschwenglichen Hochschätzung durch Plinius ist also nicht zu verkennen. Man kann sagen, daß die Laokoon-Gruppe schon hochberühmt war, bevor sie gefunden wurde.

Laokoon im Palast des Titus und in der Villa Medicea

Bestätigung des Ruhmes der Laokoon-Gruppe bei der Auffindung

Daß dieser Ruhm bei der Auffindung sofort bestätigt ward, daß die hochgespannten Erwartungen in keiner Weise enttäuscht, sondern eher noch übertroffen wurden, scheint nun mit der denkwürdigen Konstellation bei der Auffindung zusammenzuhängen: es war nicht irgend jemand, der zur Erkundung und Bestimmung der neugefundenen Statuen ausgesandt wurde, sondern eben der Architekt, der die Wand für den ehrgeizigen Paragone, für den Wettstreit des Renaissance-Malers mit den antiken Bildhauern vorbereitet hatte. Und in seiner Begleitung befand sich der Mann, den der Stil des Kunstwerkes betroffen machte, als sein Freund Giuliano ihm durch den Ausruf: „Das ist der von Plinius erwähnte Laokoon!" die Bedeutung dieses Fundes schlagartig ins Bewußtsein brachte.

Es muß ein ungeheurer Augenblick gewesen sein, und ein erstaunlicher Glücksfall der Überlieferung hat, allem Anschein nach, einen Reflex dieses Augenblicks bis heute bewahrt.

Michelangelo Abb. 8

Michelangelo, der am 6. März 1475 in Caprese nel Casentino in der östlichen Toskana geboren wurde, aber seiner Herkunft nach Florentiner war, ging bei Domenico Ghirlandaio in die Lehre. Ghirlandaio war einer der größten Florentiner Maler des Quattrocento und hatte im Freskenzyklus der Cappella Sistina in Rom das Bild von der Berufung Petri gemalt. Michelangelo fühlte sich aber immer als Bildhauer und fand erst zu sich selbst, als er Ghirlandaio verlassen und den „Garten" der Medici frequentieren konnte. Dort hatte Lorenzo il Magnifico unter der Anleitung von Bertoldo di Giovanni zahlreiche Kunstwerke zusammengetragen, die Michelangelo erste Anregungen gaben. Hier kam er auch mit Poliziano, Pico della Mirandola, Marsilio Ficino, Cristoforo Landino und den anderen Humanisten des Kreises um Lorenzo il Magnifico zusammen und schuf unter dem Einfluß Bertoldos oder Benedetto da Maianos seine ersten Skulpturen, die Madonna della Scala, das schon erwähnte von Poliziano inspirierte Kentaurenrelief und den Holzkruzifix in der Casa Buonarotti, der allerdings von der Forschung nicht allgemein als eigenhändiges Werk Michelangelos anerkannt wird. Als Michelangelo Mitte Januar 1506 zum ersten Mal die Laokoon-Gruppe zu Gesicht bekam, war er schon 30 Jahre alt und hatte außer seinen beiden berühmtesten Bildwerken, der Pietà von 1499 und dem David von 1501–1504, eine Reihe von einzelnen Skulpturen geschaffen, für Savonarola den erst kürzlich wiedergefundenen San Giovannino, für die Arca des Heiligen Dominikus in Bologna drei Statuetten, für den Kardinal Raffaele Riario, den Melozzo neben Papst Sixtus IV. gemalt hatte, einen Apollo Cupido und den Bacchus, für das Brügger Kaufhaus Mouscron die berühmte Madonna mit dem Kind von 1501, für das Piccolomini-Grabmal in Siena drei Statuen und, als einziges erhaltenes Gemälde seiner frühen Zeit, die Heilige Familie, den sogenannten Tondo Doni von 1504. Zur Zeit der Auffindung des Laokoon hatte er den Auftrag, das gewaltige, nie vollendete Grabmal für Julius II. zu schaffen, eine unausführbare Aufgabe, die ihn zeitlebens beschäftigt und gequält hat. Während alle früheren Werke noch vom Atem der Frührenaissance angehaucht sind, bricht in allen Skulpturen, die für das Julius-Grabmal bestimmt sind, besonders aber im Moses, ein neuer, zum Barock tendierender Stil durch, der den Einfluß des großen Erlebnisses der Begegnung mit der Laokoon-Gruppe verrät.

Doch der ureigene Stil Michelangelos, der schon sein frühestes bekanntes Bildwerk, das Kentaurenrelief in der Casa Buonarotti, geformt und die eigenartigen Jünglingsfiguren in seinem frühesten bekannten Gemälde, dem Tondo Doni, hervorgebracht hat, zeigt eine erstaunliche innere Verwandtschaft zur Laokoon-Skulptur. Wenn man in der Pietà von 1499 mit dem zarten Antlitz der Madonna und dem gestreckten, schmalgliedrigen Leib des toten Sohnes noch den Geist des Quattrocento spürt, so hatte doch der Stilwille Michelangelos seit seinem ersten römischen Aufenthalt eine Bestätigung gefunden, als er hier den Torso vom Belvedere studieren konnte. Nur ihn und die Natur hat er als Lehrmeister anerkannt. *Der Torso vom Belvedere*

Als er nun in Begleitung Giuliano da Sangallos zum ersten Mal vor dem Laokoon stand und erfuhr, daß dies die berühmteste Skulptur des Altertums sei, muß ihn eine ungeheure Freude und tiefe Befriedigung überkommen haben. Das war Kunst, wie er sie liebte und schöner sich nicht vorstellen konnte. Diese gewaltige Bewegung, diese kräftige Muskulatur, diese Leidenschaftlichkeit hatten auch seine Werke schon immer ausgezeichnet. Doch nirgends zuvor hatte Michelangelo eine Skulpturen-Gruppe gesehen, in der so genau verwirklicht war, was er selbst auszudrücken hoffte. Michelangelo nannte die Laokoon-Gruppe ein portento d'arte, ein ungeheures Wunderwerk der Kunst, und seit er es gesehen, scheint die spezifische Leiblichkeit der Laokoon-Skulpturen, sei es des Vaters oder der Knaben, in allen seinen Werken gegenwärtig zu *Michelangelo und die Laokoon-Gruppe* sein, in den Ignudi der Sixtinischen Decke, im gekreuzigten Haman, in den Prigioni des Julius-Grabmales, in den Rückenakten der Mediceer-Gräber, in den nackten Gestalten des Weltgerichtes, im Rumpf des gekreuzigten Petrus und in den Engeln, die Christus bei der Vision des Heiligen Paulus in der Cappella Paolina umgeben. Bei Michelangelo, der nach dem von ihm selbst autorisierten Zeugnis seines Biographen Condivi niemals die gleiche Linie noch einmal gezeichnet hat, wenn sie für die Öffentlichkeit bestimmt war, darf man keine sklavische Übernahme von Bewegungsmotiven oder Aktstudien erwarten, sondern nur eine Anregung der Kräfte seiner eigenen Phantasie. In dieser aber ist der Atem des Laokoon spürbar. Man kann das Werk Michelangelos in eine Epoche vor der Auffindung des Laokoon und in eine danach einteilen, und doch darf man nicht etwa von einem Stilwandel in seinem Werk sprechen, der durch den Anblick des Laokoon ausgelöst worden wäre. Dazu war die innere Verwandtschaft der Kunst Michelangelos zu der des Laokoon von vornherein viel zu eng.

Michelangelo mußte sich vielmehr durch die Anschauung des Laokoon in seinem Kunstwollen bestätigt sehen. Es gab keine Frage, daß das Kunsturteil des Plinius zu Recht bestand. Wenn der Laokoon das größte Kunstwerk des Altertums war, dann war Michelangelo der größte Künstler der Renaissance. Cesare Trivulzio überliefert in einem Brief vom Juni 1506 das Urteil Michelangelos, die Statuen seien überaus hervorragend und jedes Lobes wert.

Es ist eines der Paradoxe der Geschichte, daß gerade von denen, die in einem wie Fügung wirkenden historischen Moment den Laokoon wiederentdeckt und damit die neuere Wirkungs- und Rezeptionsgeschichte eröffnet haben, keine oder fast keine authentischen weiterführenden Äußerungen bekannt sind.

Der Ehrenplatz der Laokoon-Gruppe im Vatikan

Die Bedeutung, die Papst Julius II. der Skulpturen-Gruppe beimaß, geht immerhin aus dem Ehrenplatz hervor, den er ihr in einem sinnerfüllten, für sich selbst sprechenden Zusammenhang im Hof seiner Belvederevilla eingeräumt hat. Auf der einen Seite der Laokoon-Gruppe stand die kaum weniger berühmte Statue des Apollo vom Belvedere. Apollo war der göttliche Garant der Erneuerung Roms durch den Kaiser Augustus gewesen, an den Julius II. mit seinen Erneuerungsbestrebungen anknüpfte. Auf der anderen Seite stand die Statuengruppe von Venus und geflügeltem Amorknaben, die *Venus felix*.

Abb. 7 Giuliano da Sangallo (1443–1516) war der Architekt der Villa von Poggio a Caiano (1884). Er hatte den Auftrag für das Laokoon-Gemälde (Abb. 10.11) an Filippino Lippi zu übermitteln. 1506 entdeckte er die Laokoon-Gruppe.

Das spielt auf die Stammutter Venus an, aus deren Geschlecht die *Venus und* Julische Familie hervorging. In diese hatte sich auch Giuliano della *Apollo* Rovere mit der programmatischen Namensgebung als Julius II. eingereiht. Die beiden Statuen des Apoll und der Venus standen schon im Belvedere-Hof, als der Laokoon zur erstaunlichen Vollendung des beabsichtigten Bildgedankens dazugestellt wurde. Erst jetzt bezog sich das ganze Statuenprogramm auf Rom, das gegründet wurde, weil Troja untergegangen war. Das Opfer des Laokoon war das Symbol für den von den Göttern beschlossenen Untergang der Stadt, und es veranlaßte Aeneas zur Flucht. Im Tode des Laokoon ist so das auslösende Moment der Gründung Roms verkörpert.

Daß die Zeit Julius' II. von diesen Gedanken durchdrungen war, belegt auch eine Einzelheit in dem berühmten Fresko des Borgo- *Abb. 4* brandes in den Stanzen des Vatikan, das zwar vielleicht erst unter Leo X. (1513–21) ausgeführt wurde, aber sicher schon früher konzipiert worden war. Hier sieht man in der wunderbar lebendigen Malweise Raffaels einen kräftigen Mann den greisen Vater auf der Schulter aus dem Brand tragen. Der kleine Sohn läuft nebenher und blickt vertrauensvoll zu ihm auf, während die Frau im Hintergrund zurückbleibt. Man erkennt sofort, und Vasari bestätigt es, daß Raffael hier an die Flucht des Aeneas dachte, deren Bildform er aus antiken Darstellungen kannte. Arnold Nesselrath wird in seiner mit Spannung erwarteten Publikation des restaurierten Wandgemäldes zu zeigen versuchen, daß durch die Einfügung dieser Gruppe von Aeneas, Anchises, Julus und Kreusa angedeutet wird, wie aus dem brennenden alten Rom das neue Rom in ähnlicher Weise hervorgeht wie das antike Rom aus Troja.

Jacobus Sadoletus sagt in seinem bald nach der Auffindung des *Laokoon* Laokoon im Auftrag des Papstes verfaßten Lobgedicht auf die *und das wie-* Gruppe, Laokoon sähe nun die Mauern der *Roma rediviva*, des *dererstan-* wiederauflebenden Roms Julius' II., das im gleichen Gedicht auch *dene Rom* *Roma secunda*, zweites Rom genannt wird, so wie Julius sich als den zweiten dieses Namens bezeichnete.

Die Namensgleichheit mit Caesar und Augustus war dem Papst zweifellos wichtiger als die mit dem längst vergessenen Nachfolger Petri, Julius I. (337–352), der allerdings in einem wichtigen Punkt den Ideen Julius' II. vorgearbeitet hatte, als er die Vorschrift erließ, daß Kleriker ihre Prozesse nicht vor öffentlichen, sondern nur vor kirchlichen Gerichten austragen durften. Julius II. wollte mehr:

◁
Abb. 8 Die dritte mit Julius II. und Giuliano da Sangallo in der Sternstunde der Entdeckung des Laokoon zusammengeführte Persönlichkeit war Michelangelo, hier nach einer von J. Q. van Regteren-Altena identifizierten Zeichnung von Fra Bartolomeo.

wie seine altrömischen Vorbilder wollte er sich, oder besser das Papsttum in seiner Person zum „Dominus e maistro del mondo", zum Herrn und Meister der Welt machen, wenn sein politisches Nahziel auch nur darin bestand, den Kirchenstaat zu festigen und die „Barbaren" aus Italien zu vertreiben, oder, wie er sich positiv ausdrückte, „Italien in der Hand von Italienern zu sehen" *(veder Italia in man de Italiani)*. Daß man den Anspruch verstand, den er sich zugleich mit dem Namen Julius gegeben hatte, bezeugt die Redeweise, man habe ihm nach der Rückkehr aus dem siegreichen Feldzug in der Romagna und der Vertreibung der Franzosen aus der Lombardei in Rom triumphale Ehren erwiesen *„come mai Cesare ni altro capitano romano"* (wie niemals Caesar oder einem anderen römischen Feldherrn).

Zur ewigen Erinnerung Für diese politischen Absichten des Papstes war das Opfer des trojanischen Priesters, das seinem geistigen Ahnen Aeneas den Weg gewiesen hatte, eine Art mythischen Unterpfandes. Dieses war in der Laokoon-Gruppe anschauliche Gegenwart und sollte *ad aeternam rei memoriam* im Vatikan aufgestellt werden. Julius II. scheute keine Kosten, die Statue zu erwerben, für die er dem Besitzer des Weinberges wahlweise die Zolleinnahmen der Porta S. Giovanni oder die Summe von 1500 Dukaten anbot, die Felice de Fredis angenommen zu haben scheint, weil auf seinem Grabstein nicht von dem Amt eines Scrittore die Rede ist, wohl aber von dem Ruhm, die Laokoon-Gruppe gefunden zu haben.

Der wahre Entdecker der Laokoon-Gruppe aber ist Giuliano da Sangallo, der allerdings nicht mehr auf dies Faktum zurückgekommen zu sein scheint, will man nicht eine Skizze in der Albertina in Wien heranziehen, die ihm zugeschrieben wird und einen Vorschlag für die Aufstellung der Laokoon-Gruppe in einer Nischenarchitektur im Stil der Hochrenaissance zeigt. Es ist in der Tat die Zeichnung eines Architekten: er legt größeren Wert auf die Bauformen als auf die Figuren-Gruppe, die in allen anderen Zeichnungen der Laokoon-Gruppe aus dieser Zeit ungleich deutlicher erscheint. So ist es der Erinnerung seines Sohnes Francesco zu verdanken, wenn Giuliano da Sangallo der Ruhm als Entdecker des Laokoon gesichert bleibt. Dieser war der einzige aus dem engsten Kreise um Lorenzo il Magnifico, der 1506 noch am Leben war, und der einzige, der damals noch wissen konnte, was Filippino Lippi auf die Wand des Vestibüls der von ihm erbauten Villa malen sollte. Auch wenn von ihm keine weitere Aussage über den

Laokoon tradiert ist, kann man sich doch vorstellen, was ihm die Auffindung der Gruppe bedeutet haben muß.

Auch bei Michelangelo ist die Nachwirkung des großen Augenblicks der Entdeckung des Laokoon, die man in allen seinen späteren Werken zu verspüren meint, nicht einfach mit Händen zu greifen. Von ihm selbst gibt es kein unbestrittenes authentisches Zeugnis. Daß er die Laokoon-Gruppe ein portento d'arte, ein Wunderwerk der Kunst genannt habe, wird erst nach seinem Tode, wenn auch glaubwürdig, überliefert.

Als Papst Clemens VII. (1523–1534) im Jahre 1532 den Laokoon und einige andere Statuen im Belvederehof restaurieren lassen wollte, bat er, wie Vasari berichtet, Michelangelo darum, ihm einen jungen Mann zu nennen, der die Arbeit ausführen könne. Weder der Papst noch Michelangelo dachten daran, daß er dies selbst machen sollte, sondern Michelangelo erinnerte sich an Fra Giovannangelo Montorsoli, der die Ergänzung des hochgereckten rechten Armes in Stuck tatsächlich ausführte, die bis zur Wiederherstellung durch Filippo Magi im Jahre 1957 die Wirkung des Werkes bestimmte.

Die Ergänzung des hochgereckten Armes durch Montorsoli
Abb. 55

Der Servitenmönch Giovannangelo Montorsoli war einer der Mitarbeiter Michelangelos bei der großen Aufgabe der zwanziger und frühen dreißiger Jahre des Cinquecento, nämlich bei den Medici-Gräbern in der Sagrestia Nuova von San Lorenzo in Florenz. Im Kellerraum dieser Kirche kam es 1976 zu einem aufsehenerregenden Fund, der neues Licht auf das Verhältnis Michelangelos zum Laokoon wirft.

Damals wurde bei dem Versuch, für die Besucher der Mediceer-Gräber in der Sagrestia Nuova zu Florenz einen neuen Ausgang zu schaffen, die Falltür eines Nebengelasses geöffnet, die in einen Kellerraum führte. Als man diesen reinigte, entdeckte man auf den weißgekalkten Wänden nicht weniger als 154 Kohlezeichnungen, die den Stil Michelangelos und seiner Werkstatt zeigten. Aus diesen Zeichnungen, die offenbar zur Demonstration von Entwurfsideen zahlreicher, zum Teil im Werk Michelangelos und seiner Schüler später verwirklichter Figurenmotive dienten, sticht ein großer Kopf des Laokoon hervor, der die Plastik in den Einzelheiten der Linienführung erstaunlich genau wiedergibt. Zunächst glaubte man, eine Zeichnung Michelangelos vor sich zu haben, doch dann wurden Stimmen laut, die entschieden eine mögliche Autorschaft Michelangelos ablehnten, ohne jedoch eine plausible

Das eidetische Gedächtnis Michelangelos

Abb. 12

43

Erklärung zu bieten, wie es zu diesen bemerkenswerten Wandskizzen gekommen ist.

Der Blickpunkt
Abb. 13

Vor allem ist man auf einen merkwürdigen Umstand bisher noch nicht aufmerksam geworden, weil man nicht nach dem Blickpunkt gefragt hat, von dem aus der Kopf des Laokoon wiedergegeben ist. Dieser zeigt nämlich drei Merkwürdigkeiten, die sofort ins Auge fallen, wenn man eine Fotografie des Kopfes, die vom gleichen Blickpunkt aus aufgenommen ist, neben die Zeichnung stellt und beide Wiedergaben sowohl miteinander als auch mit einer vom üblichen Betrachterstandpunkt aus aufgenommenen Fotografie vergleicht.

Erstens zeigt sich eine verblüffende, bis in die Einzelzüge gehende Übereinstimmung. Bringt man Zeichnung und Fotografie auf die gleiche Größe und legt sie übereinander, so kann man beide zur Deckung bringen: Der Zeichner des Kopfes muß ein geradezu fotografisches Speicherungsvermögen gehabt haben.

Es gibt aber zwei genau bestimmbare Abweichungen vom gewöhnlichen Blickpunkt eines Betrachters, der vor der auf etwa 1 m hohem Sockel aufgestellten Statuen-Gruppe steht. Der Blickpunkt des Zeichners liegt hingegen etwa 3 m über dem Fußbodenniveau, auf dem heute der Sockel steht. Der Zeichner sah die ganze Gruppe und auch den Kopf also von einem erhöhten Standpunkt aus.

Außerdem erscheint der Kopf um etwa 30° steiler aufgerichtet. Er könnte allerdings auch leicht nach hinten gekippt gewesen sein, da dies in gleicher Weise zu einer Verschiebung der Achse des Kopfes geführt haben würde.

Man kann nicht umhin, bei diesem merkwürdigen Betrachterstandpunkt daran zu denken, daß Michelangelo und seine Begleiter in den Raum auf dem Oppius-Hügel, in dem der Laokoon gefunden wurde, hinabsteigen mußten und daß Michelangelo sofort feststellte, die Laokoon-Gruppe bestehe nicht, wie Plinius anzunehmen schien, aus einem Steinblock (ex uno lapide), sondern wenigstens aus vieren. Das spricht dafür, daß die einzelnen Teile nicht mehr fest zusammenhingen. Der aus einem besonderen Block gefertigte Oberkörper des Vaters könnte bei der Verschüttung des Raumes ein wenig nach hinten, gegen die Wand, gesunken sein. Durch diese Annahmen ließen sich der merkwürdige Betrachterstandpunkt, die steilere Achse des Kopfes und das

Abb. 9

Abb. 10

Abb. 11

Abb. 9–11 In Poggio a Caiano erbaute Giuliano da Sangallo ab 1484 für Lorenzo den Prächtigen die erste der Mediceervillen, in deren Vorhalle Filippino Lippi ein Laokoon-Gemälde ausführen und die Villa dadurch dem Kaiserpalast in Rom gleichsetzen sollte.

Abb. 12 Lavierte Kohlezeichnung des Laokoon-Kopfes in Florenz.

Abb. 13   Kopf des Laokoon aus dem gleichen Blickpunkt wie Abb. 12.

scharfe Oberlicht erklären, das die lavierte Schattierung der Wandzeichnung andeutet.
Diese Argumente sprechen für die Möglichkeit, daß Michelangelo die Zeichnung des Laokoonkopfes aus der Erinnerung gemacht hat, um seinen Mitarbeitern eine Vorstellung von dem berühmten Kunstwerk im fernen Rom zu vermitteln. Den schmerzlichen Gesichtsausdruck des trojanischen Priesters sollte Giovannangelo Montorsoli sich zum Vorbild für den Heiligen Cosmas wählen, der links neben Michelangelos Madonna an der Eingangswand der Medici-Kapelle Aufstellung fand.
Das entscheidende Argument für die Annahme, die Wandzeichnung stamme von Michelangelos eigener Hand, beruht darin, daß man keinen anderen Künstler aus dem Umkreis Michelangelos nennen kann, der die Fähigkeit besaß, ein so genaues Bild des Laokoon-Kopfes aus dem Gedächtnis auf die Wand zu zeichnen. Später wird von Annibale Caracci berichtet, er habe an einer schöngeistigen Diskussion über den Laokoon nicht teilnehmen wollen, sondern habe statt dessen aus dem Gedächtnis ein vollendetes Abbild des Laokoon mit Kohle auf die Wand gezeichnet und lächelnd dazu bemerkt: „Wir Künstler müssen mit den Händen sprechen." Das wirkt wie ein Topos. Man könnte sich vorstellen, daß die einmalige Leistung Michelangelos im Kellerraum der Sagrestia Nuova zu Florenz bei den Mitarbeitern Michelangelos solche Bewunderung hervorrief, daß spätere Künstler ihm nacheiferten, das gleiche Kunststück zu vollbringen. Auch das spricht dafür, daß Michelangelo der Urheber jener ersten Zeichnung ist, in der der große Augenblick der Entdeckung festgehalten zu sein scheint.

Vorsatzblatt

Die Epoche der Laokoon-Verehrung, die mit der Wiederentdeckung am 13. Januar 1506 begann und erst mit Winckelmanns kunsthistorischem Neuansatz endete, ist in erster Linie eine Zeit der künstlerischen und nicht der philologischen, archäologischen oder historischen Auseinandersetzung mit dem Problem der Laokoon-Gruppe. Daß die Laokoon-Gruppe überhaupt in dieser Beziehung ein Problem darstellen könne, ist zunächst gar nicht gesehen worden. Sie wurde vielmehr zu einem der beliebtesten Studienobjekte der Künstler. Schon 1520 wurde von Baccio Bandinelli im Auftrag Papst Leo X. eine Marmorkopie geschaffen. Bronzenachbildungen, aber auch Abgüsse gab es in großer Zahl, und viele Künstler bemühten sich um das Thema, am großartig-

Der Affen-Laokoon

◁
Abb. 14 Für die spätestens 130 v. Chr. geschnittene etruskische Gemme im a-globolo-Stil diente die Komposition der Laokoon-Gruppe als Vorbild. Die Gemme bietet daher einen Terminus ante quem für die Schöpfung der Gruppe.

sten und geheimnisvollsten vielleicht Greco in seinem bekannten Gemälde in der National Gallery of Art in Washington. Grecos Lehrer Tizian, der den Laokoon als Vorlage für seinen Christus im Altarbild von SS. Nazaro e Celso in Brescia verwendet hatte, erschien später der Rummel um die Laokoon-Gruppe so unangenehm, daß er seinem Unmut in einer in Holzschnitten überlieferten Karikatur Luft machte, in der die tragische Gruppe im wahrsten Sinne des Wortes nachgeäfft wird: Der Vater und seine beiden Söhne erscheinen als Affen. Hervorzuheben ist, daß Tizian immerhin, wie zuvor schon Amico Aspertini in seinem 1530 datierten Skizzenbuch, die richtige Bewegung des von der Schlange gebeugten rechten (in der Umkehrung des Holzschnittes linken) Armes gefunden hat. Im übrigen kann diese offenbar sehr ironisch gemeinte Auseinandersetzung mit dem Laokoon-Thema zeigen, wie bedingungslos die Laokoon-Verehrung war, daß sie einen solchen Ausbruch Tizians auslösen konnte.

Die gegensätzlichen Positionen Winckelmanns und Lessings

Es kann nun nicht die Aufgabe dieses Buches sein, die drei im Vorwort knapp bestimmten Phasen der Auseinandersetzung mit dem Phänomen des Laokoon vor der Entdeckung von Sperlonga, nämlich die künstlerische (1506– ca. 1754), die poetisch-philosophische (1754– ca. 1850) und die archäologisch-wissenschaftliche (1827/1853–1957/63), ausführlich nachzuzeichnen. Dies ist in vielen Schriften kompetenter Gelehrter getan worden. Es geht vielmehr um das alle diese Epochen durchziehende schöpferische Mißverständnis in der Beurteilung des Laokoon, das merkwürdigerweise auch dann nicht als solches begriffen wurde, als man den unlösbaren Widerspruch in der Überlieferungsgeschichte der Gruppe zu erkennen begann.

Dieser grundsätzliche Widerspruch, den das vorliegende Buch aufzulösen versucht, indem es das Mißverständnis benennt, worin die Laokoon-Betrachtung bis heute befangen war, ist besonders klar in den gegensätzlichen Positionen der beiden Protagonisten der zweiten Phase der Laokoonverehrung, nämlich von Winckelmann und Lessing, formuliert worden.

Winckelmann und Lessing gingen von ganz verschiedenen Standpunkten aus; Winckelmann interessierte die Anschauung, die Ästhetik der Gruppe, Lessing das Gedankliche. Er kam von der Philologie, Winckelmann von der Kunst. Man könnte deshalb glauben, daß der Widerspruch, der sich bei ihrer Betrachtung ergab, der Ausfluß ihrer verschiedenen Standpunkte war. Es zeigt sich jedoch, daß die Methode, die Winckelmann und Lessing anwandten, so sauber ist, daß ihre Ergebnisse, für sich betrachtet, unanfechtbar erscheinen. Der Widerspruch muß also tiefer liegen.

Winckelmann hat angesichts der Laokoon-Gruppe seine berühmt gewordene Kennzeichnung der griechischen Meisterwerke gefunden. Diese zeigen, außer allem anderen, das ihnen eignet, „endlich eine edle Einfalt und stille Größe, sowohl in der Stellung als im Ausdruck". Das Wörtchen „endlich" ist wichtig, weil es das letztlich Hinzukommende ist, das griechische Kunst ausmacht.

Edle Einfalt, stille Größe: Die Laokoon-Gruppe als griechisches Kunstwerk

Mit dem häufig mißverstandenen und sogar ins Lächerliche gezogenen Begriff „edle Einfalt und stille Größe" will Winckelmann das erhabene Gefühl erklären, das die Betrachtung der Laokoon-Gruppe auslöst: „Sein Elend gehet uns bis an die Seele; aber wir wünschten, wie dieser große Mann das Elend ertragen zu können". Diese Betrachtungsweise, die bei Immanuel Kant 1790 zu der Definition führen sollte: „Das Schöne ist das Symbol des Sittlich-Guten", läßt Winckelmann den einmal gefundenen Begriff „edle Einfalt und stille Größe" als das allgemeine und vorzügliche Kennzeichen griechischer Kunst, das heißt beinahe als ein Stilelement ansehen. Es gab daher für den Kenner Winckelmann keinen Zweifel, daß die Laokoon-Gruppe ein griechisches Kunstwerk sein müsse. Das bestätigen nicht nur die griechischen Namen der Künstler und das Urteil des Plinius, das geht auch aus der Betrachtung des Werkes selbst hervor; „Die Vollkommenheit dieser Statue machet es wahrscheinlich, ... daß sie aus der Blütezeit der griechischen Kunst stammt". Diese lag für Winckelmann in der Zeit Alexanders d. Großen. Einen leichten Zweifel, ob das Werk wirklich so früh sein könne, wagt auch Winckelmann nicht zu unterdrücken; er gibt zu, „daß wir das nicht beweisen können". Allein dieser Nebensatz wird rasch übergangen und nach einer ausführlichen Beschreibung noch einmal hervorgehoben, „daß diese Statue unter so vielen tausenden der berühmtesten Künstler, die aus allen Orten von Griechenland nach Rom gebracht worden, hier als das Höchste in der Kunst geschätzt worden" sei. Winckelmann hat damit die griechische Entstehung des Werkes ausdrücklich begründet, wobei es zunächst als nicht so wichtig erscheint, ob die Laokoon-Gruppe in spätklassischer oder erst in hellenistischer Zeit geschaffen wurde.

Der Widerspruch Lessings: die Laokoon-Gruppe als römisches Kunstwerk

Lessing kam aufgrund ganz anderer Überlegungen zum Ergebnis, daß die Laokoon-Gruppe in der römischen Kaiserzeit entstanden sein müsse. Damit war der Widerspruch gegeben, der die Forschung noch heute beschäftigt: Ist das Werk griechisch oder römisch?

Lessing gab seiner 1766, also elf Jahre nach Winckelmanns „Gedanken über die Nachahmung der Griechischen Werke" erschienenen Abhandlung den Titel „Laokoon", obwohl darin inhaltlich, wie auch der Untertitel besagt, die „Grenzen der Malerei und Poesie" untersucht werden. Lessing geht bei der Behandlung dieser Frage vom Laokoon aus und kehrt mehrmals zu ihm zurück. Auch heute noch müssen diese von Lessing als „unordentliche Collectanea zu einem Buch" bezeichneten Kapitel als die geistesgeschichtlich bedeutendste Abhandlung über die Laokoon-Gruppe gelten. In keiner anderen Schrift findet man mehr Anregung zum Verständnis der Gruppe als hier, sei es, daß man zum Widerspruch, zur Zustimmung oder zur Neubewertung und gar Ehrenrettung dieser klugen Gedanken angeregt wird. Es ist deshalb notwendig, den Argumenten Lessings ausführlicher nachzugehen. Dies erscheint auch deshalb gewinnbringend, weil Lessing eine sehr fruchtbare Methode der Argumentation anwendet, die Eckermann im Gespräch mit Goethe am 11. April 1827 folgendermaßen charakterisiert hat: „An Lessing ist es merkwürdig, daß er in seinen theoretischen Schriften z.B. im ‚Laokoon', nie geradezu auf Resultate losgeht, sondern uns immer erst jenen philosophischen Weg durch Meinung, Gegenmeinung und Zweifel herumführt, ehe er uns endlich zu einer Art von Gewißheit gelangen läßt. Wir sehen mehr die Operation des Denkens und Findens, als daß wir große Ansichten und große Wahrheiten erhielten." Für einen heutigen Leser erscheint diese Charakterisierung ebenso treffend, wie er den gegenteiligen Schluß daraus ziehen würde als Eckermann, nämlich daß die Methode Lessings, und nicht die großen Ansichten und die großen Wahrheiten, die er uns scheinbar vorenthält, „unser eigenes Denken anzuregen und uns selbst produktiv zu machen geeignet wären". Lessing animiert seinen Leser, mit- und weiterzudenken.

Nach dem Gesagten erscheint es wie eine Bestätigung, daß Lessing bei seiner Untersuchung über die Grenzen der Malerei und Poesie zunächst, wie er selbst zugibt, vom Wege abkommt: „Ich wollte bloß feststellen, daß bei den Alten die Schönheit das höchste

Gesetz der bildenden Künste gewesen sei". Dabei weist er unbefangen darauf hin, daß auch die Griechen ihren Pauson hatten, „dessen niedriger Geschmack das Fehlerhafte und Häßliche an der menschlichen Bildung am liebsten ausdrückte", und einen Pyreicus, „der Barbierstuben, schmutzige Werkstätte (sic!), Esel und Küchenkräuter mit allem dem Fleiße eines niederländischen Künstlers malte", deshalb aber auch den Spitznamen Rhyparographos, das heißt „Kotmaler" erhalten habe. Während die Griechen also die ganze Welt mit offenen Augen wahrnahmen, entscheidet Lessing sich für die klassizistische Sicht und lobt das „Gesetz der Thebaner, welches die Nachahmung ins Schönere befahl und die Nachahmung ins Häßliche verbot".

Es ist klar, welches Problem Lessing im Auge hat: Ist die Tragödie des Laokoon schön oder häßlich? Vom heutigen Standpunkt aus, wo die Frage nach der geschichtlichen Bedeutung des Kunstwerkes aufgeworfen wird, würde man sagen, daß die Frage: „Schön oder häßlich?" falsch gestellt ist. Wie soll man sich mit dieser Frage Kunstwerken wie dem Pergamon-Altar und der Skylla-Gruppe von Sperlonga mit ihren grauenerregenden Szenen nähern? Es bleibt zu prüfen, welche Antwort Lessing auf seine Frage gefunden hat.

Die Tragödie des Laokoon schön oder häßlich?

Auf den Laokoon angewendet, ist jedenfalls erkennbar, was er sucht: Der Meister habe unter den angenommenen Umständen des körperlichen Schmerzes auf die höchste Schönheit hingearbeitet. Deshalb mußte die alles entstellende Heftigkeit des Schmerzes herabgesetzt, Schreie mußten in Seufzen gemildert werden. Lessing gibt dem Betrachter scheinbar eindeutige Kriterien an die Hand: „Man reiße dem Laokoon in Gedanken nur den Mund auf und urteile. Man lasse ihn schreien und sehe".

Heute gilt es als ein Axiom, daß jeder Eingriff in die Autonomie eines Kunstwerkes dieses zerstört. Die Vorstellung eines so starken Eingriffs, wie das Aufreißen des Mundes beim Laokoon, ist also methodisch unzulässig und kann nichts zum Verständnis des Werkes beitragen.

Der schreiende Mund der Meduse von Caravaggio im Palazzo Pitti zu Florenz, die weit geöffneten Münder der Frauen, denen die Henkersknechte des Herodes die Kinder entreißen, im Bethlehemitischen Kindermord Guido Renis in Bologna, der Schrei des Knaben, als der heilige Januarius den Feuerofen explodieren läßt, in dem er verbrannt werden soll, auf dem berühmten Altarbild

Giuseppe Riberas im Dom von Neapel zeigen, daß die „Kunstschönheit" durch aufgerissene Münder nicht verletzt wird. Lessing räumt ein, „daß die Kunst in den neueren Zeiten ungleich weitere Gesetze erhalten." ... „Wahrheit und Ausdruck sei ihr erstes Gesetz". Diese Ansicht gilt unverändert.

Der fruchtbare Augenblick

Auch Lessing will diese Begriffe vorerst unbestritten in ihrem Wert oder Unwert lassen und wird durch die Frage, „warum dem ohngeachtet der Künstler in dem Ausdrucke Maß halten müsse" zu seiner entscheidenden, unübertrefflichen Entdeckung des „fruchtbaren Augenblicks" geführt. Es ist der „einzige Augenblick, an den die materiellen Schranken der Kunst alle ihre Nachahmungen binden". „Kann der Künstler von der immer veränderlichen Natur nie mehr als einen einzigen Augenblick und der Maler... insbesondere diesen einzigen Augenblick auch nur aus einem einzigen Gesichtspunkt brauchen; sind aber ihre Werke gemacht, nicht bloß erblickt, sondern betrachtet zu werden, lange und wiederholtermaßen betrachtet zu werden: so ist gewiß, daß jener einzige Augenblick und einzige Gesichtspunkt dieses einzigen Augenblicks nicht fruchtbar genug gewählt werden kann. Dasjenige aber allein ist fruchtbar, was der Einbildungskraft freies Spiel läßt. Je mehr wir sehen, desto mehr müssen wir hinzudenken können. Je mehr wir dazudenken, desto mehr müssen wir zu sehen glauben". Ein Kunstwerk nicht bloß erblicken, sondern lange und wiederholtermaßen betrachten, ist eine allgemeingültige Maxime. Der große italienische Kunsthistoriker Adolfo Venturi hat als Geheimnis der Kunstgeschichte erklärt: „vedere e rivedere", das heißt: „Anschauen und wieder anschauen!". Dies gilt sowohl für den einzelnen als auch für die Epochen. Jede Zeit muß die Kunstwerke neu anschauen, und jeder Zeit bieten sie etwas Neues. Aber man darf nicht hinter die Betrachtungsweise früherer Zeiten zurückfallen. Die Betrachtung von Kunstwerken ist einer unendlichen Bereicherung fähig, weil die Menschen andere sind, die ihnen gegenübertreten. Der Dialog zwischen Betrachter und Kunstwerk erneuert sich immer, er wird aber um so reicher und vielschichtiger sein, wenn man die Fragen und Antworten kennt, die früher schon zwischen Betrachter und Kunstwerk gewechselt wurden, wenn man sich des Neuen bewußt wird, das im eigenen Dialog zutage gefördert wird. Dieser Dialog wird auch um so ergebnisreicher sein, wenn man die Methoden, die zu früheren Ergebnissen führten, nicht außer acht läßt. Als eine der erfolgreichsten Methoden kann die von Lessing so prägnant ausgedrückte gelten: „Je mehr wir sehen, desto mehr müssen wir hinzudenken können. Je mehr wir dazudenken, desto mehr müssen wir zu sehen glauben."

Es liegt nahe zu untersuchen, wie die Nachfolger Lessings es mit dieser Methode gehalten haben und wie man es heute damit halten will. In einem Punkte wird man Lessings Betrachtungsweise hinter sich lassen, nämlich in der methodisch unergiebigen Frage „schön oder häßlich?" In diesem Punkte war er selbst seinen Vorgängern nicht gefolgt, die es als Aufgabe der Kunst angesehen hatten, daß „durch Wahrheit und Ausdruck das Häßlichste der Natur in ein Schönes der Kunst verwandelt werde". Der Begriff des „Kunstschönen" hatte sich in der Tat als sehr fruchtbar erwiesen, erscheint aber heute erschöpft.

Anders ist es mit dem Begriff des „fruchtbaren Augenblicks", der bei der Betrachtung von Kunstwerken wie der Laokoon-Gruppe noch zu erstaunlichen neuen Erkenntnissen führen kann. Lessing hatte ihn gefunden, weil er nachweisen wollte, „daß die Kunst dem Auge nicht das Äußerste zeigen dürfe." Er war darüber zu der Frage nach dem Zeitpunkt vorgestoßen, den die Künstler erfassen müssen, während die Literatur eine Darstellung im Zeitablauf ist. Lessing bringt das auf die kurze Formel: „Die Zeitfolge ist das Gebiete des Dichters, so wie der Raum das Gebiete des Malers" (d.h. des bildenden Künstlers). Einen Text kann man nicht mit einem Blick erfassen wie ein Werk der bildenden Kunst, sondern man muß ihn Zeile für Zeile ablesen. Zwar verrinnt auch beim Anschauen eines Kunstwerkes Zeit, aber die zu Zeilen und Seiten aneinandergereihten Worte und Sätze sind gleichsam selbst ein Zeitmesser. Das Geschehen entwickelt sich vor dem geistigen Auge des Lesers, das Kunstwerk prägt sich dem Auge unmittelbar ein und setzt dadurch die Verstandestätigkeit in Gang, ohne daß sich die Anschauung unmittelbar veränderte. Der Text löst hingegen eine ständig sich verändernde innere Anschauung aus.

Dichtung und bildende Kunst

Dieser Unterschied ist für Lessing wichtig, und er führt ihn an einem Vergleich zwischen der Laokoon-Gruppe als Werk der bildenden Kunst und der Schilderung vom Untergang des Laokoon durch Vergil als Werk der Literatur näher aus.

Für den Gang dieser Untersuchung ist besonders wichtig, daß er dabei auf die Frage des gegenseitigen Abhängigkeitsverhältnisses des Bildwerkes und des Dichtwerkes eingeht.

Lessing stellt drei mögliche Fälle zur Diskussion, erstens „der Vir-

Vergil und die Laokoon-Gruppe nach Lessing

51

gilische Laokoon habe zum Vorbild gedient", zweitens „die Ehre der Erfindung" gebühre „dem Künstler", drittens, „der Dichter hat ebensowenig den Künstler als der Künstler den Dichter nachgeahmt, sondern beide haben aus einerlei (sic!) älteren Quelle geschöpft...".
Er selbst entscheidet sich für die erste Möglichkeit, prüft aber, unter Vernachlässigung der dritten, auch die zweite Möglichkeit und kommt dabei zu dem apodiktischen Urteil, daß hierfür historische Gründe nicht vorliegen. Vielmehr hätten die Befürworter dieser These das Kunstwerk so überschwenglich schön gefunden, daß es nicht aus so später Zeit sein sollte: „Es mußte aus der Zeit sein, da die Kunst in ihrer vollkommensten Blüte war, weil es daraus zu sein verdiente."

Der historische Ort des Kunstwerkes

Vom heutigen Standpunkt ist zu dieser Gegenargumentation Folgendes zu sagen. Der biologische Entwicklungsbegriff, der von Samen, Knospe, Blüte und Verwelken einer Kunstepoche spricht, ist nicht zu halten, wohl aber ist evident geworden, daß nicht alles zu allen Zeiten möglich ist, daß vielmehr jedes Kunstwerk seinen festen, unverrückbaren Platz in der Geschichte hat. Wie ehern dieses Gesetz ist, kann selbst nach allen neueren Errungenschaften der Kunstgeschichte kaum etwas anderes besser zeigen als die Laokoon-Gruppe. In dem Maße, in dem die Kunstgeschichte des späten Hellenismus, der ausgehenden Republik und des frühen Kaiserreichs erforscht wurde, in dem Maße wurde die Laokoon-Gruppe zu einem erratischen Block, der mitten in einer geschichtlich geordneten Kunstlandschaft liegen blieb und zum Stein des Anstoßes werden mußte. Es wird sich zeigen, daß diejenigen recht hatten, die erklärten, daß die Laokoon-Gruppe aus einer bestimmten Zeit stammen sollte, „weil sie daraus zu sein verdiente", auch wenn die historischen Zusammenhänge wesentlich verwickelter sind, als es die drei von Lessing für möglich gehaltenen Fälle vermuten lassen.

Unabhängigkeit

Schon Heyne hatte sich 1778, also zwölf Jahre nach dem Erscheinen von Lessings „Laokoon", darüber gewundert, „daß niemandem das einfiel, was der erste Gedanke hätte seyn sollen: ob nicht noch ein anderer Fall möglich sey, so daß weder der Dichter den Künstler, noch der Künstler den Dichter vor Augen gehabt haben könne... Virgils Erzählung und die Gruppe im Belvedere haben mehr nicht gemein, als daß beyde einerley Fabel zum Sujet haben."

Dies ist bis zum Beweis einer konkreten Abhängigkeit der Gruppe und des Epos voneinander, in der einen oder anderen Richtung oder auch von einem gemeinsamen Vorbild dichterischer oder bildkünstlerischer Natur die einzige methodisch zulässige Feststellung. Alles andere geht von einem Präjudiz über die Entstehungszeit der Gruppe aus.

Nun hatte Lessing sein apodiktisches Urteil nicht leichtfertig gefällt, denn er hatte einen festen, später leider wieder in Vergessenheit geratenen oder verdrängten Ansatzpunkt gefunden, der ihm in der Beurteilung eine kaum bestreitbare Sicherheit geben mußte. Als guter Philologe hatte er den Text des Plinius über die Laokoon-Gruppe unvoreingenommen im Zusammenhang gelesen und hatte ihm eine eindeutige Information entnommen: Unmittelbar an den Satz über die Laokoon-Künstler fügte Plinius die Notiz an, daß in der gleichen Weise, wie das rhodische Team den Laokoon im Palast des Titus gearbeitet hätte, so eine Reihe von griechischen Künstlerteams und auch der für sich allein arbeitende Aphrodisius von Tralleis die palatinischen Kaiserpaläste mit trefflichen Bildwerken gefüllt hätten. Da Plinius überdies im nächstfolgenden Satz erwähnt, daß das Pantheon Agrippas von Diogenes von Athen mit Karyatiden und Giebelfiguren geschmückt wurde, zog Lessing daraus den Schluß, daß alle diese Künstler in der frühen Kaiserzeit tätig gewesen seien: „Ist es außer allem Zweifel, daß Kraterus und Pythodorus, daß Polydeukes und Hermolaus, mit den übrigen, unter den Kaisern gelebet, deren Paläste sie mit ihren trefflichen Bildwerken angefüllet: so dünkt mich, kann man auch denjenigen Künstlern kein ander Zeitalter geben, von welchen Plinius auf jene durch ein similiter übergehet. Und dieses sind die Meister des Laokoon".

Lessings Begründung

Wie diese Künstler arbeiteten und wo sie sich ihre Vorbilder zusammensuchten, als sie im Auftrag der julisch-claudischen Kaiser deren Paläste und Villen mit Statuen zu füllen hatten, konnte Lessing noch nicht wissen. Er kannte überhaupt nur außerordentlich wenige antike Skulpturen aus eigener Anschauung. Ob er die Laokoon-Gruppe bei seinem Romaufenthalt gesehen hat, ist nicht gewiß. Was er vor Augen hatte, waren die Kupferradierungen in den wenigen bebilderten Werken, die sich in den Lessing zugänglichen Bibliotheken befanden.

Analogie

Im Goldenen Hause Neros und in den palatinischen Kaiserpalästen vorflavischer Zeit, das heißt den von Tiberius und Claudius errichteten, später von Domitian überbauten oder in den Komplex seiner Domus Augustana eingefügten Bauten, ist nicht viel an Skulpturenausstattung erhalten geblieben. Trotzdem kann man sich heute, nach den Funden in der Blauen Grotte von Capri und in Sperlonga, wo das Praetorium, die reich mit Skulpturen ausgestattete Grottenvilla des Kaisers Tiberius, untersucht wurde, sowie nach den Unterwasserausgrabungen von Baiae, wo der mit 11 lebensgroßen trefflichen Marmorplastiken angefüllte Speisesaal mit Wasserspielen im Zentrum des claudischen Sommerpalastes entdeckt wurde, eine genaue Vorstellung von der Art der Skulpturen machen, die Kraterus und Pythodorus und die anderen für die palatinischen Kaiserpaläste anzufertigen hatten. Das *similiter*, durch das die Laokoon-Bildhauer zu den anderen in Beziehung gesetzt sind, trifft jedenfalls ganz genau auf die Skulpturen von Sperlonga zu, die sie selbst signiert haben: Sie haben diese in der gleichen Weise verfertigt.

Plinius als Kronzeuge der römischen Datierung

Im Lichte der Ausgrabungen von Sperlonga und Baiae mußte der Satz von Plinius, den Lessing schon richtig verstanden hatte, eigentlich jedem verständlich werden.
Dem stehen aber in jahrhundertelanger Forschung eingeschliffene Verständnismuster entgegen, die nicht ohne Konsequenzen für das gesamte Verständnis der hellenistischen und frühkaiserzeitlichen Kunst aufgegeben werden können.
Der Text des Plinius ist weitgehend eine Aufzählung von Künstlernamen. Die knappen verbindenden Worte sind oft nur für denjenigen absolut eindeutig verständlich, der das gleiche weiß, was Plinius als selbstverständlich voraussetzt. Auch wenn die Aussage dem Wissenden eindeutig erscheint, lassen diese kurzen aneinandergereihten Sätze Interpretationen zu. Das hat auch Lessing in seiner sorgfältigen Argumentation bemerkt: „Man wird einwenden," so schreibt er, „daß sich dieses similiter nicht auf die Verwandtschaft in Ansehung des Zeitalters, sondern auf einen anderen Umstand beziehe...". Plinius rede nämlich von solchen Künstlern, „die in Gemeinschaft arbeiteten und wegen dieser Gemeinschaft unbekannter geblieben wären, als sie verdienten". Lessing gibt das zu, hält aber für wahrscheinlich, daß Plinius gleichwohl „nur von neuern Künstlern sprechen wollte, die in Gemeinschaft gearbeitet. Denn hätte er auch von älteren reden wollen, warum hätte er nur allein der Meister des Laokoon erwähnet?" Schon

Winckelmann hatte ein langes Verzeichnis „von dergleichen älteren Werken gemacht, die mehr als einen Vater gehabt."
In der jüngsten Diskussion ist diese Liste noch einmal vermehrt und die Frage aufgeworfen worden, warum Plinius nur bei den Laokoon-Künstlern das merkwürdige Argument bringt, daß Zusammenarbeit den Ruhm des einzelnen verdunkelt. Er sucht offenbar einen Grund dafür, warum Athanadoros, Hagesandros und Polydoros nicht so berühmt waren, wie sie es seiner Ansicht nach zu sein verdienten. Die Begründung, daß man nicht wissen könne, wem von den dreien man die Palme des Ruhmes zuerkennen müsse, soll plausibel und ziemlich objektiv klingen.

Man darf allerdings nicht außer acht lassen, daß Plinius einen besonderen Grund hatte, die Laokoon-Gruppe zu loben. Sie stand im Palast des Imperators Titus, des Sohnes des regierenden Kaisers Vespasian. Ein Kunstwerk im Besitz dieses Mannes zu loben ist eine naheliegende höfische Schmeichelei. Sie wird besonders gut verständlich, wenn man bedenkt, daß Plinius seine Naturgeschichte eben dem Mann gewidmet hat, in dessen Besitz sich die Gruppe befand, nämlich Titus. Trotzdem ist die Frage, ob die Maßlosigkeit des Lobes, wonach die Laokoon-Gruppe allen anderen Kunstwerken vorzuziehen sei, nicht eine allzu plumpe, übertriebene Schmeichelei darstellt. Im Grunde mußte sie unglaubwürdig klingen, da es genügend andere Äußerungen des Plinius gibt, aus denen hervorgeht, daß er grundsätzlich die klassische griechische Kunst höher schätzte als die hellenistische und als diejenige der eigenen Zeit. Wenn Lessing aus dem Plinius-Text richtig gefolgert hat, „daß die Laokoon-Künstler in der frühen Kaiserzeit tätig waren", dann bleibt das Urteil des Plinius in hohem Maße merkwürdig, ja eigentlich unverständlich.

Plinius als Schmeichler

Der innere Widerspruch ist ziemlich verwickelt: Die Absicht des Plinius, das Werk zu loben, ist klar. Sein Grund ist ein doppelter: Die Ausarbeitung der Schlangenwindungen, die den Vater und seine Söhne fesseln, ist bewundernswert, und die Skulpturen-Gruppe ist im Besitz des Mannes, dem Plinius sein Werk gewidmet hat. Echte Bewunderung und der Wunsch, dem Besitzer zu schmeicheln, mischen sich. Doch das Werk ist offenbar nicht so berühmt, wie es zu sein verdient. Diesen Umstand erklärt Plinius mit der Mehrzahl der Künstler, die daran arbeiteten. Die Erklärung ist gesucht und steht in eklatantem Widerspruch zu dem überschwenglichen Lob im folgenden Satz. Dieser Widerspruch

Der innere Widerspruch

bleibt vorläufig unaufgelöst, ebenso wie der Widerspruch nicht zu erklären ist, daß Plinius, entgegen seinem offen ausgesprochenen klassizistischen Kunstgeschmack, ein Werk über alle anderen setzt, das er selbst in den Zusammenhang der Ausschmückung kaiserzeitlicher Bauten einordnet und das eindeutig hellenistisch-barocke Züge zeigt. Je länger man über die Aussage des Plinius nachdenkt, desto mehr hat man den Eindruck, daß entweder Plinius seine Aussage selbst nicht bis zu Ende durchdacht und den inneren Widerspruch nicht bemerkt hat, in den er sich verwickelte, oder aber, daß die Interpreten die Aussage des Plinius einfach noch nicht verstanden haben, zum Beispiel deshalb, weil man den Wissensstand, von dem aus Plinius seine Aussage machte, nicht mehr kennt oder noch nicht wieder erreicht hat.

Die Aporie Die Interpretation des Plinius-Satzes ist trotz oder wegen der fortschreitenden Bemühung um den Gegenstand in eine Aporie geraten, und das gleiche muß man auch in bezug auf die archäologische Forschung konstatieren. Dabei hatte die archäologische Forschung, die im Jahre 1957 durch zwei voneinander unabhängige Ereignisse einen erstaunlichen Höhepunkt erlebte, besonders in diesem Jahrhundert auch vorher schon mehrfach neue Nahrung erhalten. Auf den ersten Blick erscheint es als Zufall, daß im gleichen Jahr 1957 die Wiederherstellung der Laokoon-Gruppe in Angriff genommen wurde und daß in Sperlonga zum ersten Mal in der langen Geschichte ihrer Erforschung Skulpturen der gleichen Bildhauer zutage kamen, die nach Plinius den Laokoon aus dem Marmor gehauen haben.

Entdeckung des rechten Armes Abb. 56 Beide voneinander unabhängigen Ereignisse waren aber lange vorbereitet. Im Jahre 1905, also gerade recht zur Vierhundertjahrfeier der Entdeckung des Laokoon, hatte der deutsche Privatgelehrte, Antiquar und Kunsthändler Ludwig Pollak in einer Sitzung des Deutschen Archäologischen Instituts in Rom, dessen Mitglied er war, einen rechten gebeugten Arm bekannt gemacht, den er bei einem römischen Marmorhandwerker gefunden hatte. Diese sogenannten Scalpellini sammelten antike Marmorfragmente, um sie zu dekorativen Gefäßen und Geräten umzuarbeiten. Es bedurfte schon eines Kennerblicks, um das bestoßene Teilstück „unter allerlei alten Marmorfragmenten" als einen rechten, von einer Schlange umwundenen Arm zu erkennen, wie er zur Figur des Laokoon passen könnte. Der Arm, der nach Aussage des Scalpellino an der Via Labicana am Fuß des Oppius-Hügels gefunden wurde, hatte eine rötliche Färbung angenommen, offenbar weil er wie die Skulpturen von Baiae mit einem eisernen Bolzen verdübelt war, so daß ihn der Rost verfärbte. Da der Marmor der Gruppe gelblich-weiß geblieben war, glaubte Pollak den „Arm eines Laokoon", das heißt, das Fragment einer antiken Wiederholung der berühmten Gruppe und nicht den zugehörigen Arm selbst gefunden zu haben. Er erkannte als erfahrener Antikenhändler zwar richtig, daß der Arm aus parischem Marmor bestand, glaubte aber, die Gruppe selbst sei aus dem sogenannten „grechetto" gemacht. Jedenfalls hatte er keinen Zweifel, daß man das Bewegungsmotiv des Vaters mit Hilfe dieses Armes richtig ergänzen konnte. Künstler wie Tizian und Amico Aspertini oder sehr viel später Johann Heinrich Dannecker (1806) sowie Archäologen wie Ch. Petit Radel (1804) und C. Brien (1856) hatten schon die von Giovanni Angelo Montorsoli zugunsten des barock hochgereckten Armes verworfene richtige Beugung in Vorschlag gebracht, aber nun erst schien der materielle Beweis erbracht. Ludwig Pollak hat den Arm, den er „als den Rest einer leider bis auf ihn verloren gegangenen antiken Copie ansah, die den Maassen nach ungefähr ein Neuntel kleiner war als das Original", den Vatikanischen Museen geschenkt. Sein Wunsch, „dass die Leitung des Museums das Jubilaeum dadurch feiert, dass sie das *opus omnibus et picturae et statuariae artis praeferendum* von jener hässlichen falschen Stuckergänzung (gemeint ist der Arm Montorsolis) befreit und an ihre Stelle eine richtige auf Grund des gefundenen Armes setzt", wurde erst ein halbes Jahrhundert später verwirklicht. Inzwischen hatte man zwar an Gipsabgüssen schon recht überzeugende Ergänzungsversuche durchgeführt, an die antike, von einem namhaften Künstler ergänzte und in dieser Form durch die Jahrhunderte wirkende Plastik wagte man aber erst im Zeitalter der Entrestaurierung Hand anzulegen. Filippo Magi nahm den von Montorsoli ergänzten rechten Arm des Laokoon ab, der mit seiner pathetischen Gebärde des Hochreckens und des gewaltigen Kampfes mit der Schlange seit 1534 das Bild der Gruppe bestimmt hatte, auch wenn einzelne wie Tizian, Amico Aspertini, Dannecker und andere ihre Zweifel an dieser Ergänzung nicht unterdrücken konnten. Als Filippo Magi den Pollakschen Arm anzufügen versuchte, mußte er feststellen, daß zwischen der Bruchstelle am Kugelgelenk des Armes und der Schulter des Laokoon eine 10 cm breite Lücke klaffte. Das war der Grund,

Die Rekonstruktion

weshalb Pollak der Arm zu klein für die Skulptur erschienen war, so daß er glaubte, der von ihm gefundene Arm gehöre zu einer verkleinerten Wiederholung der Gruppe. Filippo Magi aber erinnerte sich daran, daß Primaticcio für Franz I. von Frankreich vor der Ergänzung Montorsolis einen Bronzenachguß der Gruppe angefertigt hatte, der sich jetzt im Schloß von Fontainebleau befindet. Es zeigte sich, daß an diesem Abguß das Stück der Schulter noch erhalten war, das Montorsoli abarbeitete, um eine ausreichende Anstückungsfläche für seinen hochgereckten Arm zu gewinnen. Magi besorgte einen Gipsabguß des fehlenden Stücks, ergänzte damit die Schulter des Laokoon, und jetzt paßte der von Pollak gefundene Arm an den Torso des Laokoon!

Abb. 37

Nun war die große Ähnlichkeit des Bewegungsmotivs beim Laokoon zu dem des Giganten Alkyoneus am Pergamon-Altar nicht mehr zu übersehen.

Stilverwandtschaft mit dem Altar von Pergamon Abb. 18. 50. 61

Die ersten Reliefs des Pergamon-Altares waren im Jahre 1865 von dem deutschen Eisenbahn-Ingenieur Carl Humann gefunden worden. Die Geschichte der weiteren Aufdeckung dieses großartigsten Denkmals pergamenischer Kunst zog sich bis 1879 hin, als die Reliefs nach Berlin überführt, im dortigen Museum vorläufig ausgestellt und publiziert wurden. Bis zu diesem Datum hatte die Forschung für die Laokoon-Gruppe keine sicheren Vergleichsbeispiele originaler, griechischer Kunst aus datierbaren Zusammenhängen zur Verfügung.

Heinrich Brunns Begründung der hellenistischen Entstehung Abb. 36

Immerhin hatte H. Brunn, der sich 1884 auch als erster in für immer grundlegender Weise über die kunstgeschichtliche Stellung der pergamenischen Gigantomachie äußerte, schon 1853 auf die Verwandtschaft der Laokoon-Gruppe zur Gruppe des sogenannten Farnesischen Stieres hingewiesen. Deren Original aus Marmor hatte Asinius Pollio 42 v. Chr. von Rhodos nach Rom gebracht. Die Gruppe mußte deshalb ein hellenistisches Werk sein. Aber bei ihr war zwar die Herkunft der Künstler Apollonios und Tauriskos aus Tralleis in Kleinasien, nicht aber das genaue Entstehungsdatum bekannt, und außerdem war sie nur in der in den Caracalla-Thermen in Rom gefundenen, unseres Erachtens claudischen Kopie überliefert. Mit dem Pergamon-Altar wurde aber ein großes, zwischen 180 und 160 v. Chr. entstandenes Originalwerk pergamenischer Hofkunst bekannt, das auf den ersten Blick eine erstaunliche Übereinstimmung mit dem Laokoon aufwies. Diese Stilverwandtschaft wurde denn auch alsbald von der Forschung herangezogen, um eine Entstehung des Laokoon in der gleichen Zeit zu beweisen. So schrieb Reinhard Kekulé schon 1883: „sofort nach der Entdeckung (sc. der Gigantomachiereliefs von Pergamon) sprang ihre Bedeutung für die Beurteilung des Laokoon in die Augen". In der Tat hatten Johannes Overbeck, Adolf Trendelenburg und der Schweizer Adrien Wagnon kurz nach dem Bekanntwerden des Frieses die ungefähre Gleichzeitigkeit des pergamenischen Altares und des Laokoon angenommen. Alexander Conze, der Direktor des Berliner Museums, hatte 1881 seine Ansicht geäußert, daß, „wenn die Übereinstimmung nicht eine rein gegenständlich gegebene sei, eine Abhängigkeit nur auf Seiten der Laokoon-Gruppe liegen könne", und Heinrich Brunn, der schon 1882 die Zeit der Diadochen als Entstehungszeit sowohl des Frieses als auch des Laokoon angegeben hatte, war der erste, der das kunstgeschichtliche Verhältnis von Altarrelief und Laokoongruppe genauer analysierte und einen Stilunterschied aufzeigte, der ihn zur Annahme führte, „daß der Laokoon nur vor den Werken der jüngeren pergamenischen Kunst also im dritten Jahrhundert entstanden sein kann".

Heinrich Brunn hat damit die Kontroverse begründet, die noch für Filippo Magi ein ungelöstes Problem darstellte, nämlich: Ist der Laokoon vor oder nach dem Pergamon-Altar entstanden? Dieses Problem war allerdings, bevor der Arm, den Pollak gefunden hatte, wieder angefügt wurde und dadurch erst die enge motivische Übereinstimmung mit dem Alkyoneus des Pergamon-Altares ins Bewußtsein rückte, nicht so einfach zu lösen, es war aber auch durch eines jener merkwürdigen, in der Laokoon-Forschung mehrmals zu beobachtenden zeitlichen Zusammentreffen divergierender neuer Informationen vollkommen in den Hintergrund getreten. Eine Entdeckung auf der Insel Rhodos, von der ja die Bildhauer der Laokoon-Gruppe kamen, hatte die, wie sich später erwies, trügerische Hoffnung erweckt, man könne das Laokoon-Problem, das sich einer Stilbeurteilung so hartnäckig widersetzte, auf der Grundlage inschriftlicher Zeugnisse objektiv lösen.

Im gleichen Jahr 1905, in dem Ludwig Pollak den Arm des Laokoon fand, veröffentlichte der dänische Forscher Christian Blinkenberg die Inschrift einer Statuenbasis, die auf der Akropolis von Lindos auf Rhodos zutage gekommen war. Die Inschrift bezeichnete das verlorene Standbild eines Philippos Philipou, das die Basis getragen hatte, als Werk eines Athanadoros Hagesan-

Die Kontroverse

Eine Inschrift des Athanadoros

59

drou. Blinkenberg konnte die Inschrift ins Jahr 42 v. Chr. datieren und nahm an, daß es sich bei dem Künstler Athanadoros, Sohn eines Hagesandros, um den bei Plinius als letzten genannten Bildhauer der Laokoon-Gruppe handelte. Er versuchte diese Meinung durch eine Heranziehung der Tempelchronik von Lindos abzusichern, in der die Namen Athanadoros und Hagesandros häufig vorkommen. Blinkenberg stellte daher eine Art Ahnentafel der von Plinius genannten Künstler auf, wonach Athanadoros und Hagesandros Brüder und ihr gemeinsamer Vater ein älterer Hagesandros gewesen sei. Die Söhne sind um 80–75 v. Chr. geboren und der eine war im Jahre 22 v. Chr., der andere im Jahre 21 v. Chr., wie Blinkenberg vermutete, wegen der Mitarbeit am Laokoon mit der Verleihung der Priesterwürde der Athena geehrt worden. Obgleich dies nirgendwo steht und nirgendwo gesagt wird, daß die beiden Athena-Priester von 22 und 21 v. Chr. überhaupt Bildhauer waren, erfreute sich die Hypothese Blinkenbergs allgemeiner Zustimmung, besonders nachdem sie im Katalog der „Sculpturen des Vaticanischen Museums" von Walter Amelung im Jahre 1908 gleichsam zur offiziellen Lehrmeinung erhoben worden war. Man war offenbar glücklich, endlich ein fixes Datum für den leidigen Laokoon zu haben, ein Datum, das überdies mit der Schaffenszeit Vergils übereinstimmte und jedem die Möglichkeit ließ, sich vorzustellen, daß die Künstler ihr Werk unter dem unmittelbaren Einfluß Vergils geschaffen hätten.

Zusammenbruch der Hypothese Blinkenbergs

Abb. 21

Nachdem es für ein halbes Jahrhundert den Streit um die Zeitstellung des Laokoon ruhiggestellt hatte, brach das Kartenhaus Blinkenbergs in dem Augenblick ein, als am 14. September des gleichen Jahres 1957, in dem Filippo Magi mit der Wiederherstellung der Laokoon-Gruppe begonnen hatte, in Sperlonga eine Künstler-Inschrift mit folgendem Wortlaut gefunden wurde:

Athanadoros, Sohn des Hagesandros, Hagesandros, Sohn des Paionios, Polydoros, Sohn des Polydoros aus Rhodos haben es gemacht.

Was die Hypothese Blinkenbergs zum Einsturz brachte, sind die erst jetzt bekannt werdenden Vatersnamen der rhodischen, von Plinius erwähnten Künstler. Alle drei haben verschiedene Väter, Athanadoros und Hagesandros können also keine Brüder sein, wie Blinkenberg voraussetzte.

Man fragte sich nun, wieso man Blinkenbergs Vorschlag so lange widerspruchslos gefolgt war, da doch keineswegs gesagt war, daß die von ihm herangezogenen Brüder und Athena-Priester der Jahre 22 und 21 v. Chr. in Lindos Bildhauer waren.

Die Namen Athanadoros, Hagesandros und Polydoros waren in Rhodos außerordentlich beliebt, was man schon daraus ersehen kann, daß von den sechs Namen der Inschrift von Sperlonga nur vier verschieden lauten. Zweimal begegnen Personen gleichen Namens: Einer der Künstler trägt den Vatersnamen des anderen, der dritte den Namen seines eigenen Vaters. Die Namensgleichheit von Künstlern darf also nicht, wie es immer wieder geschehen ist, zu einer unmittelbaren Identifizierung führen. Wenn in Sperlonga außer den drei Namen und der Herkunftsangabe Rhodos nicht noch als entscheidendes Element die Übereinstimmung der Marmorbearbeitung mit der am Laokoon zu beobachtenden hinzukäme, könnte man auch in diesem Fall nicht mit völliger Sicherheit sagen, daß es sich wirklich um die gleichen bei Plinius genannten Bildhauer handelt, auch wenn die Wahrscheinlichkeit mit jedem Element entsprechend der Gaußschen Verteilung steil anwächst.

Der Vorschlag Filippo Magis

So konnte Filippo Magi ziemlich sicher sein, daß die Inschrift von Sperlonga die gleichen Künstler meinte, welche das Marmorbildwerk, das er gerade unter den Händen hatte, und die Skulpturen von Sperlonga gemeißelt hatten. Es bleibt merkwürdig, daß er das hiermit gestellte Problem nicht zu Ende gedacht hat, sondern bei der für ihn wichtigen Erkenntnis stehengeblieben ist: Nach der Widerlegung der Hypothese Blinkenbergs fühlte Magi sich frei, die allgemeine Lehrmeinung hinter sich zu lassen und erneut eine Datierung des Laokoon ins zweite Jahrhundert v. Chr. vorzuschlagen, wobei er sich nicht festlegen wollte, ob man das Werk in die zweite oder nicht eher in die erste Hälfte des Jahrhunderts setzen sollte. Mit besonderer Emphase aber hob er hervor, daß es sich um eine edle Originalschöpfung der rhodischen Kunst handelte.

Es ist nahezu unverständlich, daß die Forschung ihm zwar in dieser Beurteilung des Werkes, aber nicht in der Chronologie gefolgt ist, sondern entweder beharrlich an der inzwischen festsitzenden Meinung einer Datierung im dritten Viertel des 1. Jahrhunderts v. Chr. festhielt, oder die schon von Lessing vorgeschlagene Datierung in die Kaiserzeit wieder hervorholte.

Unerfüllte Hoffnungen

Man muß allerdings zugeben, daß die Inschrift von Sperlonga zunächst die Hoffnung, die man bei ihrer Auffindung schöpfte, nämlich daß nunmehr das Rätsel des Laokoon gelöst werde, nicht zu erfüllen schien. Denn die Künstlersignatur enthielt für sich

61

genommen keinen Hinweis auf die Lebenszeit der Bildhauer, und die Skulpturen, die darin als Arbeiten ihres Meißels bezeichnet wurden, ließen sich auch nicht zeitlich festlegen, sondern sie wurden, wie die Laokoon-Gruppe selbst, vom zweiten Jahrhundert v. Chr. bis in die Zeit der flavischen Kaiser hin- und hergeschoben. Nach der anfänglichen Begeisterung darüber, daß man endlich ein oder mehrere weitere Werke der Laokoon-Künstler kennenlernte, ja nach der vom Ausgräber Giulio Jacopi selbst propagierten Meinung, in Sperlonga habe das eigentliche, von den Laokoon-Künstlern signierte Original der Gruppe gestanden, zeigte sich folgendes Paradox: Je mehr man über die Laokoon-Gruppe und ihre Künstler erfuhr, desto rätselhafter wurde das Kunstwerk.

Neue Widersprüche Abb. 50

Einige Beispiele mögen das erläutern. Die Rekonstruktion des Laokoon durch Filippo Magi hatte die Verwandtschaft der Gruppe zum Pergamon-Altar und besonders zur Gestalt des Alkyoneus, die schon Reinhard Kekulé herausgestellt hatte, ganz neu zum Bewußtsein gebracht. Es lag deshalb nahe, den Laokoon auch zeitlich und in bezug auf die Kunstschule in die Nähe des Pergamon-Altares zu rücken.

Doch bei Gelegenheit der Rekonstruktion war auch eine petrographische Untersuchung der Skulptur gemacht worden, die ergab, daß die drei Figuren und der vordere Teil des Altares, auf den der Vater niedergesunken ist, ebenso wie das Armfragment, das Ludwig Pollak gefunden hatte, aus Marmor von der Insel Paros bestehen. Dieser im Untertagebau bei Lampenschein gebrochene und deshalb Lychnites, das heißt Lampenmarmor, genannte Stein gilt als der feinste Skulpturenmarmor des Altertums. Er war entsprechend teuer und rangiert in der von Diokletian festgeschriebenen Preisliste für Bunt- und Edelmarmore möglicherweise an dritter Stelle nach Porphyr und Serpentin (grüner Porphyr von Lakedämonien). Deshalb wurde der hintere Teil des Altarblockes aus einem anderen Marmor von leicht grauer Färbung gearbeitet.

Geologische Untersuchung

Blinkenberg glaubte in diesem Marmor den Lithos Larthios zu erkennen, den einzigen auf Rhodos anstehenden, für Skulpturen kaum geeigneten grauen Marmor, der dort vielfach für Statuenbasen Verwendung fand. Doch die erwähnte geologische Marmoruntersuchung ergab, daß es sich um Marmor aus Carrara handelt. Der Steinbruch von Carrara, noch heute der bedeutendste Marmorsteinbruch Italiens, wurde erst zur Zeit Caesars eröffnet, und die im Altertum als Marmor von Luni bezeichnete Steinsorte fand in Rom nicht vor der Mitte des 1. Jhs. v. Chr. Verwendung. Erst unter Augustus wurde er zum meistgebrauchten Marmormaterial. Das schien natürlich denen recht zu geben, die den Laokoon nach 50 v. Chr. datieren wollten.

Filippo Magi half sich aus der Schwierigkeit mit der Erklärung, der hintere Teil des Altarblocks sei entweder erst, nachdem die Gruppe von Rhodos nach Rom transportiert worden war, oder noch wahrscheinlicher erst im 16. Jahrhundert aus dem hier verfügbaren carrarischen Marmor angestückt worden. Doch diese einfache Auskunft hält einer Nachprüfung nicht stand. Schon Blinkenberg hatte festgestellt, daß „der graue Block nicht in der Renaissancezeit hinzugefügt ist. Das ergibt sich schon aus den Spuren der für die Bearbeitung verwendeten Geräte, die in den Maassen genau mit den am weissen Marmor sichtbaren Arbeitsspuren (z. B. unter dem rechten Fuß des älteren Sohnes) übereinstimmen". Diese Beobachtung kann man nur bestätigen. Die Spuren des verwendeten 1,9 cm breiten Zahneisens mit seinen sechs Zähnchen passen absolut genau aufeinander. Derselbe Steinmetz hat mit demselben gezähnten Meißel letzte Hand an beide Blöcke gelegt, nachdem sie schon miteinander verklammert waren. Das führt zu der unbestreitbaren Schlußfolgerung, daß die Gruppe erst aus dem Stein gehauen wurde, als carrarischer Marmor zur Verfügung stand, und das war zu einer unbestimmten Zeit nach der Mitte des 1. Jahrhunderts v. Chr. der Fall. Dieses Datum bildet einen *terminus post quem*, ein Stichdatum, nach dem die Skulptur gemeißelt wurde.

Abb. 57

Die Forschungen hatten zu einem unauflöslichen Widerspruch geführt: hier das Datum des zweiten Jahrhunderts v. Chr., das der Stil der Skulpturen-Gruppe nahelegte, dort die naturwissenschaftliche Untersuchung, die zwingend das spätere Datum vorschrieb.

Und doch war auch dieses nicht überzeugend. Blinkenberg hatte nämlich, ohne zu sehen, welche Probleme damit aufgeworfen wurden, auf eine etruskische Gemme im Britischen Museum mit einer Darstellung des Laokoon hingewiesen, um zu zeigen, daß die Marmorgruppe auf ein älteres, wahrscheinlich klassisches Vorbild zurückgreift. Er datierte die etruskische Gemme, wie dies auch andere Forscher taten, ins 5. Jahrhundert v. Chr.

Eine etruskische Gemme Abb. 14

Bei einer genaueren Untersuchung der Darstellung ergab sich aber, daß nicht die Laokoon-Gruppe auf eine Komposition zurückge-

63

führt werden kann, wie die Gemme sie bildet, sondern daß diese die Gruppe voraussetzt.

Man sieht in dem engen Oval des in der Form eines Skarabäus, eines heiligen ägyptischen Mistkäfers, geschnittenen Steines die drei eng aneinander gedrängten Figuren des Laokoon und seiner beiden etwas kleiner gebildeten Söhne von Schlangen umstrickt. Eine Reihe von Einzelheiten macht deutlich, daß der Gemmenschneider die Komposition der vatikanischen Gruppe gekannt und als Vorlage benutzt hat. Besonders das Bewegungsmotiv des Vaters verrät eindeutig seine Herkunft. Das linke Bein ist gestreckt, das rechte gebeugt, die rechte Hand hängt hilflos in der Schlangenwindung, die linke greift nach unten. Sie wird hinter dem Rücken des eng an den Vater gedrängten rechten Sohnes sichtbar. Der bärtige Kopf des Vaters ist zwar ins Profil gewendet, doch das sind alle Köpfe bei diesem Gemmenschnitt; das gehört also zu der Vereinfachung, die sich der Gemmenschneider geleistet hat. Der rechte Knabe erhebt flehend den einen Arm. Da er aus Raumgründen an den Vater gedrängt ist, muß es sein linker Arm sein, es kann nicht wie bei der weiter auseinandergezogenen plastischen Gruppe der rechte sein. Beim linken, kleineren Knaben umschlingt die Schlange wie bei der vatikanischen Gruppe beide Schultern. Er hängt wie leblos in deren Windungen. Es ist deshalb zu Recht darauf hingewiesen worden, daß diese Gemme nicht ohne Kenntnis der Gruppe geschnitten sein könne.

Das Werk eines Fälschers?

Da sie aus stilistischen Gründen dem fünften Jahrhundert v. Chr. zugewiesen worden war, die Gruppe aber in keinem Fall vor dem zweiten Jahrhundert und in der Form, in der sie im Vatikan steht, wegen der Verwendung des carrarischen Marmors sogar nicht vor der Mitte des ersten Jahrhunderts entstanden sein kann, blieb nur der Ausweg, die Gemme für das Werk eines Fälschers neuerer Zeit zu halten, ein Vorschlag, der von der Forschung zunächst akzeptiert wurde.

Ein Eckstein der Laokoon-Datierung

Doch dann wurde, ohne das Problem der Laokoon-Gruppe zu berücksichtigen, eine gründliche Untersuchung der etruskischen Gemmen durchgeführt, die zu dem unbestreitbaren Ergebnis kam, daß der geschnittene Stein im Britischen Museum zu jener Gruppe von Gemmen gehört, die mit Hilfe eines kugelförmigen Bohrers in einem als *a-globolo* bezeichneten Stil gearbeitet sind. Diese Technik kennt man nur aus Etrurien, wo sie vom dritten Jahrhundert bis zum letzten Drittel des zweiten Jahrhunderts v. Chr. geübt wurde. Die Gemme mußte daher vor 130 v. Chr. entstanden sein, dürfte aber kaum sehr viel älter sein, da sie zu den spätesten Erzeugnissen des a-globolo Stils gehört. Der von den Forschern verworfene Stein wird damit zum Eckstein der Laokoon-Datierung. Der hierdurch aufbrechende Widerspruch erscheint zunächst kaum auflösbar, denn die Gemme bestätigt einerseits den auf stilistischen Erwägungen beruhenden Zeitansatz der Erfindung der Gruppenkomposition im 2. Jahrhundert v. Chr., auf der anderen Seite aber steht die petrographische Untersuchung, die einen so frühen Zeitansatz der vatikanischen Gruppe unmöglich macht. Die Forschung war in eine Aporie geraten. Wollte man weder die archäologisch-stilkritische noch die naturwissenschaftliche Methode in Zweifel ziehen, mußte man einen völlig neuen Ansatz versuchen. Zum Glück hatten die Funde von Sperlonga die Basis der Forschung inzwischen außerordentlich erweitert.

Sie stellen eine Wende in der Laokoon-Forschung dar: Allerdings ist diese Wende von der Forschung keineswegs einhellig als solche anerkannt worden. Der bedeutende Altmeister der Archäologie, Karl Schefold, erklärte zum Beispiel aufgrund seiner unbestrittenen Kennerschaft: „Ich kann mir die Gruppen von Sperlonga und die Laokoon-Gruppe nicht neben Meisterwerken denken, die sicher ins zweite Jahrhundert v. Chr. datiert sind." Gleichwohl zeigt sich, daß es keinen anderen Weg aus der Sackgasse gibt, in die die Laokoon-Forschung geraten ist, als den Umweg über Sperlonga. So notwendig dieser Umweg ist, um doch noch zum Ziel zu kommen, so vielversprechend ist er, weil er die Laokoon-Gruppe aus ihrer Isolierung löst und sie in den viel größeren kunsthistorischen und ereignisgeschichtlichen Zusammenhang der hellenistischen Gruppenkompositionen stellt, die durch die Funde von Sperlonga einen so überraschenden Zuwachs erfahren haben.

Die Wende in der Laokoon-Forschung

2. Teil

Sperlonga und Rhodos

Die neuen Entdeckungen
über die Laokoon-Bildhauer

*Athanadoros Hagesandrou
kai Hagesandros Paioniou
kai Polydoros Polydorou
Rhodioi epoiesan*

Signatur der Skylla von Sperlonga

Im September 1957 waren bei den Ausgrabungen in der Grotte des Tiberius bei Sperlonga die erstaunlichen Funde gelungen, über die das Buch „Odysseus. Archäologie des europäischen Menschenbildes" berichtet. Für das im vorliegenden Buch behandelte Problem der Laokoon-Gruppe wurde besonders der am 24. September 1957 erfolgte Fund einer Inschrift entscheidend, die Sperlonga mit einem Schlage weltberühmt machte. Man erfuhr durch diese Inschrift, daß die kolossalen marmornen Skulpturen-Gruppen, deren Bruchstücke in der Grotte lagen, von den gleichen Bildhauern aus dem Stein geschlagen wurden, die nach Plinius auch die Laokoon-Gruppe gemeißelt hatten.

Die Inschrift wiederholt nicht nur die von Plinius erwähnten Namen Athanadoros, Hagesandros und Polydoros, sie gibt auch die Namen der Väter Hagesandros, Paionios und Polydoros wieder, und vor allem bestätigt sie die Nachricht des Plinius, daß die Künstler aus Rhodos stammen. Damit schien auch die einstimmige Annahme der Forschung, daß die Laokoon-Gruppe als ein Hauptwerk der rhodischen Kunst späthellenistisch-römischer Zeit anzusehen sei, glänzend bestätigt. Die Erforschung der Funde von Sperlonga führte aber zu einem überaus widerspruchsvollen Bild, durch das der rhodische Ursprung der Laokoon-Gruppe keineswegs bestätigt wurde. Dieser Frage muß deshalb besondere Aufmerksamkeit gewidmet werden.

Zunächst konnte in langjähriger Arbeit der Archäologen und Restauratoren die großartige mythologische Szenerie, die Kaiser Tiberius, nach seiner Ernennung zum Kronprinzen des Kaisers Augustus im Jahre 4 n. Chr., in der Grotte von Sperlonga gestalten

*Die Funde von Sperlonga
Abb. 17*

ließ, wieder kenntlich gemacht werden. Sie ist häufig beschrieben worden, stellt sich aber unter dem hier behandelten Gesichtspunkt in neuem Lichte dar.

Die Grotte des Tiberius

Die Grotte liegt am Ende eines herrlichen 3 km langen Sandstrandes, der sich am Hang des Monte S. Magno hinzieht und dessen anderes, nördliches Ende der ins Meer ragende Kalksteinsporn mit dem weißen Fischerdorf Sperlonga markiert. Von dieser Punta aus sieht man das Band des hellen Sandstrandes an der grünen allmählich steiler werdenden Bergflanke entlang im sanften Bogen auf die dunkle Höhle zulaufen. Es ist eine der schönsten Landschaften Italiens. In der Antike, als es noch keine in den Berg gesprengte, mit Tunneln vorangetriebene Panoramastraße gab, sondern nur einen von Maultieren oder Sänftenträgern begehbaren Saumpfad, war dies ein verlassener und gegen die Außenwelt abgeschirmter Winkel, wie der menschenscheue Aristokrat Tiberius ihn liebte. Hier hatte er, vielleicht von seiner aus dem nahegelegenen Ort Fundi, dem heutigen Fondi, gebürtigen Mutter Livia, eine ältere Villenanlage geerbt, die er zu seinem Praetorium, das heißt seiner als ständiger Wohnsitz des Kaisers dienenden Palastvilla, ausbauen ließ. Als das eigentliche Zentrum des Wohnbereiches bezog er eine große natürliche Höhle, eben die *Spelunca*, deren lateinische Bezeichnung im Namen Sperlonga weiterlebt, in die Villa ein und ließ sie zu einem in Italien bis dahin einzigartigen Naturtheater ausbauen. Vergleichbare Anlagen, wenn auch nicht von dieser gewaltigen Größe, hatte er in den eigenartigen Skulpturenparks der Insel Rhodos kennengelernt, auf der er von 6 v. Chr. bis 2 n. Chr. acht Jahre im freiwilligen Exil zugebracht hatte. Dort scheint er auch auf das Bildhaueratelier aufmerksam geworden zu sein, das er mit der großen Aufgabe betraute.

„Die Odyssee in Marmor"

In den letzten 30 Jahren hat sich die Forschung darum bemüht, das erstaunliche Figurenprogramm zu rekonstruieren, mit dem Tiberius die Grotte anfüllen ließ, und man darf sagen, daß man jetzt eine ziemlich genaue Vorstellung von Form und Inhalt des Ensembles gewinnen kann, das treffend als „Odyssee in Marmor" bezeichnet wurde. Es zeigt nämlich in vier plastisch gestalteten Episoden die größten Heldentaten des Odysseus vor Troja und bei der Heimkehr in einer Abfolge, die auch der augusteische Dichter Ovid in der kurz zuvor verfaßten 13. Metamorphose seiner Verherrlichung des Odysseus zugrunde gelegt hatte. Es ist nicht ausgeschlossen, daß Tiberius sich von dieser literarischen Fassung zum Ausstattungsprogramm seiner Höhle hat anregen lassen.

Durch die Anlage eines großen, nebenbei auch der Fischzucht dienenden Wasserbeckens wurde die Höhle, die sich in Form einer riesigen Halbkuppel öffnet, in ein monumentales Nymphäum-Triklinium, das heißt in einen von Wasser umgebenen Speisedivan verwandelt. Von seiner Wortbedeutung her ist ein Triklinium ein Speisesofa, das aus drei in Hufeisenform zusammengestellten Ruhebetten besteht. Ein solches Triklinium, rings um ein Becken aufgestellt, auf dessen Wasserspiegel man die Speisen in Schiffchen herumschwimmen lassen konnte, nennt Plinius d. J. ein Stibadium.

Der Ursprung solcher Anlagen ist in der Naturverbundenheit des Südländers und in den Klimabedingungen des Mittelmeergebietes zu suchen. Man liebte es, an Quellen und Flüssen, unter schattigen Bäumen und in Grotten Kissen in Sichelform auszubreiten, einen nach der Buchstabenform auch Sigma genannten, der freien Natur angepaßten Ersatz der häuslichen Speisedivane. Die Grotte von Sperlonga ist nichts anderes als ein solcher in gewaltige Dimensionen gesteigerter Picknick-Platz, allerdings mit rechteckig aufgestelltem Triklinium. Der Luxus dieses kaiserlichen Speiseraums im Freien übersteigt jede Phantasie, aber er hat sich allmählich aus Kultplätzen der Dionysos- und der Nymphenverehrung in Griechenland und aus hellenistischen Grottenheiligtümern entwickelt. Seit früher Zeit war es üblich, in natürlichen Grotten, die in Kultplätze verwandelt wurden, Reliefs und kleine plastische Figuren aufzustellen, die den Ort belebten. In Alexandria pflegte man an den Nilarmen Lauben zu errichten und mit Gelagen im Freien die Götterfeste zu feiern, aber besonders in Rhodos hatte man die Aufstellung von Statuen in der freien Natur zu einem nicht selten ins Monumentale getriebenen Kult gemacht. Der Sonnenkoloß am Hafen von Rhodos war ein als Weltwunder gerühmtes Beispiel, aber enger mit Sperlonga verwandt ist die Aufstellung eines Siegesmales der Rhodier auf der Insel Samothrake in Form eines Schiffsbuges, auf den mit ausgebreiteten Schwingen die Siegesgöttin herabgeschwebt ist. In der Rechten hält sie die Fanfare und den Siegeskranz in der ausgestreckten linken Hand. Der Schiffsbug gilt als *pars pro toto* für das ganze Schiff. Das Besondere der Aufstellung in Samothrake ist, daß dieses Schiff im Wasser zu schwimmen scheint. Es ist leicht diagonal in ein aus dem Felsen gehauenes

Statuen in freier Natur

Abb. 35

Rhodische Parks

Abb. 25

Becken gesetzt, durch das man das Wasser eines Baches leitete. Der Realismus der Szene ist verblüffend.

Von anderen Statuen finden sich noch heute die wie natürliche Felsen gebildeten Basen in dem neuerdings wieder hergerichteten Naturpark von Rhodini bei der Stadt Rhodos, und am Aufgangsweg zur Akropolis von Lindos ist der senkrechte Felsenhang an einer Kehre des Weges zu einer halbrunden Sitzbank ausgearbeitet, hinter der sich, in Relief aus dem Stein gehauen, das Heck eines rhodischen Kriegsschiffes mit eingezogenem Steuerruder und hochragendem Heckzierat herausschiebt.

Solche und ähnliche Ausgestaltungen der Natur gaben dem Auftraggeber Tiberius und seinen Künstlern die Anregung zur Umwandlung der Grotte von Sperlonga in eine phantastische Szenerie, in der die Heldentaten des Odysseus vor Troja und seine Irrfahrten zur Höhle des Kyklopen und zur Meerenge zwischen Skylla und Charybdis vor den Augen der Tafelnden sich abspielten. In das große rechteckige Becken vor der Höhle, zu dem sich das runde Becken in der Höhle erweitert, setzte man eine künstliche Insel, deren Hufeisenform die Aufstellung der Speisesofas in Form eines zur Höhle hin offenen Karrees vorzeichnet. Von hier aus konnten der Kaiser und seine Tischgenossen die ganze Szenerie überblicken, die sich ringsum in den offenen Landschaftsraum hinein bis hin zu dem im Nordwesten über den Meereshorizont aufragenden Monte Circeo, dem sagenhaften Eiland Aiaia der Kirke, erweiterte.

Odysseische Landschaft

Von dort aus trat Odysseus, dem Kirke die Gefahren der Heimfahrt vor Augen gestellt hatte, die Rückkehr an. Die Irrefelsen, die Plankten, welche die Schiffe beim Zusammenschlagen zermalmten, konnte er vermeiden, doch um dem furchtbaren Mahlstrom der Charybdis zu entgehen, mußte er so dicht unter der Klippe Skyllas entlangsteuern, daß ihm das Untier sechs Männer raubte. Das alles sollten die Künstler nach dem Wunsch des Tiberius in der natürlichen Szenerie von Sperlonga darstellen.

Die im Hintergrund der Höhle sich öffnende Nebengrotte sollten sie zum Schauplatz des Polyphem-Abenteuers machen, dessen glücklichen Ausgang Odysseus seinen Gefährten in dem Moment vor Augen stellt, als sie bei der Annäherung an die tosende Charybdis den Mut verlieren. Deshalb taucht dieses bis zum Zusammentreffen mit Skylla gefährlichste Abenteuer, das Odysseus und seine Gefährten zu bestehen hatten, im Hintergrund auf. Im Vor-

▷

Abb. 15.16 Entscheidend für Rekonstruktion und kunstgeschichtliche Bestimmung der Skylla-Gruppe von Sperlonga war die Entdeckung, daß die Hand Skyllas die Schädelkalotte des Steuermanns gepackt hat, wie es die Zusammenfügung mit Hilfe von Kopien zeigt.

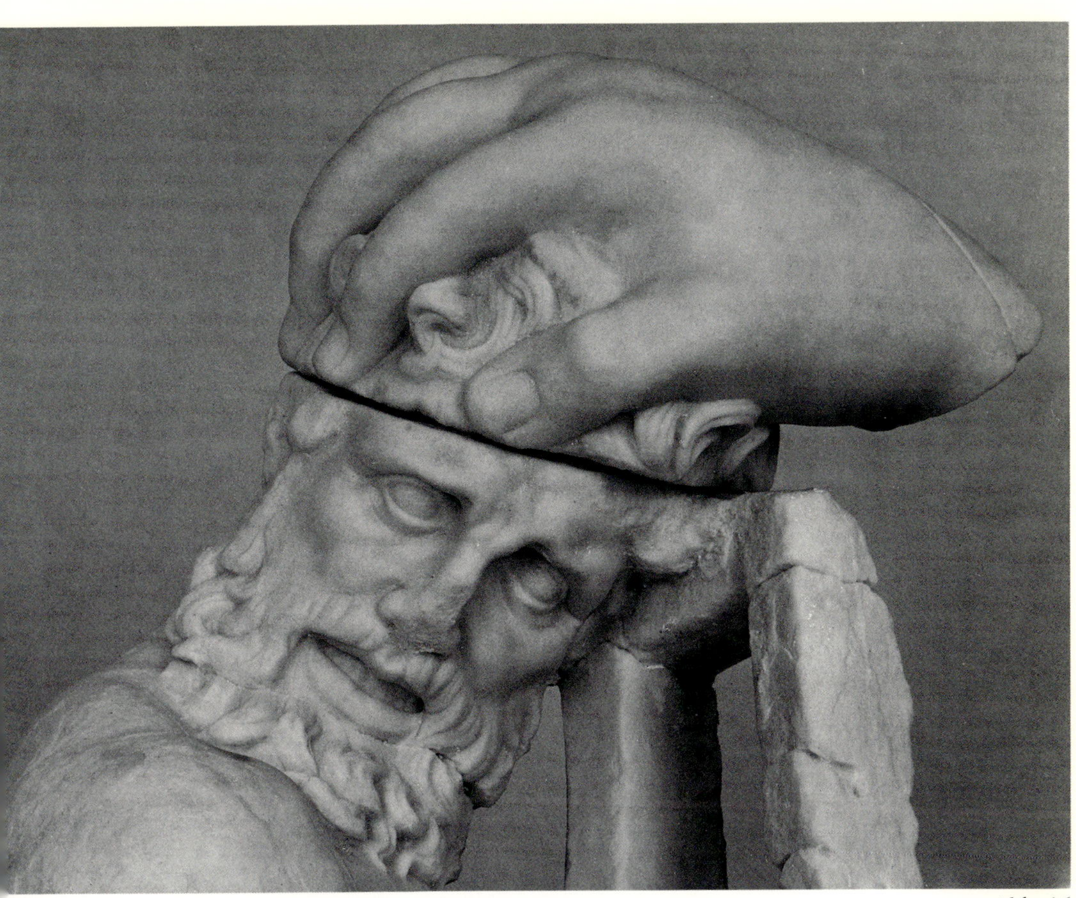

Abb. 15 △   ▽ Abb. 16

Abb. 17   Odyssee in Marmor nennt man das kunstvolle Naturtheater von Sperlonga, das unter Kaiser Tiberius zwischen 4 und 26 n. Chr. durch die Laokoon-Bildhauer mit Hilfe von Marmorkopien nach hellenistischen Bronzen gestaltet wurde.

dergrund, am Eingang der Höhle und ohne szenischen Bezug zum Umraum, wie er in der Polyphem-Grotte und in dem aus dem Wasser ragenden Skylla-Felsen gegeben war, sind die beiden nach Ovid entscheidenden Leistungen des Odysseus vor Troja in zwei Gruppen gestaltet worden, die auf den Zwickeln am Übergang des runden Beckens in der Höhle zum rechteckigen Becken vor der Höhle Aufstellung fanden. Links die Rettung des Leichnams des Achill mitsamt seinen Waffen, ohne die Troja nicht erobert werden konnte; rechts der Raub des Palladions, wodurch Odysseus und Diomedes Troja seines göttlichen Schutzes entkleideten.

Wie diese Szenerie gewirkt haben muß, mit den hellen, an Haaren, Augen, Mund und Gewändern farbig gefaßten Marmorfiguren, die sich vom dunklen Landschaftshintergrund abhoben, können pompejanische Wandgemälde der gleichen Zeit lehren, in denen einzelne mythologische Figurengruppen in einem weiten Landschaftsbild locker und doch mit kompositorischem Bedacht verteilt sind, so daß sich eine reich ausgestaltete Landschaftsbühne ergibt, in der die Figurenstaffage die alten Mythen vor den Augen des Betrachters zum Leben bringt.

Gleichwohl ist der überwältigende Eindruck, den die so außerordentlich lebendig geschilderten, plastischen Figuren in dem natürlichen, aber künstlich überhöhten Naturtheater von Sperlonga machen mußten, nur noch schwer nachzuvollziehen. Seit die ambientale Kunst und der Stil der Neuen Wilden die Sehgewohnheit der heutigen Zeit zu verändern beginnen, kann man den geschmacklichen Widerwillen, den die Inszenierung der Höhle von Sperlonga auszulösen pflegt, überwinden und diese erstaunliche Äußerung imperialer Möglichkeiten und eines besonders bei Tiberius zu beobachtenden komplexen Kunstverständnisses unvoreingenommen betrachten. Das gleiche Kunstverständnis kommt auch in der Ausgestaltung der Insel Capri zum kaiserlichen Wohnort im letzten Jahrzehnt seines Lebens zum Ausdruck.

Das Naturtheater von Sperlonga

Im Jahre 26 n. Chr. wäre Tiberius, als er in der Höhle tafelte, beinahe ums Leben gekommen. Steinbrocken lösten sich vom Dach der Höhle und erschlugen einige Diener. Der Gardepräfekt Sejan, ein Mann von herkulischem Körperbau, warf sich über den Kaiser und rettete ihm so das Leben, so daß der Kaiser ihm von nun an blindlings vertraute. Tiberius mochte jedoch nicht länger in seiner Grottenvilla von Sperlonga leben, sondern zog sich auf die Insel Capri zurück, wo er die berühmte Blaue Grotte zu einem Sper-

Sperlonga und Capri

◁ *Abb. 18 Die enge stilistische Verwandtschaft zwischen den Giganten des Pergamon-Altares und dem Steuermann der Skylla-Gruppe von Sperlonga führt zu einer Datierung beider Werke in das gleiche Jahrzehnt 180–170 v. Chr.*

longa vergleichbaren Naturtheater ausbauen ließ. Dem Ort entsprechend wurde die einzigartige von silbrigem Licht erfüllte Grotte mit einem Zug von Meeresgöttern ausgestattet. Daß Sejan, den er als seinen Statthalter nach Rom sandte, den Kaiser dann doch verriet und von ihm fünf Jahre später zum Tode verurteilt wurde, sei nur am Rande vermerkt.

Odysseus und die Claudier. Aeneas und die Julier

Wichtiger ist es, in die Persönlichkeitsstruktur von Tiberius einzudringen, die sich in der großen, zwischen 4 und 26 n. Chr., also in seinen hohen Mannesjahren zwischen Mitte Vierzig und Ende Sechzig verwirklichten Ausgestaltung der Grotte von Sperlonga besonders deutlich zu erkennen gibt.

Es fällt auf, daß Tiberius in so prononcierter Weise die Gestalt des Odysseus als *exemplum virtutis* herausstellt. Das hatte vor ihm schon ein anderer Politiker getan, der, wie Tiberius, zu Augustus, dem Nachfahren der Venus und des Aeneas, ebenfalls in einem höchst ambivalenten Verhältnis stand. Gemeint ist Marc Anton, der Schwager des Augustus und Großvater des Claudius, eines Neffen des Tiberius. Marc Anton wollte den Dionysos-Tempel auf dem Marktplatz von Ephesos mit einer Darstellung des Odysseus schmücken, der den einäugigen Riesen Polyphem überwindet. Claudius ließ die gleiche Szene in seiner Palastvilla in Baiae darstellen. Tiberius steht also mit seiner Vorliebe für Odysseus nicht allein. Während Augustus sich auf die Abstammung seiner Familie von Julus, dem Sohn des Aeneas berief, scheinen die Claudier diesem Stammeshelden aus Troja einen eigenen Helden gegenübergestellt zu haben, nämlich Odysseus, der auch von Troja kam und in Italien Städte gegründet hatte. Mindestens drei Indizien führen zu dieser Vermutung.

Herkunft der Claudier

Odysseus hatte mit Kirke auf der Insel Aiaia einen Sohn Telegonos, den „In-der-Ferne-Geborenen" gezeugt, der als Gründer der Stadt Tusculum galt. Auf dem Gebiet dieser Stadt lag das sagenhafte Regillus, aus dem die hochadelige Familie der Claudier stammt.

Caligula, der Nachfolger des Kaisers Tiberius, pflegte seine Großmutter, die Mutter des Kaisers Tiberius, die selbst aus der claudischen Familie gebürtig ist und in erster Ehe mit Tiberius Claudius Nero verheiratet war, *Ulixes stolatus,* „Odysseus in Weiberröcken" zu nennen. Er könnte damit nicht nur auf ihre Verschlagenheit, sondern auch auf die Abstammung von Odysseus angespielt haben.

Claudius, der Nachfolger des Tiberius, der schon in seinem Namen die Familientradition herauskehrte, hörte es nicht gern, wenn er ironisch Telegenius, also Nachfahre des Telegonos genannt wurde. Daß er sich lieber mit Odysseus selbst verglich, weiß man aus dem Statuenprogramm seines Sommerpalastes in Baiae und aus der satirischen Bemerkung Senecas in einem Spottgedicht auf den toten Kaiser mit dem Titel Apocolocynthosis (Verkürbissung), was man auf deutsch am besten als „Veräppelung" des Claudius übersetzt. Dieser stellt sich nämlich nach seinem Tode im Olymp mit den gleichen Worten vor, die Homer dem Odysseus in den Mund legt, als er sich bei den Phäaken bekannt macht. Seneca muß also von der Verehrung des Claudius für Odysseus gewußt haben, ebenso wie die Zeitgenossen, die ihn Telegenius nannten, die vermeintliche Ableitung der claudischen Familie von diesem Sohn des Odysseus belächelt haben mochten. Das alles zeigt, wie wichtig die mythischen Figuren Aeneas, Laokoon, Odysseus für die frühe Kaiserzeit waren.

Im Zentrum steht natürlich die Frage, was die Inschrift von Sperlonga mit der Signatur der Laokoon-Künstler bedeutet. Von allen Problemen, welche die erstaunlichen Funde von Sperlonga aufwerfen, erschien dies als eines der schwierigsten.
Daß die Inschrift zunächst dazu verführte, unter der riesigen Masse der in größere, kleine und kleinste Fragmente zerschlagenen Marmor-Skulpturen nach den Resten einer Laokoon-Gruppe zu suchen, war ein naheliegender Irrweg der Forschung, der bald korrigiert werden konnte. Gewiß ist, daß diese Inschrift für die Laokoon-Forschung die größte Bedeutung hat.
Es zeigte sich, daß die Inschriftplatte am Ruderkasten eines Schiffshecks angebracht war, das mit unnachahmlicher Virtuosität mitsamt dem an die hochgebogenen Spanten sich klammernden Steuermann aus einem schmalen hochkant gestellten Marmorblock von 2,47 m Länge, ca. 3 m Höhe und nur 0,98 m Breite herausgemeißelt war. Es dauerte nahezu eine Generation, bis sich beweisen ließ, daß dieses Schiff zu einer größeren Gruppenkomposition gehört. In geduldiger Restauratorenarbeit waren viele Tausende von Marmorsplittern zu Figuren zusammengesetzt worden, die sich schließlich zur erstaunlichsten und komplexesten Figurengruppe zusammenfügen ließen, die aus dem Altertum überkommen ist.

Die Inschrift der Laokoon-Bildhauer Abb. 21

Die Skylla-Gruppe Abb. 19-24

Diese Gruppe war aus einem zweiten, diesmal nahezu kubischen Marmorblock von 1,88 × 2,47 × ca. 3 m Seitenlänge gemeißelt und gibt den unteren Teil einer riesigen Skylla wieder, aus deren Unterleib zwei Fischschwänze und sechs Hundevorderkörper hervorbrechen. In den Windungen der schlangenhaften Fischleiber und in den Fängen der Hunde zappeln fünf Gefährten des Odysseus, die Skylla aus dem vorbeifahrenden Schiff gerissen hat. Der obere Teil der Gruppe mit dem bis zu einer Höhe von 3 m aufragenden Oberkörper des Monstrums ist verloren, er dürfte zumindest vom Flossenschurz an aus einem gesonderten Marmorblock gemeißelt gewesen sein, wie man dies bei einer vergleichbaren, aber wesentlich kleineren Skulptur in Castel Gandolfo sieht.

Erste Nachrichten

Aus dem Bericht eines Inspektors der Altertümerverwaltung von Neapel, namens Di Tucci, der die Grotte von Sperlonga 1879 besuchte, weiß man, daß die Gruppe gewaltsam zerschlagen wurde. Er teilte mit, im Zentrum der Grotte, also dort, wo 1957 die meisten Fragmente der Skylla-Gruppe rings um den Sockel im Mittelpunkt des kreisrunden Beckens verstreut gefunden wurden, habe er eine Masse weißen Marmors gesehen, barbarisch zerbrochen und abgesplittert, so daß man die ursprüngliche Form nicht mehr erkennen konnte. Ob die Mönche, die in den Ruinen der Kaiservilla schon in der Spätantike einen Konvent angelegt hatten, oder die Fischer von Sperlonga, die ihre Boote in der Höhle aufbewahrten, das Werk zerschlagen haben, ist nicht so wichtig, Tatsache ist, daß die fehlenden Teile der Skylla schon vor der Ausgrabung zerstört worden waren und keine Hoffnung besteht, sie wiederzufinden. Auch eine linke riesige Hand, die man Patroni zeigte und die er für die Hand eines Hercules mit dem Rest einer Keule hielt, die aber wahrscheinlich die Hand Skyllas war mit dem abgebrochenen Steuerruder, scheint für immer verloren zu sein.

So kommt es, daß die in schlechthin bewundernswerter Restauratorenarbeit von Vittorio Moriello auf Anweisung von Baldassare Conticello soweit wie möglich wieder zusammengesetzte Skylla-Gruppe immer noch sehr trümmerhaft wirkt. Man sieht die Besucher des Museums eher ratlos vor der riesigen Gruppe stehen, in der die nur teilweise zusammenhängenden, von großen Lücken durchbrochenen Fragmente mit Hilfe eines geschickt verstrebten Eisengestänges befestigt sind. Aber es fehlt doch zuviel, als daß ein Betrachter, der sich in der Ikonographie des von Homer und Vergil geschilderten Ungeheuers nicht auskennt, eine klare Vorstellung gewinnen könnte. Man muß sich große Mühe geben, um in den auf- und abwogenden Menschenleibern, welche die gräßlichen Bluthunde in den Fängen halten, in den hochschlagenden Fischschwänzen und in dem fragmentarischen Schiffsheck, an das sich ein Mann klammert, die großartige Gruppenkomposition zu erfassen, die bisher nur aus Nachbildungen in der Kleinkunst bekannt war.

Wenn diese Nachbildungen, von denen weiter unten noch die Rede sein wird, auch eine wichtige Rolle beim Verständnis und bei der historischen Einordnung der Gruppe spielen, so kann man ihre künstlerische Bedeutung doch nur nach der Monumentalskulptur in Sperlonga beurteilen. Es lohnt sich deshalb, das was von dem unglaublich virtuos gearbeiteten Marmorbildwerk übriggeblieben ist, genau und Stück für Stück zu betrachten.

Wenn man dabei ungeduldig zu werden droht und die Frage nicht mehr unterdrücken kann, was das alles mit der Laokoon-Gruppe zu tun hat, dann genügt es sich zu erinnern, daß die Skylla-Gruppe von den gleichen Bildhauern gemeißelt wurde wie die Laokoon-Gruppe. Einen solchen Glücksfall der Überlieferung muß man ausnutzen. Er allein gibt die Hoffnung, die Aporie zu überwinden, in die die Laokoon-Forschung geraten ist. Dabei wird es auch um die Rolle von Rhodos in der Entstehungsgeschichte der Laokoon-Gruppe gehen, die ja von rhodischen Künstlern aus dem Marmor gehauen wurde.

Ein Glücksfall der Überlieferung

Die Skylla-Gruppe war mitten im runden Becken in der Höhle von Sperlonga auf einem kubischen Sockel von 2,86 m × 2,90 m Seitenlänge, dessen oberer Rand noch mit Wasser bedeckt war, so aufgestellt, daß man sie auf dem schmalen Weg am Beckenrand auf drei Seiten umschreiten konnte; die vierte, dem Höhleneingang zugewandte Seite war in der Aufstellung von Sperlonga als eine Art Hauptansicht festgelegt, da sie in der Blickachse des Inseltrikliniums lag. Von hier aus sah man das Schiff, das nur durch sein Heck vertreten war, senkrecht nach hinten fahren. Rechts davon hockte Skylla mit ihren sich ringelnden fischförmigen Beinen auf einer Klippe. Wie der Oberkörper aus den beiden Fischleibern hervorwuchs und wie er gebildet war, muß man sich nach anderen Darstellungen des Monstrums vorzustellen versuchen; aber wie sie in dem kurzen Augenblick, in dem das Schiff in der Gefahrenzone dicht an ihrer Klippe vorbeigleitet, ihre Opfer vom Deck gefegt und den Hunden zum Fraß vorgeworfen hat, die im

Aufstellungsort

Kranz aus ihrem Unterleib hervorwachsen, das zeigen auch die mühevoll zusammengefügten Bruchstücke dem aufmerksamen Betrachter deutlich genug.

Der erste Gefährte Vorn links sieht man einen Mann mit dem Oberkörper senkrecht nach unten durch die Luft wirbeln. Der Kopf ist verloren. Ergänzt man ihn in Gedanken, dann würde man erkennen, daß der Unglückliche im nächsten Moment mit dem Schädel auf der Klippe aufschlagen müßte, auf die sein Ellenbogen schon gestoßen ist, wenn einer der Hunde ihn nicht mit gebogener Rückenlinie von der Flanke her angefallen, ihm die Zähne in den Rippenrand geschlagen und ihn mit den Pranken von hinten umgriffen hätte. Er hat ihn im Fluge geschnappt. Skylla muß ihn von Bord gefegt haben, bevor sie den Steuermann am Schopf packte.

Der zweite Gefährte Die Hunde biegen ihre Leiber nach allen Seiten. Einer reckt sich zum Steuermann nach oben, ein anderer krümmt den Rücken, um sein Opfer in die Weichteile beißen zu können, der nächste greift mit gebogenem Hals nach rechts aus, um einen Griechen, den Skylla ihm hinwarf, aus dem Wasser zu fischen. Den Fang schlägt er ihm tief in die rechte Schulter, reißt ihn an der anderen Schulter mit der linken Pranke hoch, so daß der Unglückliche mit der Hand nach der gepeinigten Stelle greift, während der Hund mit der rechten, jetzt abgebrochenen Pranke den anderen Arm an der Ellenbeuge gepackt hält.

Der dritte Gefährte Nicht weniger erstaunlich als der senkrecht nach unten stürzende erste Gefährte ist die folgende, mit fliegenden Beinen nach oben gezogene Gestalt. Es ist völlig sicher, daß diese durch die Luft fliegende Figur von einem Hund nach oben gerissen wird. Dieser Hund muß den Mann wie eine Jagdbeute am Genick gepackt haben, um ihn hin und her zu schütteln, daß ihm der Hals bricht. Unter dem Gesichtspunkt der freien Bewegung ist diese schräg durch den Raum emporgehobene Gestalt als Marmorplastik die kühnste des gesamten Altertums. Damit die vollrund aus dem Block gehöhlten Glieder und der nur von dem Hund gehaltene Leib nicht unter ihrem eigenen Gewicht abbrechen, ist ein System von vierkantigen Stützen und von Ansätzen an anderen Teilen der Gruppe notwendig. Diese sind so genau ausgeklügelt, daß die Figur zwar gestützt, aber nicht im Netz des Stützenwerkes eingefangen wird und dadurch der Eindruck der Bewegung, den der Künstler hervorrufen will, beeinträchtigt ist. Wendet man bei dieser Figur die von Goethe schon beim Laokoon mit Erfolg geübte,

im folgenden beschriebene Methode an, so wird man erkennen, daß hier in noch extremerem Maße als bei der vatikanischen Gruppe ein transitorischer Moment festgehalten ist. Nicht anders als Lessing hatte auch Goethe betont, wie wichtig dieses Kunstwerk durch die Erfassung des transitorischen Momentes ist:
„Wenn ein Werk der bildenden Kunst sich wirklich vor dem Auge bewegen soll, so muß ein vorübergehender Moment gewählt sein; kurz vorher darf kein Theil des Ganzen sich in dieser Lage befunden haben, kurz nachher muß jeder Theil genöthigt sein, diese Lage zu verlassen; dadurch wird das Werk Millionen Anschauern immer wieder neu lebendig sein.

Der transitorische Augenblick

Um die Intention des Laokoon recht zu fassen, stelle man sich in gehöriger Entfernung, mit geschlossenen Augen, davor; man öffne sie und schließe sie sogleich wieder, so wird man den ganzen Marmor in Bewegung sehen, man wird fürchten, indem man die Augen wieder öffnet, die ganze Gruppe verändert zu finden. Ich möchte sagen, wie sie jetzt dasteht, ist sie ein fixirter Blitz, eine Welle, versteinert im Augenblicke da sie gegen das Ufer anströmt. Dieselbe Wirkung entsteht, wenn man die Gruppe Nachts bei der Fackel sieht."

Die hier vorgeschlagene Methode der Betrachtung bewährt sich auch und sogar besonders bei der Skylla-Gruppe, weil hier tatsächlich alles in Bewegung ist, niemand steht oder sitzt, sondern die Figuren werden in einem grauenvollen Totentanz durch die Luft geschleudert, emporgerissen und hinabgeworfen, eingeschnürt und fahrengelassen, so daß auch nicht das kürzeste Aufschlagen der Lider zu denken ist, in dem sie in der Lage bleiben könnten, in der sie sich gerade befinden. In dieser Gruppe hat der Künstler das äußerste Extrem an Bewegung gestaltet, das je in einem antiken Kunstwerk zur Darstellung kam. Dies wird bei der Betrachtung der von Anfang an als „figura volante", fliegende Figur, bezeichneten Gestalt besonders deutlich.

Was daneben dargestellt ist, erscheint nicht weniger grauenvoll und blutrünstig als alles übrige. Skylla hat offenbar, bevor sie das Steuerruder des vorbeifahrenden Schiffes, das sie triumphierend in der Linken hält, aus der Halterung riß, mit dieser Hand einen Gefährten des Odysseus von Bord geholt und hinter sich geworfen. Der sich ringelnde Fischschwanz hatte das Opfer sofort umschnürt und ihn am Gesäß unterstützend emporgehoben, so daß der auf der linken Hüfte sitzende Hundevorderkörper ihn

Der vierte Gefährte

anfallen kann. Dieser reißt ihn mit der einen Pranke am rechten Knie, packt ihn mit der anderen am Rücken und umgreift mit weit aufgerissenem Rachen den fleischigen Oberschenkel. Mit der Reihe scharfer Zähne, die schon tief ins Fleisch gedrungen sind, will die Bestie ihm das Bein durchbeißen. In furchtbarem Schmerz, der ihn den Kopf zur Seite werfen läßt, als fürchte er von dem Anblick seiner eigenen Verstümmelung ohnmächtig zu werden, krampft der Mann die Finger seiner über die Schlingung des Fischleibes hinübergreifenden Hand in die Nüstern des Hundes, um ihm an dieser empfindlichen Stelle den Rachen aufzureißen und den furchtbaren Biß zu lockern.

Die Fischleiber

Die riesigen Fischleiber, die anstelle der unteren Extremitäten aus dem Unterleib Skyllas herauswachsen, sind nicht unmittelbar nach der Natur gebildet, sondern sie vereinigen Formen verschiedener Fische und Kriechtiere miteinander. Der am Ansatz sehr dicke Fischleib mit seinem Höckerkamm und mit den Kriechschuppen auf der Unterseite wird allmählich immer dünner, bis zur aufgefächerten Schwanzflosse, die nur beim rechten Schwanz erhalten ist. Die Fischschwänze, auf denen Skylla gleich den Giganten vom Pergamon-Altar wie auf gekrümmten Stummeln zu laufen scheint, biegen sich U-förmig wieder nach oben um und schlingen sich in Wellen und Windungen in die Luft. Der linke Schwanz bildet, sich zusammenziehend und streckend, fünf Wellen, deren zweite, S-förmige den Mann trägt, während die beiden Windungen die Taille des Mannes umstricken. Dessen rechter Arm legt sich um das schraubenförmig nach oben gedrehte Schwanzende. So umkreisen die Extremitäten des Mannes und der Fischschwanz einander wie zwei umeinandergeschlungene Spiralen. Wären nicht die großen Lücken, welche die Spitzhacke der Zerstörer in die Glieder gerissen hat, dann würde man dieses erstaunliche gegenseitige Umwinden der beiden Körper noch besser erkennen. Um beide greifen noch die weit gespreizten Hundepranken herum. Eine gute Hilfe zum Verständnis der verwickelten Darstellung kann die Rekonstruktionszeichnung von Vittorio Moriello bieten.

Der fünfte Gefährte

Von der Figur, die im anderen Fischschwanz hängt, sind große Teile des Oberkörpers und des Unterkörpers in zwei allerdings nicht zusammenhängenden größeren Bruchstücken erhalten. Sie gestatten es, das Bewegungsmotiv auch dieses fünften Gefährten des Odysseus zu erkennen, den offenbar der Fischschwanz selbst vom Schiff heruntergeholt hat. Er hat sich, wie die Tentakel eines

Abb. 19   Die Skylla-Gruppe von Sperlonga bietet viele Ansichten, unter denen drei besonders eindrucksvoll sind. Von links erkennt man an den nach oben fliegenden Beinen des Steuermanns, wie schnell das Schiff am Skylla-Felsen vorbeifährt.

Abb. 20.21 In der Vorderansicht sieht man das Entsetzen im Antlitz des Steuermanns, der in den Strudel der Charybdis hinabschaut. Die Inschrift am Ruderkasten nennt die gleichen Bildhauer, die auch die Laokoon-Gruppe aus dem Stein gehauen haben.

Riesenkraken, dem Mann einmal um die Leibesmitte und einmal um den Hals geschlungen und zieht ihn nah an die Skylla heran, so daß der auf der rechten Hüfte sitzende Hund ihn mit den Pranken an Bauch und Rücken packen kann. Den weitgeöffneten Rachen schließt der furchtbare Hund ihm um den Schädel. Der Kopf des Mannes ist völlig eingekeilt zwischen dem Fischschwanz, der ihm den Hals abschnürt, und zwischen den ausgestreckten Pranken des Hundes. Besonders entsetzenerregend ist dieser Angriff der dreigestaltigen Bestie, weil der Mann, der diesem Untier rettungslos ausgeliefert ist, mit Aufbietung letzter Kraft den Kopf aus der Schlinge zu ziehen versucht und dabei den freien rechten Arm mit unglaublich ausdrucksstarker Gebärde zum Himmel streckt, als erhoffe er von irgendwo Hilfe. Ausdrucksstark ist gerade diese totale Verschiedenheit der Bewegung der beiden Arme, von denen der eine frei und nutzlos, und doch ungemein kraftvoll, nach oben in die Luft schlägt, die Handfläche offen und die Finger gespreizt, so daß man erkennt, wie stark der Überlebenswille des Unglück-

Abb. 22 Zeichnerischer Rekonstruktionsvorschlag der Skylla-Gruppe von Sperlonga.

lichen ist, und daneben der vollkommen eingezwängte linke Arm, der gleichwohl nicht weniger kraftvoll nach oben greift und wie bei einem mutigen Ringer in der Umklammerung eines übermächtigen Gegners den furchtbaren Zugriff wegzureißen versucht. Wie verrenkt der Arm auch ist, so packt die Hand doch fest zu und bohrt mit dem Zeigefinger ein Auge des Hundes aus. Die Hand legt sich so über die Augen des Hundes, daß dieser blind wird, was seine Wut nur steigern muß. In dieser Gruppe, in der Fischschwanz, Hund und Mann in verbissenem Kampf miteinander verknotet sind, kulminiert das ganze schreckliche Geschehen, in dem fünf oder sechs Gefährten des Odysseus zugrunde gehen.

Der Steuermann

Der sechste klammert sich krampfhaft an den Hintersteven fest, auf den er, fast waagerecht mit nach oben fliegenden Beinen, durch die Luft geworfen zu sein scheint. Die eigenartige Bewegung dieser Figur ist erst richtig zu verstehen, wenn man erkennt, daß Skylla den Mann am Kopf packt.

Die rechte Hand Skyllas

Diese Erkenntnis hat sich erst spät durchgesetzt, denn sie hängt mit einem der schwierigsten Probleme der Rekonstruktion dieser Gruppe zusammen.

Während die linke Hand der Skylla, die man 1898 noch dem Inspektor der Altertümerverwaltung Patroni gezeigt hatte, inzwischen verschollen ist, hat sich die rechte unter den Trümmern der Skyllagruppe inmitten des runden Beckens auf der Basis der Gruppe gefunden. Sie lag direkt unter dem Heck des Schiffes. Die weiche, fette Frauenhand umgreift den oberen Teil eines Männerschädels mit wirren Haaren. Nichts lag näher, als anzunehmen, daß diese Hand zu dem mitten durch die Stirne schräg abgeschnittenen Kopf des Steuermanns gehört, der gegen das Heck geschleudert wird und sich an die Spanten klammert.

Doch alle Versuche, die mehrere Forscher unabhängig voneinander und zu verschiedenen Zeiten unternommen haben, die Hand, die eine lockige Schädelkalotte umgreift, mit dem Kopf zusammenzufügen, führten zu keinem befriedigenden Ergebnis. Es gab eine grundsätzliche Schwierigkeit. Da zwischen Daumen und Zeigefinger der riesigen Frauenhand ein kleines Stück der Stirn des Mannes sichtbar wird, könnte Skylla nur von dessen linker Seite her zugreifen. Der Kopf des Mannes wird aber mit der linken Schläfe an den hochragenden Heckzierat, das sogenannte Aphlaston gepreßt, das aus den aufgebogenen Spanten des Schiffsrumpfes gebildet wird. Skylla müßte durch die kantigen, miteinander durch Querhölzer verstrebten Spanten hindurchgreifen. Das aber konnte man sich nicht vorstellen.

Man suchte deshalb nach einer anderen Möglichkeit, die Hand der Skylla unterzubringen. Hier bot sich die sogenannte „figura volante" an, der durch die Luft fliegende dritte Gefährte des Odysseus. Da dessen Oberkörper und Kopf nicht erhalten waren, konnte man dies keineswegs von vornherein ausschließen. Die fortschreitende Rekonstruktion machte es aber immer unwahrscheinlicher, und schließlich wurde klar, daß Skylla diesen Mann unter keinen Umständen mit der rechten Hand gepackt haben kann. Die Position des Mannes, den ein Hund im Fang hält und schüttelt, wobei der Mann in seiner Verzweiflung sich selbst am rechten Vorderlauf der Bestie festklammert, ist eindeutig fixiert. Er befindet sich rechts vor Skyllas linker Hüfte und wendet ihr den Kopf und den Oberkörper zu. Wenn Skylla mit der rechten Hand vor ihrem Leib nach links herübergriffe und den Schädel des Mannes umklammerte, dann müßte seine Stirn unter ihrer Handfläche liegen, und Daumen und Zeigefinger müßten rechts und links vom Haarwirbel am Hinterkopf des Mannes zugreifen. Bei dem Handfragment ist dies aber genau umgekehrt. Die „fliegende Figur" ist also eindeutig auszuschließen. Es genügt auch, daß sie vom Hund emporgehoben wird. Skylla braucht sich mit diesem Opfer nicht mehr aufzuhalten. Sie kann Odysseus noch einen weiteren Mann rauben.

Aus dieser Überlegung geht schon hervor, daß sie auch keinen der anderen Gefährten am Schopf hält, die schon von den Hunden angefallen sind. Man muß die Figuren nur einzeln durchgehen, um dies mit Sicherheit auszuschließen. Es bleibt also gar nichts übrig, als noch einmal zu versuchen, ob die Schädelkalotte in der rechten Hand Skyllas nicht doch für den schräg angeschnittenen Kopf des Steuermanns bestimmt war.

Die Schnittfläche hat die Form eines nicht ganz regelmäßigen Ovals, dessen längste Achse 21 cm und dessen schmalste Stelle 18 cm messen. Besonders unregelmäßig und charakteristisch ist der Umriß über der rechten Stirnpartie, wo sich die Schläfe einzieht, so daß die Schnittkante eine genau zu verfolgende Schlangenlinie bildet. Eine weitere Unregelmäßigkeit bildet eine von oben her über dem linken Auge in die Stirn gedrückte Haarlocke, die allerdings abgebrochen ist. Die Haare stauen sich hier, weil auch die Schläfenhaare von den Spanten des Aphlastons nach vorn

Die Schnittfläche

geschoben werden. Über dem rechten Ohr und am Hinterkopf oberhalb der Nackenmitte des gewaltsam nach rechts gebogenen Kopfes sind die Haare abgebrochen.

Drei Unregelmäßigkeiten

Es gibt also drei Unregelmäßigkeiten am Umriß der Schnittfläche des Kopfes, die berücksichtigt werden müssen, wenn man die Frage prüft, ob die Kalotte in der Hand Skyllas für diesen Schädel bestimmt war: erstens, der geschlängelte Umriß über der rechten Schläfe, zweitens, die in die Stirn gedrückte Haarlocke über der linken Schläfe und drittens, die über dem rechten Ohr und am Hinterkopf abgebrochenen Haare.

Ein entscheidendes Element kommt hinzu. Offenbar hatten die Steinmetzen schon im Altertum Schwierigkeiten, die aus verschiedenen Marmorblöcken gearbeiteten Teile, nämlich das aus einem Block gehauene Schiff mit dem gegen das Aphlaston geschleuderten Steuermann und den aus einem anderen Block gefertigten Arm der Skylla, genau aneinanderzufügen. Macht man sich klar, wie schwer und wie zerbrechlich die starren Marmorteile sind, so kann man die Schwierigkeit und die technischen Probleme der Zusammenfügung der einzeln im Atelier gearbeiteten Teile am endgültigen Aufstellungsort, mitten im Becken in der Höhle von Sperlonga, überdies noch auf einem 2,86 m × 2,90 m messenden 1,05 m hohen Steinsockel, ermessen. Es ging dabei um Millimeter, um die man die beiden tonnenschweren Marmorskulpturen mit Hilfe einfachster Maschinen, Rollen, Seile, Stangen, Hebel, schiefe Ebenen und Flaschenzug, gegeneinander verschieben mußte, ohne Gefahr zu laufen, die kühn aus dem Marmor gehöhlten vorkragenden Teile abzubrechen.

Dieser Gefahr ist man nicht ganz entgangen. Die Hand der Skylla ist am Gelenk abgebrochen, ein dreieckiger Splitter von 10 cm Länge sprang ab. Man hat diese Teile schon in der Antike mit einem Eisendübel sorgfältig wieder aneinandergestückt.

Das Dübelloch

In der Schnittfläche des Kopfes findet sich ein 5 cm tiefes, 3 cm im Durchmesser breites Dübelloch. In diesem sollte ein Eisendübel mit Blei vergossen werden. der in der darauf zu legenden Schädelkalotte befestigt war. Das Dübelloch liegt eigentümlicherweise nicht genau im Zentrum der ovalen Schnittfläche, sondern ist etwas in Richtung zum linken Ohr des Mannes aus der Mittelachse verschoben. Man hatte nun offenbar Schwierigkeiten, den Eisendübel in der Schnittfläche der Kalotte richtig zu befestigen.

Dies gelang erst beim dritten Versuch. Ein erstes Loch zur Verankerung des Dübels lag zu weit rechts. Man mußte es mit dem hineingegossenen Blei wieder verschließen. Das zweite Loch geriet zu weit links und wurde auch mit Blei vergossen. Erst das dritte Loch, mitten zwischen den beiden anderen, befand sich an der richtigen Stelle, und nur dieses paßt zu der exzentrischen Vertiefung in der Schnittfläche des Kopfes. Das kann kein Zufall sein. Hinzu kommt, daß sich alle drei oben aufgezählten Unregelmäßigkeiten des Kopfes erklären lassen, wenn man die Kalotte in der Hand Skyllas wie einen Deckel so auf den Kopf des Steuermanns legt, daß die Stirnpartie am rechten Haarrand über den rechten äußeren Augenwinkel des Mannes und wenn der Haarwirbel in die Achse des Rückgrates zu liegen kommt. Man sieht dann erstens, daß es die zugreifende Hand Skyllas ist, die eine Locke in die Stirn des Mannes drückt, zweitens, daß die Schlangenlinie über der rechten Schläfe ihre genaue Entsprechung in der Umrißlinie der ebenfalls ein leicht unregelmäßiges Oval bildenden Schnittfläche der Kalotte findet, und drittens, daß man die bestoßenen und abgebrochenen Haare über dem rechten Ohr und am Hinterkopf des Steuermannes soweit ergänzen muß, wie sie hier an der auf den Schädel gelegten Kalotte überstehen. Da die Kalotte durch den Dübel exakt fixiert ist, müßte man mit allzu vielen Zufällen rechnen, wollte man ausschließen, daß Kalotte und Schädel für einander bestimmt sind.

Gleichwohl sei nicht verschwiegen, daß es an dem auf diese Weise vervollständigten Kopf auch merkwürdige, nur schwer erklärbare Stellen gibt. Auf der Rückseite, hinter dem linken durch die Spanten verdeckten Ohr scheint die scharfe Kante des Aphlastons in der Haarmasse, ja sogar in der Knochenmasse des Schädels zu verschwinden. Besonders merkwürdig ist, wie die ausgebreiteten Haarlocken auf der Kalotte sich über das oben abgesplitterte Querholz der Spantenverstrebung schieben, so als ob dieses Querholz in der Skulptur niemals vollständig gewesen wäre. Zieht man die Konsequenz aus den bisher gemachten Beobachtungen, so erweist sich genau dies als sehr wahrscheinlich.
Skylla kann nur dann durch die hochgebogenen Spanten des Aphlastons hindurchgreifen, wenn diese genau hier abgebrochen sind. Der zeichnerische Rekonstruktionsversuch zeigt, daß dies tatsächlich denkbar ist. Die beiden ersten, freiliegenden Spanten

Merkwürdiges

des Heckzierates sind zerbrochen, das Holz ist gesplittert und die Haare des Mannes schieben sich über die Bruchstelle.

Zerbrochene Gegenstände

Die Darstellung zerbrochener Gegenstände ist in der Antike außerordentlich selten. Mit Aristoteles hielt man nur das Vollständige für schön. Es gibt aber Ausnahmen: In Schlachtendarstellungen, zum Beispiel auf dem berühmten Alexandermosaik in Pompeji, der exakten Mosaikkopie eines spätklassischen Gemäldes, liegen zerbrochene Speere am Boden. Bei etruskischen Urnen aus dem zweiten Jahrhundert v. Chr., also aus der gleichen Zeit, in der unseres Erachtens auch die Skyllagruppe geschaffen wurde, sieht man zerbrochene Räder bei Darstellung des Wagenrennens von Pelops und Oinomaos und zerbrochene Sturmleitern beim Mythos der Sieben gegen Theben. Wo es vom Thema her gefordert war, schreckten antike Künstler also auch vor der Darstellung zerbrochener Gegenstände und splitternden Holzes nicht zurück.

Aber war es hier vom Thema her gefordert? Das scheint allerdings keine Frage zu sein. Erst wenn man sieht, wie Skylla den Steuermann am Schopf gepackt hält, erkennt man, was der Künstler darstellen wollte. Man kommt dabei nicht umhin, sich an die Aussage Lessings zu erinnern: „Je mehr wir sehen, desto mehr müssen wir hinzudenken können, und je mehr wir dazudenken, desto mehr müssen wir zu sehen glauben".

Die relative Bewegung

Man sieht, wie ein Mann mit hochschlagenden Beinen durch die Luft fliegt und gegen das Schiffsdeck geschleudert wird. Hat Skylla ihn so durch die Luft gezogen? Das wäre unverständlich. Sie brauchte ihn nur hochzuheben und dem Hund an ihrer rechten Flanke hinzuwerfen. Genau das wollte sie. Der Vorgang hatte aber im wahrsten Sinne des Wortes sein Eigengewicht. Der Körper des Mannes, der beim Steuerruder am Heck stand, besaß, infolge des Trägheitsgesetzes, auf dem schnell dahingleitenden Schiff eine bestimmte Geschwindigkeit, die natürlich zunächst noch erhalten blieb, als Skylla ihn hochhob. In diesem Augenblick wurde ihm der Boden unter den Füßen weggezogen. Da er am Kopf festgehalten wird, fliegt ihm der Körper in der Richtung des sich rasch entfernenden Schiffes in die Höhe. Der fast waagerecht durch die Luft fliegende Körper dreht die Hand Skyllas, die ihn am Schopf hält, so daß ihr Handrücken nahezu in die Senkrechte kommt. In diesem Augenblick kracht das mit hoher Geschwindigkeit herangleitende Schiff mit dem Aphlaston gegen die Hand Skyllas, die selbst so viel Masse besitzt, daß die beiden freiliegenden Spanten glatt durchschlagen werden. Doch das ganze, aus mindestens sechs weiteren Spanten zusammengebogene Aphlaston kann sie nicht abbrechen. Man glaubt deshalb zu sehen, wie das Schiffsheck die Hand Skyllas zur Seite schlägt und sie den Mann fahren lassen muß, der sich aber auch kaum mehr an dem rasch davonfahrenden Schiff festhalten kann. Im nächsten Augenblick, wenn der Bewegungsimpuls erschöpft ist, den das Schiff dem Körper mitgeteilt hat, wird das Gesetz der Schwerkraft wirksam werden und den Körper des Mannes nach unten ziehen. Wenn er sich nicht mit letzter Kraft irgendwie am Schiff festhalten kann, wird er an der Backbordseite herabrollen und in den Strudel hinunterstürzen, in den er voller Entsetzen blickt.

Durch diese spannende und beunruhigende Schilderung der äußersten, in ihrem Ausgang gänzlich ungewissen Bedrohung des Steuermanns gelang es dem Künstler, noch einen weiteren Gedanken zu verwirklichen. Wie anders hätte er den Mahlstrom darstellen

Charybdis

Abb. 23 Zeichnerischer Rekonstruktionsvorschlag der Skylla-Gruppe von Sperlonga mit in die Fläche geklapptem Schiff.

können, als durch die Spiegelung in der Schreckensmaske des Mannes, der hilflos zwischen Skylla und Charybdis für einen entsetzlichen Augenblick noch in der Luft hängt, bevor ihn die Gischt zu verschlingen droht.

Dieser furchterregende Augenblick ist zugleich im künstlerischen Sinne Lessingscher Ästhetik der fruchtbare Augenblick, welcher der Einbildungskraft freies Spiel läßt und das ganze, vom Dichter in 59 Versen (Od. 12, 201–259) geschilderte Abenteuer in einem einzigen anschaulichen Moment konzentriert. Man erkennt dabei, wie wichtig es ist, daß Skylla den Mann am Schopf ergreift, und daß man die fragmentierte Skulptur so ergänzen müßte, auch wenn die rechte Hand Skyllas nicht erhalten wäre oder wenn sie trotz aller beigebrachten Argumente nicht zum Schädel des Steuermanns gehören sollte.

Das heuristische Prinzip

Das muß man sich klarmachen, wenn wegen der beschriebenen Merkwürdigkeiten Zweifel aufsteigen, ob die vorgeschlagene Zusammenfügung im wissenschaftlichen Sinn, das heißt zweifelsfrei bewiesen sei. Ein solcher Beweis ist unter den gegebenen Umständen offenbar nur schwer zu erbringen. Das ändert aber nichts an der Interpretation der Gruppe. Alle Gegenargumente und Zweifel verlieren damit ihre Brisanz. Die Alternative ist, daß die Hand trotz ihres bekannten Fundortes auf dem Sockel der Skyllagruppe, mitten unter den übrigen, Bruch auf Bruch anpassenden Fragmenten, überhaupt nicht zur Gruppe gehört, sondern irgend etwas anderes darstellt, wovon man keine Vorstellung hat. Das mag jeder deuten, wie er will. Festzuhalten bleibt, daß die Beurteilung der Hand als heuristisches Prinzip, das heißt als Anstoß zum unbestreitbar richtigen Verständnis der Gruppe gedient hat: Diese ist die einzigartige bildkünstlerische Erfassung einer relativen Bewegung, in der nicht der Mann auf das Heck des Schiffes stürzt, sondern das Schiff mit solcher Wucht gegen die Hand Skyllas fährt, daß die Spanten gegen den in Fahrtrichtung hochfliegenden Körper des Steuermanns gepreßt werden und ihm das Genick verdrehen, als er blitzschnell mit der nach vorn greifenden rechten Hand an den Stützen der Reling Halt sucht. Die linke Hand, die das Steuer der Backbordseite hielt und in dem Augenblick fahren lassen mußte, als Skylla ihn hochhob, greift noch nach hinten ins Leere. Die Geschwindigkeit, mit der dies alles sich vollzieht, läßt erkennen, wie schnell das Schiff von dannen fährt und die Gefährten in Sicherheit bringt, eine Sicherheit,

Abb. 24   In der Ansicht von rechts überblickt man die Gruppe vollständig. Sechs Hundevorderkörper und zwei Fischschwänze wachsen aus Skyllas Unterleib. Fünf Gefährten des Odysseus zappeln in ihren Fängen, den sechsten reißt sie vom Steuer.

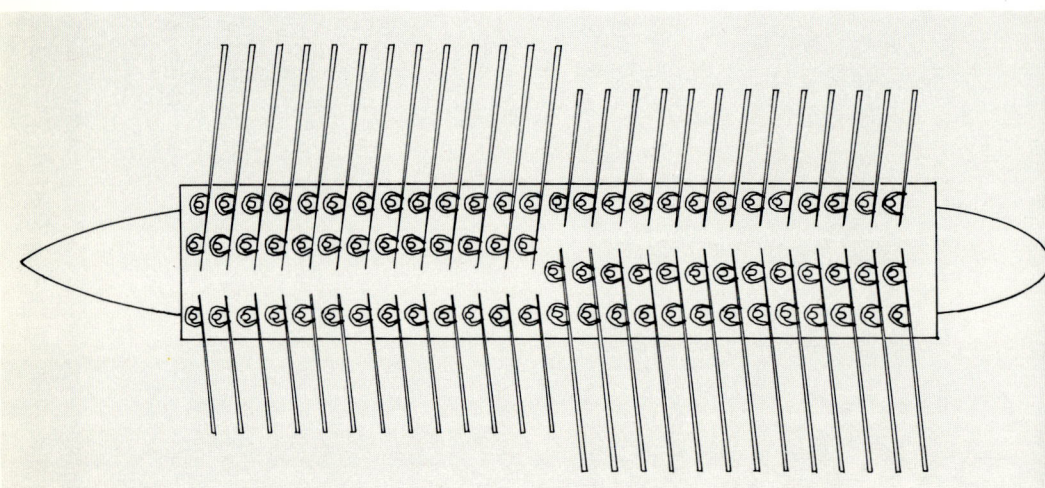

Abb. 25.26 Das Schiff im Monumentalrelief der Akropolis von Lindos gehört zur Klasse der Trihemiolia, einem besonders schnellen und wendigen Typus, der zur Piratenjagd eingesetzt wurde. Die Skizze Abb. 26 zeigt die Anordnung der Ruderbänke in drei Reihen.

die Odysseus durch das Opfer von sechs Gefährten bewußt erkauft hatte.

Bisher haben wir der Versuchung widerstanden, zur Erklärung des Kunstwerkes die epischen Verse heranzuziehen, die dem Bildwerk zugrunde liegen. Allzu leicht könnte die dichterische Fassung zur Beschreibung des mehr als ein halbes Jahrtausend später entstandenen Kunstwerkes herangezogen werden, was zu Mißverständnissen Anlaß geben müßte.

Verhältnis zur Dichtung

Interessanter ist es, das aus seiner eigenen ästhetischen Gesetzlichkeit heraus verstandene Kunstwerk, das heißt auch die wieder aufgespürte künstlerische Phantasie des Plastikers mit dem literarischen Vorbild zu vergleichen und festzustellen, wie weit dieses die bildliche Gestaltung bedingt hat. In diesem Fall gibt es, anders als beim Laokoon, keinen Zweifel, daß die dichterische Beschreibung früher ist als die künstlerische Ausgestaltung, und es ist völlig sicher, daß der Künstler zwar die Dichtung, nicht aber der Dichter das Kunstwerk gekannt hat. Die Odyssee wurde um 700 v. Chr. oder bald danach verfaßt, das Kunstwerk frühestens fünfhundert Jahre später geschaffen. In diesem halben Jahrtausend war der Mythos mit neuen Erfahrungen angereichert worden. Man muß sich also klarmachen, daß die Phantasie des Künstlers nicht nur aus der Odyssee Homers, sondern noch aus einer Reihe anderer Quellen gespeist war.

Grundsätzlich aber bleibt festzuhalten, daß hier das Verhältnis der Dichtung zum Kunstwerk wesentlich klarer ist als bei Vergil und der Laokoon-Gruppe. Der Vergleich dürfte deshalb zu einem klareren Ergebnis führen.

Die Skylla-Geschichte wird bei Homer in zwei Anläufen geschildert. Bevor Odysseus das Monstrum zu Gesicht bekommt, hat Kirke es ihm schon genau beschrieben. Dieser Kunstgriff mußte dem Dichter wichtig sein, denn später, als sich das Unglück ereignet, geht alles so schnell, daß der Dichter oder genauer durch ihn Odysseus, als er seine Abenteuer bei den Phäaken erzählt, sich nicht mit einer umständlichen Schilderung des Ungeheuers aufhalten kann. Wie Skylla beschaffen war, mußte hier schon als bekannt vorausgesetzt werden.

In der klassischen Übertragung von Johann Heinrich Voß lautet der Bericht, in dem Kirke vor den Gefahren des Heimweges warnt und zunächst die Irrefelsen beschrieben hat, folgendermaßen (12, 80–110):

Die Skylla bei Homer

In der Mitte des Felsen ist eine benachtete Höhle,
Abendwärts, gewandt nach des Erebos Gegend, allwo ihr
Euer gebogenes Schiff vorbeilenkt, edler Odysseus.
Von dem Boden des Schiffes vermöchte der fertigste Schütze
Nicht den gefiederten Pfeil bis an die Höhle zu schnellen.
Diese Höhle bewohnt die fürchterlich bellende Skylla,
Deren Stimme hell, wie der jungen saugenden Hunde
Winseln tönt, sie selbst ein greuliches Scheusal, dass niemand
Ihrer Gestalt sich freut, wenn auch ein Gott ihr begegnet.
Siehe, das Ungeheuer hat zwölf abscheuliche Klauen,
Und sechs Häls' unglaublicher Läng', auf jeglichem Halse
Einen grässlichen Kopf, mit dreifachen Reihen gespitzter
Dichtgeschlossener Zähne voll schwarzen Todes bewaffnet.
Bis an die Mitte steckt ihr Leib in der Höhle des Felsens,
Aber die Köpfe bewegt sie hervor aus dem schrecklichen Abgrund,
Blickt heisshungrig umher, und fischt sich rings um den Felsen
Meerhund' oft und Delphine und oft noch ein grösseres Seewild
Aus der unzähligen Schar der brausenden Amphitrite.
Noch kein kühner Pilot, der Skyllas Felsen vorbeifuhr,
Rühmt sich verschont zu sein; sie schwinget in jeglichem Rachen
Einen geraubeten Mann aus dem blaugeschnäbelten Schiffe.
 Doch weit niedriger ist der andere Felsen, Odysseus,
Und dem ersten so nahe, dass ihn dein Bogen erreichte.
Dort ist ein Feigenbaum mit grossen laubichten Ästen;
Drunter lauert Charybdis, die wasserstrudelnde Göttin.
Dreimal gurgelt sie täglich es aus, und schlurfet es dreimal
Schrecklich hinein. Weh dir, wofern du der Schlurfenden nahest!
Selbst Poseidon könnte dich nicht dem Verderben entreissen:
Darum steure du dicht an Skyllas Felsen und rudre
Schnell mit dem Schiffe davon. Es ist doch besser, Odysseus,
Sechs Gefährten im Schiff zu vermissen als alle mit Einmal!

Odysseus' Entscheidung

Odysseus, der sich nicht einfach mit dem Opfer von sechs seiner Gefährten abfinden will, fragt, ob er nicht irgendwie der bösen Charybdis entfliehen und sich der Skylla mit Waffengewalt erwehren könne.
Kirke aber sagt: „Da ist keine Abwehr: vor ihr zu fliehen ist das beste". Als Odysseus dann zum Felsen der Skylla kommt, vergißt er „der Kirke schmerzliche Weisung". Er wappnet sich mit zwei langen Speeren und steigt am Bug auf das Verdeck des Schiffes,

um nach Skylla Ausschau zu halten. Ohne den Gefährten seine Sorge mitzuteilen, ruft er dem Steuermann zu: „von diesem Dampf dort und der Brandungswelle dränge hinweg das Schiff und halte auf die Klippe zu, damit es dir nicht unvermerkt nach dorthin, zur Charybdis, abtreibt und du uns ins Unheil stürzt". Und nun wieder in der Übersetzung von Voß (12, 234-259):

Seufzend ruderten wir hinein in die schreckliche Enge:
Denn hier drohete Skylla, und dort die wilde Charybdis,
Welche die salzige Flut des Meeres fürchterlich einschlang.
Wenn sie die Flut ausbrach: wie ein Kessel auf flammendem Feuer,
Brauste mit Ungestüm ihr siedender Strudel, und hochauf
Spritzte der Schaum und bedeckte die beiden Gipfel der Felsen.
Wenn sie die salzige Flut des Meeres wieder hineinschlang,
Senkte sich mitten der Schlund des reissenden Strudels, und
                                                            [ringsum
Donnerte furchtbar der Fels, und unten blickten des Grundes
Schwarze Kiesel hervor. Und bleiches Entsetzen ergriff uns.
Während wir nun in der Angst des Todes alle dahinsahn,
Neigte sich Skylla herab, und nahm aus dem Raume des Schiffes
Mir sechs Männer, die stärksten an Mut und nervichten Armen.
Als ich jetzt auf das eilende Schiff und die Freunde zurücksah,
Da erblickt' ich schon oben die Händ' und Füsse der Lieben,
Die hoch über mir schwebten; sie schrien und jammerten alle
Laut und riefen mich, ach! zum letztenmale! beim Namen.
Wie am Vorgebirge mit langer Rute der Fischer
Laurend den kleinen Fischen die ködertragende Angel
An dem Horne des Stiers hinab in die Fluten des Meeres
Wirft, und zappelnde Beute geschwind ans Ufer hinauf-
                                                            [schwenkt:
Also wurden sie zappelnd empor an dem Felsen gehoben.
Dort an der Höhle frass sie das Ungeheuer, und schreiend
Streckten jene nach mir in der grausamsten Marter die Händ' aus.
Nichts Erbärmlichers hab ich mit meinen Augen gesehen,
So viel Jammer mich auch im stürmenden Meere verfolgte!

Vergleicht man diesen Text mit dem plastischen Bildwerk, so erkennt man, daß es sich hierbei mitnichten um eine einfache Illustration des Mythos handelt, sondern um eine an Bildgedanken reiche Auseinandersetzung mit den Worten des Dichters.

Bildende Kunst und Dichtung

Die Künstler stellten Skylla erst dar, seit – wahrscheinlich bei Stesichoros – der homerische Mythos von der krakenartigen Skylla mit dem Mythos von der Königstochter Skylla kontaminiert worden war. Ihr hatte Kirke aus Eifersucht wegen des schönen Glaukos das Wasser vergiftet, in dem sie zu baden pflegte. So verwandelte sich der Unterkörper der Jungfrau in einen Kranz von Monstren. Das war eine Ausgeburt der dichterischen, mythenbildenden Phantasie, welche die imaginativen Kräfte der Künstler anregen mußte. Da Homer seinem Meerungeheuer die Stimme eines jungen Hündchens andichtete, wobei er wohl an die bellenden Laute der Kraken dachte, formten die Künstler die Monster, in die das vergiftete Wasser den Unterleib Skyllas verwandelt hatte, wie Hunde.

Die Hunde Der Schöpfer der Skylla von Sperlonga bildete diese Hunde ähnlich wie die Kriegshunde, welche Artemis und anderen Göttinnen am Pergamon-Altar vorauseilen. Hier liegen offenbar Erfahrungen aus der Zeit der Diadochen-Kriege vor. Ptolemaios wurde von einem riesigen Kampfhund begleitet, dem er den bezeichnenden Gigantennamen Briareos gegeben hatte. Eindrucksvoll sind die gewaltigen Hunde, die in Plastiken im Vatikan, in den Uffizien zu Florenz, dem englischen Countryhouse Deepdene überliefert sind und zu denen vielleicht auch die berühmte bronzene Lupa in der Pfalzkapelle zu Aachen gehört, die eher eine Hündin als eine Bärin darzustellen scheint, wie man immer wieder lesen kann. Nirgendwo, auch nicht am Pergamon-Altar, sind diese Hunde aber furchtbarer geschildert als bei der Skylla von Sperlonga. Nur in dieser Furchtbarkeit haben sie etwas mit den zahnbewehrten Tentakelköpfen der homerischen Skylla zu tun. Diese sitzt hoch über dem Schiff in der Höhle einer glatten Felsenwand und nicht wie in Sperlonga auf einer Klippe im Meer in gleicher Höhe mit dem Schiff.

Odysseus als ebenbürtiger Gegner
Abb. 58.59
Der Künstler kann, indem er das Ungeheuer auf die gleiche Ebene versetzt wie das Schiff, den Angriff des Odysseus gegen Skylla sehr viel eindrucksvoller gestalten. Die Fragmente eines ausschreitenden Mannes, der den gleichen geschlitzten Chiton trägt wie der Steuermann und den rechten Arm, unbehindert von dem auf der linken Schulter geknüpften Chiton, zum Speerwurf erhebt, konnten bisher noch nicht in die Komposition eingefügt werden. Es muß sich um Odysseus handeln. Als das Schiff in gewagtem Manöver dicht am Skyllafelsen vorbeisegelt, lief er vom Bug, wo

er zunächst stand, zum Heck und ist in diesem Augenblick, zum Speerwurf bereit, an die Stelle gesprungen, wo eben noch der Steuermann stand. Sobald er den zweiten Speer geworfen hat, wird er das Steuer übernehmen und das Schiff in Sicherheit bringen.
Odysseus wird so zur entscheidenden Figur der Gruppenkomposition. Zwar ist nur das Heck des Schiffes dargestellt; die Art und Weise, wie Odysseus vom Bug zurücklaufend an die Stelle springt, die einen Augenblick zuvor noch der Steuermann einnahm, zeigt aber, daß ein ganzes Schiff gemeint ist. Das Schiff in voller Länge darzustellen, entzieht sich allerdings den ästhetischen Möglichkeiten einer Gruppenkomposition. Man hatte sich deshalb seit archaischer Zeit in der griechischen Kunst daran gewöhnt, Bug- oder Heckabschnitte von Schiffen als Teil für das Ganze zu nehmen. Durch die Handlungsabfolge, in der erst der Steuermann von seinem Platz gerissen wird und Odysseus im gleichen Augenblick an dessen Stelle tritt, wird diese Vergegenwärtigung des ganzen Schiffs nur in der Heckprotome mit besonderer Dramatik erfüllt. Odysseus erscheint in diesem tragischen Augenblick, da ihm von einem übermächtigen Gegner sechs Gefährten entrissen werden, nicht als Verlierer, sondern als sieghafter Held. Sein Schiff schlägt Skylla ein Opfer aus der Hand. Es ist nicht sicher, ob der Steuermann wirklich in den Strudel hinabstürzt, oder ob die Todesangst, die sich beim Blick in den Strudel in seinen Zügen abzeichnet, ihm nicht unerhörte Kräfte verleiht, so daß er sich auch mit dem anderen Arm und den Beinen an den Spanten festklammern kann. Wichtig ist vor allem die direkte Konfrontation des Odysseus mit Skylla, die etwas grundsätzlich anderes ist als die totale Unterlegenheit gegenüber der unerreichbar in ihrer Höhle an der glatten Felswand sitzenden Skylla Homers, bei der Tapferkeit nichts hilft, sondern Flucht die einzige Rettung ist.
Es scheint sich hier nicht nur um eine Nuance der Interpretation zu handeln, sondern die ganze Gruppe ist in zwei kontrastierenden, einander ebenbürtigen Teilen aufgebaut, rechts Skylla und links das von Odysseus regierte Schiff, auf dem der Held zur gleichen Höhe aufragt wie das Monstrum und zu einem ihr letztlich überlegenen Gegner wird, der zwar mehrere Gefährten opfern muß, aber sich und das Schiff rettet.
Gewiß ist diese Möglichkeit des bildnerischen Gestaltens in der epischen Darstellung angelegt, aber die Akzentuierung in der plastischen Gruppe ist doch so deutlich und betont, daß sie für die

Botschaft, die der Künstler zu vermitteln hatte, nicht unbeachtet bleiben darf. Die Rettung des Schiffs und der Mehrzahl der Gefährten ist das Wichtigste. Das Opfer der sechs Gefährten ist nicht umsonst gebracht worden.

Blutrünstige Grausamkeit

Bei der Betrachtung der Art und Weise, in der die Mythenepisode in der Gruppe von Sperlonga gestaltet wurde, fällt die blutrünstige Grausamkeit auf, mit der die Gefährten des Odysseus zerfleischt werden. Die Zeit, in der die Skyllagruppe von Sperlonga wahrscheinlich auf Rhodos entworfen wurde, war betroffen wie keine zuvor von den furchtbaren Grausamkeiten, die sich auf den Schlachtfeldern, bei der Eroberung von Städten, bei Überfällen, bei Raub und Totschlag abspielten. Das Schicksal „der Geschlagenen und Ausgelieferten" war eines der großen Themen der hellenistischen Kunst. Auf den etruskischen Reliefurnen dieser Zeit werden die grausamsten Mythenszenen bevorzugt: Eteokles und Polyneikes töten sich gegenseitig, Oinomaos wird mitten zwischen den stürzenden Pferden seines Viergespannes mit dem Bruchstück eines Wagenrades erschlagen, Myrtilos wird erstochen, Iphigenie wird geopfert, ermordet werden Aigisth und Klytämnestra, Eriphyle, Troilos; der Heros Echetlos macht alles nieder, was sich ihm in den Weg stellt, und immer wird die Szene mit einer Genauigkeit erfaßt, die zeigt, wie brutal die Realität war, die die Künstler so betroffen machte. Auch die Historiker hatten einen neuen Blick für die Grausamkeiten, die sich vor ihren Augen ereigneten, wie die von Appian überlieferte Schilderung des Augenzeugen Polybios von den Straßenkämpfen bei der Eroberung Karthagos lehrt. Nächst der Skylla-Gruppe von Sperlonga ist es vor allem der große Fries des Altares von Pergamon, der die bestialische Grausamkeit des Krieges thematisiert.

Kunstgeschichtliche Beurteilung

Wenn man die Skylla-Gruppe von Sperlonga kunstgeschichtlich beurteilen will, muß man von wenigstens drei Fakten ausgehen, nämlich erstens, daß sie nach der Signatur von den gleichen Bildhauern gemeißelt wurde, die auch den Laokoon aus dem Stein gehauen haben, zweitens, daß sie stilistisch, abgesehen von der Oberflächenbearbeitung, erstaunlich anders aussieht als die vatikanische Gruppe und schließlich, daß sie die vierte in einer Reihe von drei anderen Gruppen ist, die unbestreitbar römische Marmorkopien nach hellenistischen Bronzeoriginalen darstellen.

Bei den drei anderen Gruppen ist der Beweis deshalb eindeutig zu erbringen, weil es weitere Wiederholungen gibt, die in manchen

Punkten exakter sind als die zeitlich älteren Kopien von Sperlonga. Dies ist öfter dargelegt worden und braucht deshalb hier nur kurz resümiert zu werden.

Die bekannteste und am genauesten untersuchte der vier Skulpturengruppen von Sperlonga ist die sogenannte Pasquino-Gruppe. Von dieser Gruppe, welche die Bergung eines toten Kriegers darstellt, sind die Überreste von nicht weniger als 10 antiken Wiederholungen aus verschiedenen Epochen der römischen Kaiserzeit gefunden worden, die aber alle zeitlich später liegen als die Entstehungszeit der Replik von Sperlonga. Diese muß zwischen 4 und 26 n. Chr. gearbeitet worden sein, könnte also theoretisch das Vorbild für die übrigen Wiederholungen abgegeben haben, deren Entstehungszeit vom späteren ersten Jahrhundert n. Chr. bis zur Mitte des zweiten reicht. Daß die Replik von Sperlonga aber nicht das Original sein kann, geht aus zwei spezifischen Abweichungen im Vergleich zu den übrigen hervor. Erstens ist in Sperlonga die Achillesferse des toten Kriegers durchschnitten und zweitens war er allem Anschein nach nicht nackt, sondern war, über dem nur bossierten marmornen Rumpf, mit einem Bronzepanzer gewappnet. Während der Gefallene in den übrigen Wiederholungen der seines Panzers beraubte Patroklos ist, und der Held, der ihn rettet, Menelaos, müssen in Sperlonga Achill und Odysseus gemeint sein, der den Leichnam des in die Ferse geschossenen Freundes mitsamt seinen Waffen rettet.

Die übrigen Gruppen aus der Werkstatt des Laokoon: 1. Die sogenannte Pasquino-Gruppe

In antiken Darstellungen ist die gleiche Gruppe bisweilen mit einem nackten und bisweilen mit einem gewappneten Gefallenen dargestellt, der ikonographische Typus der Rettung eines Gefallenen findet demnach für Menelaos mit dem Leichnam des Patroklos und für Aias oder Odysseus mit dem Leichnam Achills Verwendung. Auf dem Prunkwagen vom Kapitol, der sogenannten Tensa Capitolina, ist die Gruppe in die Darstellung eines Lebenslaufes des Achilleus eingefügt, kann also auch hier nicht Menelaos und Patroklos bedeuten. Die Darstellungsvariante von Sperlonga steht nicht allein, sie kann aber keinesfalls die originale Fassung der Gruppe darstellen.

Diese war nach einer von der Forschung weitgehend akzeptierten Hypothese Bernhard Schweitzers eine hellenistische Bronzegruppe, die auf der Burg von Pergamon aufgestellt war und sicher Menelaos mit dem Leichnam des Patroklos wiedergab. In Sperlonga wurde das berühmte Standbild im Auftrag des Kaisers Tiberius mit veränderter Sinngebung in Marmor kopiert und in die Serie der vier Heldentaten des Odysseus als *exemplum virtutis* eingereiht.

2. Die Palladionraub-Gruppe

Von der zweiten Gruppe, in der dargestellt ist, wie Odysseus gemeinsam mit Diomedes das Palladion von Troja raubt, existiert eine verkleinerte Wiederholung in Relief, welche die ganze Gruppe zeigt. Weiter wurden bisher zwei maßgleiche Marmorkopien vom Körper des Odysseus nachgewiesen, die untereinander genauer übereinstimmen als mit dem in Sperlonga gefundenen Exemplar. Dieses weist in der Drapierung eines sowohl um den linken Arm geschlungenen als auch von den Schultern herabfallenden Mäntelchens eine solche Unlogik auf, daß es sich als eine in diesem Punkt geringfügig bereicherte Variante und sicher nicht als das Original zu erkennen gibt. Daß es sich bei den Skulpturen in Sperlonga mit Ausnahme des Mantels beim Odysseus um exakt übertragene Kopien handelt, geht unmißverständlich aus den vielen im Haar des Diomedes stehengelassenen Meßpunkten hervor, die ein untrügliches Anzeichen einer maßgleichen, im Dreipunktverfahren ausgearbeiteten Replik sind. Die Tatsache, daß bei den verschiedenen Wiederholungen die charakteristischen kantigen Stützen und Verstrebungen, die bei der Umsetzung eines Bronzeoriginals in Marmor notwendig sind, an verschiedenen Stellen sitzen, beweist auch in diesem Fall, daß die Palladionraub-Gruppe ebenso zu beurteilen ist wie die sogenannte Pasquino-Gruppe. Es ist zwar nicht bekannt, wo das Bronzeoriginal dieser Gruppe aufgestellt war, es muß aber berühmt gewesen sein, da es noch auf kleinasiatischen Sarkophagen aus dem mittleren zweiten Jahrhundert n. Chr. nachgeahmt wurde.

3. Die Polyphem-Gruppe

Die dritte Gruppe dieser Art ist die gewaltige Polyphem-Gruppe, von der eine genaue Kopie in der Villa Hadriana aufgestellt war. Von dieser sind allerdings nur die drei Gefährtenköpfe bekannt. Sie sind soviel penibler gearbeitet als zum Beispiel der Kopf des Weinschlauchträgers von Sperlonga, daß jener nicht das unmittelbare Vorbild gewesen sein kann. Vielmehr muß es ein gemeinsames Vorbild gegeben haben. Dieses war so berühmt, daß es vollständig auf einem römischen Sarkophag der Zeit um 180 n. Chr. in Catania wiedergegeben wurde. Wo es ursprünglich aufgestellt war, ist unbekannt, aber es muß, wie die reichlich verwendeten Vierkantstützen beweisen, ebenfalls aus Bronze bestanden haben.

Diese Schlußfolgerungen werden durch die Forschungsergebnisse zu den Statuen aus dem claudischen Kaiserpalast von Baiae bestätigt, wo auf das Jahr 45 n. Chr. datierte Marmorkopien einer hellenistischen Polyphem-Gruppe aus Bronze gefunden wurden, von der ein Nachklang in bronzefarbenem Mosaik im Goldenen Haus des Kaisers Nero existiert. Die Skulpturen von Baiae zeigen, daß noch in den vierziger Jahren des ersten Jahrhunderts n. Chr., also mindestens zwanzig Jahre nach den Skulpturen von Sperlonga, der Marmor mit der gleichen hervorragenden Bravour bearbeitet werden konnte, die man auch beim Laokoon und bei den Skulpturen von Sperlonga beobachtet und die man bisher für ein sicheres Zeichen originaler Entstehung angesehen hatte.

Die Skulpturen von Baiae

In diesen Zusammenhang gehört nun auch die Skylla-Gruppe von Sperlonga, bei der man allerdings keine maßgleichen Repliken nachweisen konnte.

Die Erforschung der Skulpturen-Gruppen von Sperlonga hatte die beiden Fragen zu klären, wann die in der Tiberius-Grotte gefundenen Kopien gearbeitet wurden und wann die zugrundeliegenden Originale zu datieren sind.

Die erste Frage erschien so lange nur schwer zu beantworten, wie Kopien der hier zu beobachtenden einzigartig hohen Qualität aus der römischen Kaiserzeit nicht bekannt waren. Diese Qualität wurde deshalb zunächst mit Stil verwechselt, und man erklärte die Skulpturen entweder für Werkstattkopien, die mit den Originalskulpturen des zweiten Jahrhunderts zeitgleich seien, oder für Nachschöpfungen im alten Stil aus der Zeit, in die man auch die Laokoon-Gruppe datierte, das heißt aus dem mittleren ersten Jahrhundert v. Chr. Diese Lösungsversuche erwiesen sich als Irrwege der Forschung, denn bei den Unterwassergrabungen im Kaiserpalast von Baiae kamen die erwähnten Skulpturen zutage, die in das Jahr 45 n. Chr. datiert werden müssen und in einer vergleichbar hohen Qualität gearbeitet sind. Man lernte nun die Q u a l i t ä t der Kopistenarbeit und den S t i l der Originalwerke zu unterscheiden. Natürlich konnte der Kaiser die qualifiziertesten unter diesen Werkstätten heranziehen. Deshalb darf die erstaunliche Qualität der Kopien von Sperlonga und Baiae nicht zu der von subjektiver Ästhetik diktierten Ansicht führen, die Werke müßten in jedem Fall, wie immer man sie datiert, Originalarbeiten sein, weil nur bei diesen eine solche Frische der Oberflächengestaltung denkbar wäre. Die Tatsache, daß es sich um maßgleiche

Qualität der Kopien

Kopien handelt, läßt sich hingegen, wie gezeigt wurde, durch einen Vergleich mit den übrigen Wiederholungen der gleichen Vorbilder unwiderleglich beweisen. Es kommt jetzt nur noch darauf an, zu sehen und diese Erkenntnis auch mitteilen zu können, worin sich, unabhängig von der hohen Qualität, doch die eigene Sehweise der Kopisten äußert.

Kopien haben im Grunde eine doppelte stilistische Prägung. Die Erfindung als ganze zeigt den Stil des Originals, der sich sehr wohl auch in den Einzelformen der Körperbildung, der Augen, Ohren, Münder, Haare, Gliedmaßen bis hin zu den Fingernägeln erkennen und mit zeitlich dem Original näherstehenden Werken vergleichen läßt. Sie verraten aber auch etwas vom Stil der Zeit, in der sie kopiert wurden, doch ist dieser Stil nicht so leicht zu definieren, da er ganz an der Oberfläche sitzt. Am leichtesten scheint dies vorläufig noch bei den Gewandfalten zu sein, wie dies Rita Amedick in einer neuen Arbeit über „Frühkaiserzeitliche Bildhauer-Stile" zu zeigen unternommen hat.

4. Die Skylla-Gruppe

War es bei den drei übrigen Gruppen nicht so schwierig gewesen nachzuweisen, daß es sich um Kopien handelt, so war dies bei der Skylla-Gruppe aus zwei Gründen wesentlich umständlicher, ja es erschien anfangs geradezu unmöglich. Erstens war die Gesamtkomposition der Gruppe bis zur Publikation der Restaurierungsarbeiten und bis zur öffentlichen Ausstellung im Jahre 1986 noch nicht zu beurteilen und zweitens sind bisher noch keine maßgleichen Kopien der gewaltigen und in jeder Hinsicht erstaunlichen Gruppenschöpfung bekannt geworden. Diesen Umstand teilt die Skylla-Gruppe von Sperlonga übrigens mit der Laokoon-Gruppe, und da diese für ein Original des mittleren ersten Jahrhunderts v. Chr. galt, lag es nahe, auch die Skylla-Gruppe als Werk der gleichen Bildhauer hier anzuschließen.

Bei der Skylla-Gruppe liegt der Fall jedoch völlig anders. Von der Laokoon-Gruppe weiß man nur, daß sie zur Zeit des Plinius im Palast des Titus stand. Sie wurde in einem spätantiken Haus nicht weit vom Palast des Titus gefunden, der im Goldenen Hause Neros Wohnung bezogen hatte. Die genauen Fundumstände und der exakte Platz der Gruppe ließen sich bisher nicht festlegen. Die Skylla-Gruppe ist hingegen in einem eindeutigen Zusammenhang an der Stelle gefunden worden, an der sie im Altertum aufgestellt war, und sie ist eine Arbeit des gleichen Kopistenateliers, das auch die drei übrigen als Marmornachbildung hellenistischer Bronzeoriginale erwiesenen Skulpturengruppen in Sperlonga angefertigt hat.

Der Zusammenhang, in dem diese Gruppen standen, ist das Naturtheater mit der Odyssee in Marmor in einer von Kaiser Tiberius zwischen 4 und 26 n. Chr. als Praetorium, das heißt kaiserlicher Wohnort, benutzten Grotten-Villa. Wenn man die Villa nur als zeitweiligen Aufenthaltsort, und nicht, was das wahrscheinlichste gewesen wäre, von vornherein als eine Anlage des Kaisers Tiberius angesehen hat, so lag das daran, daß man durch die Beziehung der Skylla-Gruppe zu den Bildhauern der Laokoon-Gruppe auf eine falsche Fährte gelockt worden war. Nachdem dieser Irrweg aufgrund der Entdeckung datierbarer Skulpturen des gleichen Kopistenstils in Baiae aufgegeben worden war, rückte der richtige Schluß, nämlich die Ausstattung der Villa dem Kaiser Tiberius als Auftraggeber zuzuschreiben, wieder in das Blickfeld der Forschung. Doch nun ergab sich die Schwierigkeit, eine damit übereinstimmende Datierung der Laokoon-Gruppe zu finden und zu begründen.

Zusammenhang Abb. 17

War nicht die Schlußfolgerung notwendig, auch die Ausführung dieser Gruppe, obwohl Plinius sie so hoch lobt, wie man es bei einer Kopie nicht erwartet, in die Zeit des Kaisers Tiberius (4–37 n.Chr.) zu rücken, für den Athanadoros, Hagesandros und Polydoros vor 26 n. Chr. in Sperlonga und wenigstens der erstgenannte Athanadoros wegen der dort gefundenen Inschrift auch danach noch in Capri tätig waren?

Schlußfolgerung für die Laokoon-Gruppe

Damit hängt nun alles an der Skylla-Gruppe und an der Signatur der Bildhauer, die sie und die Laokoon-Gruppe gemeißelt haben. Zunächst ist wichtig festzuhalten, daß die Signatur die eigenhändige Meißelarbeit der drei Künstler bezeugt; das besagt die Inschrift eindeutig. Das verwendete Verb *poiein* bedeutet verfertigen, es beinhaltet also notwendig die eigene Meißelarbeit, aber nicht unbedingt auch die Schöpfung der Gruppe. Es gibt unter den antiken Künstlerinschriften nicht einen einzigen Fall, in dem ein Künstler in seiner Signatur das Wort poiein verwendet, und das Werk zwar erfunden, aber nicht eigenhändig gearbeitet hatte. Hingegen sind außerordentlich viele Werke bekannt, bei denen die Inschrift mit der Verbform *epoiei* oder *epoiesen*, er oder sie haben es gemacht, den oder die ausführenden Steinmetzen nennt, man aber eindeutig nachweisen kann, daß die Erfindung auf einen ganz anderen, weit berühmteren Schöpfer zurückgeht.

Die Inschriftform bezeugt also, daß Athanadoros, Hagesandros und Polydoros von Rhodos die Skulpturen von Sperlonga (und folglich auch die Laokoon-Gruppe) aus dem Marmor geschlagen haben, sie besagt nicht, daß sie diese Gruppen auch entworfen haben.

Daß dies bei der Gruppe von Odysseus, der den Leichnam Achills rettet, bei Odysseus, der mit Diomedes das Palladion raubt, und bei der Gruppe mit der Blendung Polyphems nicht der Fall war, ist inzwischen gesichert. Offen ist die Frage noch für die Skylla- und die Laokoon-Gruppe.

Bei der Skylla-Gruppe steht nun eine ganze Reihe von Kriterien zur Verfügung, die auch hier eine Entscheidung ermöglichen.

Die Skylla-Gruppe aus Bronze

Das erste, was bei der Untersuchung dieser Gruppe bedenklich stimmt, ist die für eine Konzeption in Marmor außerordentlich kühne, vollrunde Herausarbeitung der im Raum bewegten Körper und der nach allen Seiten ausgreifenden Gliedmaßen. Michelangelo hat einmal geäußert, eine Marmorstatue müsse so angelegt werden, daß man sie einen Berg hinabrollen kann, ohne daß ein Glied abbricht. Bei der Skylla-Gruppe scheint demgegenüber überhaupt keine Rücksicht zu walten, ob den Gliedern irgend etwas in sich Halt gibt. Wenn man beim Steuermann noch einsieht, daß die hochfliegenden Beine und der nach hinten ins Leere greifende Arm notwendig sind, um den beabsichtigten Eindruck der relativen Bewegung des Schiffes anschaulich zu machen, hier also weder die linke Hand am Heckzierat Halt sucht, noch die Beine am Deck aufruhen durften, dann fragt man sich doch, ob der Meister für die Beine des durch die Luft fliegenden dritten Gefährten nicht eine in Marmor etwas weniger schwierig auszuarbeitende und zerbrechlich wirkende Form hätte wählen können.

Die Dirke-Gruppe aus Marmor
Abb. 36

Betrachtet man eine für die Ausführung in Marmor konzipierte, verwandte Figurengruppe wie den sogenannten Farnesischen Stier, dann sieht man, wie überlegt und materialgerecht die Meister die Massen hier verteilt haben. Zwar ist auch diese von Plinius erwähnte Gruppe, die Asinius Pollio bei der Einnahme von Rhodos 42 v. Chr. nach Rom verschleppt hat, nur in einer claudischen Marmorkopie erhalten, die später in den Thermen des Caracalla stand und dort gefunden wurde. Aus alter Kopistengewohnheit hat man auch hier Baumstämme als Stützen der Figuren hinzugefügt, die schließlich im freien Landschaftsraum nicht unbedingt Fremdkörper sind, wahrscheinlich aber beim Original nicht vorhanden waren, denn sie haben die charakteristische, nur von Skulpturen claudischer Zeit bekannte Form der Astknorrenstütze. Die Figuren sind gleichwohl so um den Stier gruppiert, daß sie sich alle gegenseitig stützen, wobei das nach Plinius aus dem gleichen Stein gehauene Seil noch als besonders geschickte Verstrebung dienen konnte.

Das ist bei der Skylla-Gruppe, wo doch mit den Fischschwänzen und den Hunden genügend Elemente zur Verstrebung gegeben waren, völlig anders. Nirgendwo kann man erkennen, daß auf mögliche Bruchstellen des spröden Marmors bei der Komposition Rücksicht genommen worden wäre, vielmehr mußte man sich überall mit den typischen vierkantigen Stützen behelfen, die man von zahllosen römischen Kopien kennt. Man kann daraus nur den einen Schluß ziehen, daß die Skylla-Gruppe von Sperlonga durch ihren Schöpfer zur Ausführung in Bronzeguß bestimmt war. Nachdem sie in dieser Form einmal vor Augen stand, konnten erfahrene Marmorbildhauer, die sich auf die gefährdeten Stellen verstanden, sie genau studieren, um die Skulptur durch Stützen und Streben zu sichern und so die Wiederholung in Marmor zu ermöglichen. Daß dabei trotzdem Stützen nötig wurden, die den Eindruck empfindlich stören, wie die lange Stütze vom Oberschenkel zum linken Arm des Steuermanns oder die beiden schrägen Stützen, die seine Beine absichern und den Eindruck des Durch-die-Luft-Fliegens beeinträchtigen, mußte man in Kauf nehmen.

Fast alle Meisterwerke der griechischen Plastik, die vorzugsweise in Bronze geschaffen wurden, sind nur in Marmorkopien erhalten, welche die Römer aus Geschmacksgründen bevorzugten. Der helle Marmor hatte nicht nur von Natur aus eine dem menschlichen Inkarnat näher kommende Farbe, er ließ sich auch durch farbliche Behandlung bestimmter Teile wie Haare, Augen, Mund, Gewänder, oder auch Blutflecken bei der Darstellung von Verletzten noch zusätzlich realistischer gestalten. Auch gestattet die Oberflächenbearbeitung des Marmors, anders als beim Bronzeguß mit seiner glatten, metallischen Außenschicht, den „Flaum auf der Haut" darzustellen, und darauf verstanden sich die Künstler, die den Laokoon gemeißelt und auch in Sperlonga einen Beweis ihrer einzigartigen Fertigkeit geliefert haben, aufs beste.

Marmorkopie nach Bronzeoriginal

Als erstes sprechen also die zahlreichen Vierkantstützen dafür, daß die Skylla-Gruppe von Sperlonga nicht das Original dieser bedeutenden Gruppenschöpfung darstellt, das aus Bronze bestanden haben muß, sondern daß darin, ebenso wie bei den drei anderen Gruppen, eine römische Marmorkopie zu erkennen ist.

Nachbildungen in der Kleinkunst

Diese Schlußfolgerung wird durch die zahlreichen Nachahmungen der Komposition in der Kleinkunst von hellenistischer bis in spätrömische Zeit bestätigt. Seit dem Bekanntwerden der ersten zu größeren Bruchstücken wieder zusammengesetzten Fragmente der Skylla-Gruppe ist immer wieder auf diese Nachbildungen hingewiesen worden, doch ließ sich ein sicherer Zusammenhang mit dem Vorbild der Skylla-Gruppe nicht beweisen, solange nicht gesichert war, daß Skylla den Steuermann, der sich ans Schiffsheck klammert, am Schopfe packt. Denn dieses Detail findet sich bei allen in der Flächenkunst zum Teil außerordentlich verkleinerten Wiedergaben. Diese weisen auch im übrigen so erstaunliche Übereinstimmungen mit der Skylla-Gruppe in Sperlonga auf, daß es merkwürdig wäre, wenn sie, unabhängig voneinander, nicht auf das gleiche Vorbild zurückgingen.

Zwei Varianten

Besonders auffallend ist, daß die Art der Wiedergabe in der Flächenkunst zwei grundsätzlich verschiedene Varianten bietet, die zunächst den Eindruck erwecken, als seien sie auf zwei ganz verschiedene Vorbilder zurückzuführen. In der einen, bei den späthellenistischen Beispielen vorherrschenden Darstellungsweise sieht man das Schiff des Odysseus diagonal an Skylla vorbei in die Tiefe des Raumes fahren, in der anderen bei den Römern beliebten Darstellungsweise wird das Schiffsheck um 90° in die Hauptansichtsebene der Skylla geklappt. Das Schiff scheint nicht mehr nach hinten am Skyllafelsen vorbei-, sondern nach links vom Skyllafelsen wegzufahren, was im räumlichen Sinn unlogisch wirkt. Hier dürfte ein plastisches Kunstwerk mit seiner logischen Anordnung bei der Umsetzung in eine Flächendarstellung den räumlich sinnvollen Zusammenhang eingebüßt haben.

Dies vorausgeschickt, gilt es nun, einen Blick auf die wichtigsten Darstellungen in der Flächenkunst zu werfen.

Rhodische Reliefbecher Abb. 27

Die älteste Wiedergabe ist noch vor die Mitte des 2. Jahrhunderts v. Chr. zu datieren und findet sich auf rhodischen Reliefbechern verschiedener Fund- und Aufbewahrungsorte. Die kleinen Reliefs gehen auf den gleichen Stempel zurück, mit dem die verschiedenen Matrizen geprägt wurden. Gegenüber der Skylla-Gruppe vom

Typus Sperlonga erscheint die Wiedergabe seitenverkehrt. Das ist ein häufiges Verfahren griechischer Kunsthandwerker, um ihre Darstellung origineller erscheinen zu lassen. Kehrt man das Bild mit dem Spiegel um, wird die Verwandtschaft zur großen Skylla-Gruppe noch deutlicher. Die wesentlichen Züge stimmen jedenfalls überein. Skylla, deren Frauenkörper aus einem Flossenschurz um die Lenden hervorwächst, zieht mit der ausgestreckten Hand einen Mann von dem Schiff, das im Hintergrund diagonal nach hinten fährt. Ob das Heck oder der Bug des Schiffes dargestellt ist, wird nicht vollkommen deutlich. Für eine Darstellung des Hecks spricht der scheibenförmige Zierat, eine Art Rundschild, mit dem die hochgebogenen Spanten am Heck hellenistischer Schnellruderer zusammengehalten werden. Für eine Darstellung des Bugs spricht hingegen die Andeutung eines Rammsporns. Diese Unbestimmtheit der Darstellung spricht dafür, daß dem Entwerfer des kleinen Vasenreliefs das Heck der großen Skylla-Gruppe vor Augen stand. Als er diese Gruppe seitenverkehrt wiedergab, mußte auf der anderen Seite Skyllas natürlich der Bug des in den Bildraum nach hinten fahrenden Schiffes erscheinen. Der Kunsthandwerker deutete den Bug durch den Rammsporn an, übernahm aber aus dem Vorbild den vom Heck gerissenen Griechen. Auch sonst beließ er es mehr bei Andeutungen. Die sechs Hunde reduzierte er auf die Hälfte und warf ihnen verrenkte Opfer vor, die nur ganz allgemein an die durchgeformten Leiber in den Fängen der großen Skylla erinnern. Die Fischschwänze unterdrückte er völlig.

Ähnlich, wenn auch in Einzelheiten deutlicher, ging der Koroplast vor, der einen Tonmodel in Didyma schuf. Diese ebenfalls seitenverkehrte Patrize wurde in einer Schicht des späten zweiten Jahrhunderts v. Chr. in Didyma gefunden und ist nicht nur wegen des sicheren terminus ante quem, sondern auch deshalb besonders wichtig, weil hier auf dem Schiff neben dem Mann, den Skylla am Schopfe packt, Odysseus in voller Rüstung mit Schild und geschwungenem Speer erscheint und damit ein weiteres wichtiges Element der großen Skylla-Gruppe wiedergegeben ist. In dieser Patrize ist das Schiff wie auf den rhodischen Reliefbechern diagonal nach rechts hinten fahrend dargestellt.

Tonmodel von Didyma Abb. 29.30

Daß in dem gemeinsamen Vorbild jedoch ein Schiffsheck dargestellt war, geht mit genügender Deutlichkeit aus einem Bronzerelief von 11,5 cm Durchmesser hervor, das den Boden einer bron-

Bronzepatera aus Boscoreale Abb. 28

zenen Kasserolle aus Boscoreale im Britischen Museum schmückt. Hier ist die Darstellung in allen Punkten so deutlich, daß man sie besser mit dem Vorbild vergleichen kann, in dem das gleiche hellenistische Bronzeoriginal der Marmorkopie von Sperlonga zu vermuten ist.

Der Toreut hat nach einer offenbar in den hellenistisch-römischen Kunsthandwerksbetrieben geübten Tradition die Hundeköpfe in der Flächendarstellung wieder auf die Hälfte reduziert, hat aber im Gegensatz zu seinem hellenistischen Vorgänger beide sich ringelnden Fischschwänze sehr genau dargestellt. In einem der Fischschwänze steckt ein Mann, der in der Art, wie ihm der Hals zugeschnürt ist und wie er den linken Arm hilfesuchend nach oben streckt, unmittelbar an den fünften Gefährten in den Windungen des rechten Schwanzes der Sperlonga-Gruppe erinnert.

Auch die Gefährten in den Fängen der Hunde lassen sich vergleichen. Einer ist gestreckt wie der senkrecht nach unten stürzende in Sperlonga, der andere hat einen halb aufgerichteten Oberkörper wie der aus dem Wasser gefischte.

Könnte man bei diesen beiden die Ähnlichkeit vielleicht für allzu allgemein halten, so erscheint sie beim letzten Opfer, dem Mann, den Skylla am Schopfe packt, doch recht eng. Erstens besteht hier kein Zweifel, daß ein Schiffsheck gemeint ist. Das geht unmißverständlich aus dem hochgebogenen Kiel hervor und aus dem runden Schild, der die Spanten des Aphlastons zusammenhält. Ganz genau übereinstimmend ist schließlich die Art und Weise, wie sich zu dem Unglücklichen, der sich ans Aphlaston klammert, ein Hund emporreckt. Das ist so ähnlich wie bei der Skylla in Sperlonga, daß eine völlige Unabhängigkeit der beiden Darstellungen voneinander auszuschließen ist. Aber wie die Überlieferungsströme dieser Bildtypen im einzelnen verlaufen sind, kann man kaum noch feststellen. Es ist bekannt, daß in den toreutischen und koroplastischen Werkstätten Gipsmodelle besonders gelungener Adaptationen der vorbildlichen großen Kunst für die kleinen als Bildträger verwendeten Geräte und Gefäße überliefert und in immer neuen Varianten nachgebildet wurden. Jeder einzelne dieser Kunsthandwerker muß also nicht notwendig selbst eine Skizze des berühmten Vorbildes angefertigt und diese dann in eine für ihn verwendbare Form gebracht haben, sondern alle können auf die eine oder andere schon früher geprägte Kleinform zurückgreifen. Diese muß wegen der evidenten Übereinstimmung mit der groß-

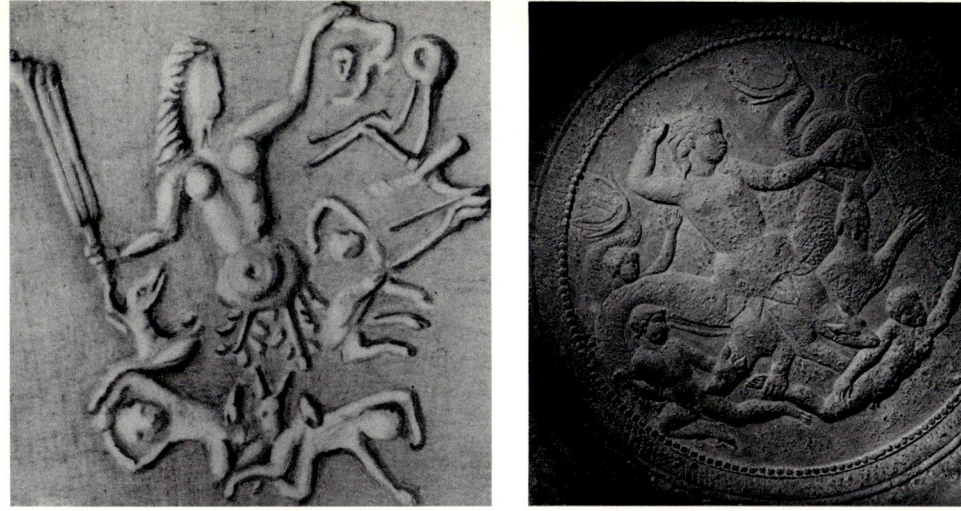

Abb. 27

Abb. 28

Abb. 29

Abb. 30

Abb. 27–30 Hellenistische Reliefkeramik von Rhodos, eine Bronzepatera aus Boscoreale, ein Tonmodel aus Didyma zeigen die gleiche Darstellung einer Skylla, wie sie auch die Gruppe von Sperlonga bietet. Sie muß eine Kopie desselben Vorbildes sein.

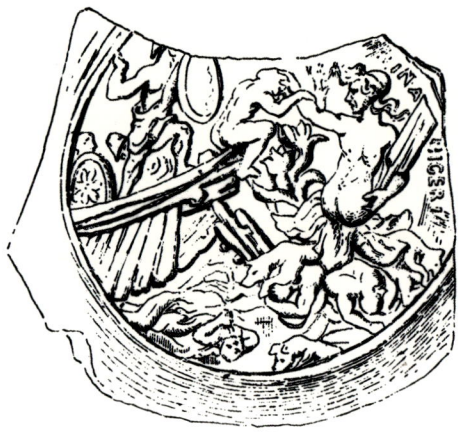

Abb. 31–34 In römischen Reliefwiedergaben wie einer Applique aus Vienne und den Kontorniatmedaillons ist das Schiff um 90° in die Fläche geklappt. Kontorniatmedaillons wiederholen auch die beiden anderen berühmten Gruppen der Dirke und des Laokoon.

plastischen Skylla-Gruppe dem zeitlich jüngsten Glied der Kette am ähnlichsten gewesen sein, nämlich der Kasserolle aus Boscoreale, die nicht allzulange vor der Verschüttung von 79 n. Chr. gearbeitet wurde.

Durch drei Jahrhunderte hindurch, von der Mitte des zweiten Jahrhunderts v. Chr. bis nach der Mitte des ersten Jahrhunderts n. Chr., wurde so eine berühmte plastische Schöpfung der Skylla-Gruppe, die älter sein muß als die noch vor der Mitte des zweiten Jahrhunderts v. Chr. auftretenden Reliefbecher von Rhodos, in der Kleinkunst vergegenwärtigt. Auf Kaiser Tiberius hat diese Gruppenkomposition einen so tiefen Eindruck gemacht, daß er sie, im Augenblick, als er mit der Ernennung zum Kronprinzen des Augustus im Jahre 4 n. Chr. die notwendigen Geldmittel in die Hand bekam, für seine Grottenvilla in Sperlonga kopieren ließ.

Nun könnte man an diesem Zusammenhang immer noch zweifeln, wenn der Ruhm der Gruppe damit erschöpft gewesen wäre. Man findet sie aber auch danach noch in zwei örtlich, zeitlich und sachlich ganz verschiedenen Gattungen der Kleinkunst wiederholt und überdies, wie schon erwähnt, in einer anderen Ansicht und in einem anderen Schema.

Die Zufälligkeit der Überlieferung macht einen dabei mißtrauisch; aber auch die Polyphem-Gruppen von Sperlonga und Baiae und die Palladionraub-Gruppe sind in unserem Überlieferungsschatz jeweils nur ein einziges Mal in Relief wiederholt. Da sieht es mit der Skylla-Gruppe eher besser aus, die außer in der hellenistischen Reliefkeramik an zwei weit auseinanderliegenden Stellen begegnet, nämlich auf einer gallo-römischen Reliefapplique in Vienne und auf den spätantiken Kontorniatmedaillons aus dem vierten Jahrhundert n. Chr. in Konstantinopel und Rom.

Zufälligkeit der Überlieferung

In beiden Fällen haben die Kunsthandwerker, offenbar unabhängig voneinander, eine aus zwei Ansichten zusammengesetzte Flächendarstellung gewählt, indem sie das Schiff, das in der Gruppe senkrecht zur Vorderansicht in die Tiefe fährt, um 90° in die gleiche Ansichtsebene geklappt haben. Daß sie dabei die räumliche Logik der Darstellung aufgaben, scheint sie nicht gestört zu haben. Sie verraten dadurch aber, daß ihr Vorbild so gestaltet war wie die Skylla von Sperlonga. Denn auch bei diesen Darstellungen kehren die wesentlichen Züge der großen Gruppe von Sperlonga wieder, diesmal ist die Wiedergabe sogar seitenrichtig. Skylla hält in der Linken das Steuerruder, das sie von der Steuerbordseite des Schiffes gerissen hat. Mit der Rechten packt sie einen Mann am Schopf und versucht ihn von dem davonfahrenden Schiff zu ziehen, auf dessen Hinterdeck Odysseus in Angriffshaltung erscheint. Hinter ihm sieht man noch zwei Gefährten, den einen mit Schild, den anderen ohne einen solchen, aus dem Schiffsrumpf auftauchen. Da dies Schiff nach der Drehung um 90° nicht mehr vor der Schwanzwindung Skyllas erscheint, mußte der Hintergrund hier mit zusätzlichen Figuren gefüllt werden.

Reliefapplique aus Vienne Abb. 31

Im Tondo der gallischen Reliefapplique ringeln sich die Fischschwänze Skyllas in dem Raum zwischen ihrem ausgestreckten Arm, dem Schiff und ihrem Flossenschurz nach oben, bei den Kontorniatmedaillons sieht man sie hinter ihrem Körper in die Luft schlagen. Der Flossenschurz ist bei der Applique besonders deutlich gegeben, Hundevorderkörper und Opfer verschwimmen hingegen in einem Durcheinander von Formen und Gliedern, das den furchtbaren Todeskampf der Gefährten des Odysseus mehr andeutet als ausführt. Um den Tondo zu füllen, ist ein Hund sogar von Skylla losgelöst an den unteren Bildrand geraten, und im Wasser schwimmt der Körper eines Gefährten. Solchen Unklarheiten begegnet man in der provinziellen Reliefkeramik Galliens nicht selten. Sie besagen aber nichts dagegen, daß man diese Darstellung, auf welchen Wegen und mit wie vielen Zwischenstationen auch immer, letztlich auf das große Vorbild zurückführen darf, das auch in Sperlonga kopiert wurde.

Kontorniatmedaillons Abb. 32

Daß diese Darstellung dann auch auf Kontorniatmedaillons erscheint, ist aus einem bestimmten Grund besonders wichtig. Diese wahrscheinlich als Neujahrsgeschenke bestimmten Bronzeprägungen der Jahre 356–394 n. Chr. waren auch ein Propagandamittel der im Schwinden begriffenen heidnisch-römischen Kultur. Deshalb werden auf den Rückseiten, ähnlich wie heute auf Briefmarken, berühmte antike Kunstwerke abgebildet. Für den hier behandelten Fall ist bemerkenswert, daß dort auch zwei andere Kunstwerke begegnen, die im Zusammenhang mit der Skylla-Gruppe immer wieder genannt werden, nämlich die Laokoon-Gruppe und die im sogenannten Farnesischen Stier überlieferte Dirke-Gruppe. Die Wiedergabe auf Kontorniatmedaillons beweist eindeutig, daß diese Gruppen im 4. Jahrhundert n. Chr. noch existierten und hoch geschätzt wurden.

Als dritte im Bunde gesellt sich nun die Skylla-Gruppe hinzu. Man kann in diesem Faktum sogar eine Bestätigung dafür sehen, daß die von der Forschung immer wieder im gleichen Atemzug genannten Werke demselben Bedeutungshorizont entstammen. Dies war den Münzmeistern, die die Stempel der Kontorniatmedaillons schnitten, geläufig und sollte im Bewußtsein der Zielgruppe dieser Prägungen lebendig gehalten werden. Damals mögen diese Werke vor allem wegen ihres Kunstwertes geschätzt worden sein, doch sind sie sicher nicht als l'art pour l'art geschaffen worden.

Wenn man diese Werke wirklich geschichtlich verstehen will, dann wird man herausfinden müssen, welches die Aussage und Botschaft der Originale war, die noch ein halbes Jahrtausend nach ihrer Entstehungszeit der Wiedergabe auf Münzen für wert gehalten wurden.

Man kann nun die Frage nicht unterdrücken, ob ein so berühmtes Werk in der antiken Literatur mit Schweigen übergangen wurde? Diese Frage ist nicht a priori zu verneinen oder zu bejahen. Immerhin wurden die beiden anderen auf Kontorniatmedaillons wiedergegebenen Statuen-Gruppen, der Laokoon und die Dirke-Gruppe, von Plinius, allerdings auch nur von ihm erwähnt. Von der Skylla-Gruppe findet sich bei ihm keine Spur, und unerwähnt bleiben auch die anderen in Sperlonga und Baiae kopierten Skulpturen-Gruppen. Aus dem Schweigen antiker Quellen darf man also keine bestimmten Schlüsse ziehen.

Erwähnung in den Schriftquellen

Im Falle der Skylla-Gruppe schweigen nun zwar die antiken Quellen, dagegen wird in mittelalterlichen byzantinischen Quellen eine offenbar berühmte Skylla-Gruppe aus Bronze öfter erwähnt und recht genau beschrieben, und diese Beschreibungen stimmen im ganzen und in charakteristischen Einzelheiten so genau mit der aus den Fragmenten in Sperlonga zu rekonstruierenden Skylla-Gruppe überein, daß sie das gleiche Kunstwerk meinen könnten. Die Bronzegruppe der Skylla, die in diesen Texten der Zeit zwischen dem 6. Jahrhundert und 1213 begegnet, stand auf der sogenannten Spina, der langgestreckten, aufgemauerten Insel, die die Rennbahn des Hippodroms von Konstantinopel teilte. Die Form dieses Circus hat sich in dem länglichen At-Meidan, dem Pferde-Platz vor der berühmten Blauen Sultan-Ahmed-Moschee in Istanbul bewahrt, und von den Aufbauten der Spina haben sich auf dem ursprünglichen tieferen Niveau noch der großartige Obelisk Thutmosis' III. aus Heliopolis, die Überreste des vergoldeten Dreifußes von Plataä aus Delphi, nämlich die sogenannte Schlangen-

Die Skylla-Gruppe in Konstantinopel

107

säule und der gemauerte Obelisk erhalten. Zwischen diesen hochragenden Zeichen stand die bronzene Skylla-Gruppe. Ähnlich wie der schon erwähnte Dreifuß von Delphi und die von den Franken im Lateinischen Kreuzzug 1204 nach Venedig verschleppten und dort über der Vorhalle von San Marco aufgestellten vergoldeten Bronzepferde, muß auch die Skylla-Gruppe zu einer vorerst noch unbestimmten Zeit aus einem der griechischen Heiligtümer nach Konstantinopel gebracht und dort am beliebtesten öffentlichen Platz, dem für die politische Geschichte von Konstantinopel so bedeutungsvollen Hippodrom, aufgestellt worden sein. Die Farben der Circus-Fraktionen bezeichneten auch die politischen Parteiungen der Kaiserstadt, und mehrmals mußten im Hippodrom ausgebrochene Parteikämpfe und Revolten blutig niedergeschlagen werden.

Zerstörung beim Lateinischen Kreuzzug

1204 plünderten die Franken das immer noch intakte Hippodrom, schmolzen die Skylla-Gruppe ein und schlugen sie zu Münzen. Niketas Choniates (1150–1213), einer der bedeutendsten Staatsmänner, Geschichtsschreiber und Rhetoren des byzantinischen Hochmittelalters, hatte am 13. April 1204 die Einnahme von Konstantinopel durch das von seinem eigentlichen Ziel, Jerusalem, zur Kaiserstadt am Bosporus abgelenkte Kreuzfahrerheer miterlebt. Er stellte seine Dienste dem Byzantinischen Kaiser Theodoros I. Laskaris zur Verfügung, der in Nikäa eine neue Residenz des geschrumpften Reiches begründet hatte. Hier schrieb Niketas seine bedeutende Geschichte des Byzantinischen Reiches von der Thronbesteigung des Joannes II. Komnenos bis zu den Anfängen des Reiches von Nikaia (1118–1206), in die er auch eine erschütternde Darstellung der Plünderung Konstantinopels durch die Franken einfügte. In diesem Zusammenhang führt er die von den Franken zerstörten Kunstwerke auf und erwähnt dabei aus eigener Erinnerung die Skylla mit folgenden Worten: „Und das uralte Untier, die Skylla, bis zur Hüfte von weiblichem Aussehen und dieses zur Schau stellend mit riesigen Brüsten und voller Wildheit, und nach unten läuft sie in Tiere aus, die am Schiff des Odysseus hochspringen und viele Gefährten verschlingen".

Niketas Choniates und Pseudo-Kodinos

Diese knappe Beschreibung, die auch auf die Skylla-Gruppe von Sperlonga zutrifft, wird ergänzt durch die Erwähnung der Skylla bei einem anonymen byzantinischen Autor. Sie wurde in eine unter dem Namen Kodinos überlieferte listenmäßige Aufzählung der in Konstantinopel vorhandenen Kunstwerke aufgenommen

und lautet folgendermaßen: „Von den Standbildern der Ungeheuer, die Tiere und Menschen fressen, ist das eine der Tyrann Justinian. Es macht die Geschichte seiner späteren Taten offenbar. Von dem anderen, bei dem auch ein Schiff dargestellt ist, sagen die einen, es sei Skylla, die gegenüber der Charybdis, welche die Menschen frißt, und auch Odysseus ist da, den sie mit der Hand am Schopfe packt. Die anderen sagen, es sei die Erde und das Meer und sieben Aione, die von der großen Flut verschlungen werden."
Der Autor dieser Beschreibung war nicht so gebildet wie Niketas von Chonai, wenn er Odysseus und den Steuermann verwechselt, der beim Schopfe gepackt wird. Auch, daß er die symbolische Mythenerklärung mit der großen Flut und den sieben Äonen nicht als solche erkennt, sondern als eine alternative Benennung des Kunstwerkes vorträgt, zeigt, daß er von anderen Voraussetzungen ausgeht als der große Historiker; aber er beschreibt das gleiche Kunstwerk und gibt zwei zusätzliche präzise Informationen, die wiederum mit der Skylla von Sperlonga übereinstimmen: Erstens, daß einer der Unglücklichen von Skylla am Schopf gepackt wird, und zweitens, daß sieben Männer dargestellt sind, nämlich einschließlich des am Schopf ergriffenen, der natürlich nicht Odysseus gewesen sein kann, sechs Gefährten und als siebter Odysseus. Ungewiß ist, ob er das Standbild eines Kaisers neben dem Ungeheuer richtig als den Tyrannen Justinian benennt, denn ein Epigramm bezeichnet das Standbild überzeugender als Anastasios I. Niketas Choniates und Pseudo-Kodinos ergänzen einander. Daneben gibt es noch drei andere Erwähnungen der Skylla-Gruppe in der mittelalterlichen byzantinischen Literatur, die einige weitere wichtige Informationen liefern.

In einer in erster Fassung um 980 n. Chr. zusammengestellten byzantinischen Gedichtsammlung, die nach dem in Heidelberg (und Paris) aufbewahrten besten Kodex auch pfälzische Anthologie (Anthologia Palatina) genannt wird, finden sich zwei Epigramme unbekannter Dichter, die offenbar die gleiche Skylla andichten. *Anthologia Palatina*

Das eine ist ausführlicher und beschreibt das bronzene Kunstwerk selbst:

Wenn es nicht blinkte, das Erz, und dadurch verriete, es handle
  sich um ein Kunstwerk, das uns Herrscher Hephaistos geformt,
meinte man wohl aus der Ferne, hier stünde leibhaftig die Skylla,
  und sie sei aus dem Meer nun auf die Erde entrückt.

Also springt sie heran und zeigt eine Wildheit im Ansturm,
  als zertrümmerte sie Schiffe im brausenden Meer.
Das andere bietet statt dessen eine zusätzliche, wichtige Information:
Neben die Skylla setzte man hier die wilde Charybdis,
  den Anastasios, hin, grausam und gierig nach Blut.
Fürchte dich, Skylla, er könnte auch dich sogar noch verschlingen,
  einen Dämon aus Erz schlagen zu lumpigem Geld!
Skylla steht hier neben dem Standbild des Kaisers Anastasios I., der von 491 bis 518 regiert hat. Obwohl er ein zweifellos sehr bedeutender Monarch war, ist seine Persönlichkeit umstritten, wie es auch in dem Epigramm angedeutet wird. Die Tatsache, daß die Skylla-Gruppe und die Statue des Kaisers Anastasios I. nebeneinander auf dem Hippodrom von Konstantinopel standen und in dieser Weise aufeinander bezogen sind, wird bei der Frage, wann und woher die Skylla-Gruppe nach Konstantinopel gebracht wurde, noch eine Rolle spielen.

Anastasios I. Den Kaiser, der die Skylla-Gruppe in Konstantinopel aufgestellt hat und in dem man möglicherweise Anastasios I. erkennen darf, spricht ein weiteres Epigramm an, das nur in lateinischer Übersetzung in der Epigramm-Sammlung von Bobbio überliefert ist. In deutscher Übersetzung lautet es:
Furcht erweckt die zähnefletschende Skylla, die Du,
  Caesar, so nahe am Meer aufstelltest. Feßle sie erst!
Denn des atmenden Erzes Täuschungskraft ist doch so mächtig,
  daß ein Seemann erstarrt, eh' er sich schützen kann.
Dieses Epigramm, von dem angenommen wird, daß es sich auf die gleiche bronzene Skylla-Gruppe bezieht, die auch die anderen Epigramme ansprechen, hebt den Realismus ihrer Gestaltung hervor. Seefahrer geraten in Furcht vor ihr. Ein erstaunlicher Realismus ist auch der hervorstechende Zug der Skylla vom Typus Sperlonga.
Deshalb ist festzuhalten, daß die von fünf verschiedenen Betrachtern beschriebene oder zumindest erwähnte Skylla-Gruppe, die bis zum Jahre 1204 im Hippodrom von Konstantinopel öffentlich ausgestellt war, in so vielen Punkten mit der in Sperlonga gefundenen Marmorkopie einer hellenistischen Bronzegruppe übereinstimmt, daß man in jener das gesuchte Original vermuten darf. Da das Bronzewerk nachweislich eingeschmolzen wurde, kann man diese Hypothese natürlich nicht beweisen. Das ändert aber an dem

hier verfolgten Gedankengang wenig. Denn diese Hypothese bestätigt nur die unabhängig davon gefundenen Ergebnisse, sie verändert diese an keinem Punkt, ja sie ergänzt sie nur unwesentlich, da man alles, was man über die Skylla-Gruppe als Kunstwerk wissen möchte, ihr selbst ablesen muß. Die byzantinischen Schriftquellen bestätigen dagegen nur, daß es das Bronzeoriginal einer Skylla-Gruppe gegeben hat und welches sein Schicksal im Mittelalter gewesen ist.

Immerhin fügen sich alle von ganz verschiedenen Seiten zusammenfließenden Informationen zu einem erstaunlich einheitlichen Bild zusammen.

Das berechtigt dazu, nun mit der Untersuchung weiter auszugreifen und die Fragen zu stellen, wann das Kunstwerk geschaffen wurde, wo es aufgestellt war und welche Aussage es hatte. *Zeitbestimmung*

Diese drei Fragen müssen mit verschiedenen Methoden einzeln geprüft werden.

Zur Beantwortung der ersten Frage steht nur die Methode der stilistischen Einordnung durch den Vergleich mit datierten Bildwerken ähnlicher Eigenart zur Verfügung. Am einfachsten ist dieser Vergleich bei menschlichen Köpfen durchzuführen, von denen bei der Skylla-Gruppe ein älterer, nämlich der des Steuermanns, und ein jüngerer erhalten sind, nämlich der des fünften Gefährten, der in der Windung des rechten Fischschwanzes hängt. Die in der Formgebung ähnlichsten Köpfe des Altertums finden sich am Pergamon-Altar, den man ziemlich genau zwischen 180 und 160 v. Chr. datieren kann. Der Kopf des Steuermanns ist hier den stilistisch frühesten Gigantenköpfen am nächsten verwandt, wie die Nebeneinanderstellung zweier Fotos besser als alle Worte zeigen kann. Auch der jugendliche Kopf findet hier treffende Vergleichsbeispiele, wenn auch die kurzen, strähnigen Haare am Pergamon-Altar so nicht begegnen. Diese finden sich aber mit erstaunlicher stilistischer Ähnlichkeit beim Porträt Antiochos' III., das vor 187 v. Chr. entstanden sein dürfte, dem Todesjahr des dargestellten Königs. *Stil*

Abb. 16
Abb. 18

Abb. 60

Die Anbindung der Köpfe an den Stil des Pergamon-Altars findet ihre Bestätigung beim Vergleich der Skylla-Hunde mit den Kampfhunden, die Artemis, Hekate und Asteria begleiten und ebenfalls zu den frühen Partien der Altarreliefs gehören. Besonders hingewiesen sei darauf, daß am Pergamon-Altar ein Gigant dem Hund der Artemis in ganz ähnlicher Weise mit dem Zeigefinger das Auge *Abb. 61*

111

aussticht wie der fünfte Gefährte des Odysseus dem Hund der Skylla.

Sucht man des weiteren eine im inneren Aufbau, in der strukturellen Verspannung der Elemente und in der Rundansichtigkeit vergleichbare Skulpturengruppe, so stößt man auf eine wahrscheinlich gegen 197, jedenfalls aber vor 180 v. Chr. entstandene Fassung einer hellenistischen Bronzegruppe, in der Ptolemaios V. (210/5–180 v. Chr.) einen Barbaren niederringt.

Abb. 62

Das bestätigt den durch einen Stilvergleich von Einzelformen gefundenen Zeitansatz um 180 v. Chr. Es gibt natürlich noch eine große weitere Zahl vergleichbarer hellenistischer Skulpturen, aber sie sind nicht aus äußeren Kriterien datiert und führen deshalb bei der Zeitbestimmung nicht unbedingt weiter, hingegen wohl bei der zweiten Frage, nämlich bei derjenigen der Lokalisierung, der Zuweisung zu einem bestimmten Kunstkreis.

Lokalisierung
Abb. 63

Hier gibt es zum Glück einen schlagenden Hinweis in einem Kopffragment in Rhodos, das dem Steuermann von Sperlonga zum Verwechseln ähnlich ist. Vergleicht man weitere auf Rhodos gefundene Werke, so wird dieser Hinweis bestätigt. Von allen hellenistischen Kunstzentren hat Rhodos den größten Anspruch, der Ursprungsort der Skylla-Gruppe gewesen zu sein.

Zur Bestätigung kommt ein von subjektiver Stilbestimmung unabhängiges motivgeschichtliches Element zu Hilfe. Die rhodische Kunst zeichnet sich durch eine Vorliebe für großartige Schiffsmonumente aus. Das berühmteste ist die Nike von Samothrake aus der Zeit um 190 v. Chr., die wie die Skylla von Sperlonga in einem künstlichen Wasserbecken mitten in einer natürlichen Umgebung aufgestellt war. Bei ihr ist allerdings der Bug wiedergegeben.

Abb. 35

Abb. 25

Mit dem Schiffsheck von Sperlonga ist hingegen das Heck eines Schiffsreliefs auf der Akropolis von Lindos zu vergleichen, das ein gewisser Hagesandros zu Beginn des zweiten Jahrhunderts v. Chr. zur Erinnerung an einen Sieg über die Seeräuber anfertigen ließ. Dieses Schiff ist dem Schiff des Odysseus aus der Skylla-Gruppe so ähnlich, daß es ohne weiteres zur Ergänzung des in Sperlonga verlorenen Heckzierates herangezogen werden kann.

Abb. 23

Trihemiolia
Abb. 26

Die Klasse, zu der das Schiff auf dem Relief von Lindos gehört, kann man benennen. Es ist eine typische rhodische Trihemiolia. Trihemiolia heißt eigentlich Drei-Hälften-Schiff. Mit dieser sprechenden Bezeichnung einer bestimmten Schiffsform hat es fol-

▷

Abb. 35 Die Nike von Samothrake, ein der Skylla-Gruppe vergleichbares Staatsdenkmal der Republik Rhodos, feiert den Sieg der rhodischen Flotte über Antiochos III. in der Seeschlacht von Side 190 v. Chr.

gende Bewandtnis. Die Trihemiolia wurde aus einem Schiffstyp namens Hemiolia entwickelt, der, wie der Name andeutet, in jeder Schiffshälfte je eine Ruderreihe aufwies. Dieses Schiff war leicht, schnell und wendig und wurde deshalb gerne von Seeräubern benutzt. Zwischen den beiden Reihen von Ruderern, die an der Wandung auf der Steuer- und Backbordseite im Bauch des Schiffes saßen, hatte das Schiff noch Platz für die Ladung, während die kämpfende Mannschaft sich an Deck aufhielt.

Die Inselrepublik Rhodos lebte vom Seehandel, den sie mit allen Anrainern des östlichen Mittelmeerbeckens, mit dem ptolemäischen Ägypten, mit Kreta, Syrien und Kleinasien, den griechischen Inseln und dem Mutterland, aber auch mit den Kolonien Großgriechenlands, mit Karthago und mit dem römischen Italien trieb. Die zentrale Lage und günstige natürliche Häfen machten Rhodos zum idealen Umschlagplatz im Ost-West-Handel. Um diese Aktivität sicher ausführen zu können, mußte Rhodos den Seeraub, der im Gefolge der Auseinandersetzungen zwischen den Diadochen, den Nachfolgern Alexanders d. Gr., einen bedrohlichen Aufschwung genommen hatte, unter Kontrolle bringen. Überhaupt mußte es seine Seewege gegen Übergriffe sichern. Zu diesem Zweck baute der Inselstaat eine eigene schlagkräftige Marine auf, die nicht so sehr zum Angriff als zur Verteidigung ausgebildet war. Vor allem ging es darum, schneller und wendiger als die Piraten zu sein. Man entwickelte die Hemiolia, das mit zwei Ruderbänken bestückte Schiff, zur Trihemiolia weiter, indem man zwischen die beiden an der Wandung entlanglaufenden Ruderreihen eine dritte einfügte. Die Ruderer saßen hier etwas höher und die zehn vorderen konnten die auf der Steuerbordseite längeren Ruder verstärken, während die zehn näher beim Heck sitzenden Ruderer das gleiche auf der Backbordseite besorgen konnten. Ohne schwerer oder breiter und damit schwerfälliger zu sein, konnte dieses Schiff wesentlich schneller rudern, und es war unerhört wendig. In einem geschickten Manöver, bei dem die kürzeren Ruder gesenkt wurden, während die längeren Ruder vorn nach rechts und hinten nach links ruderten, konnte das Schiff aus der vollen Fahrt heraus stoppen, kehrtmachen und fliehen. Man konnte mit diesem Schiff scharf auf den Gegner zuhalten, vom Bug aus im letzten Moment „griechisches Feuer", das selbst unter Wasser weiterbrannte, in das gegnerische Schiff werfen, sofort kehrtmachen und sich in Sicherheit bringen. Die Trihemiolia

◁

Abb. 36 Der sogenannte „Farnesische Stier" ist eine römische Kopie der hellenistischen Dirke-Gruppe, die Asinius Pollio 42 v. Chr. von Rhodos nach Rom verschleppte. Das Original verherrlichte Eintracht und Mutterliebe der Attaliden.

wurde zum idealen Piratenjagdschiff, diente aber zu nichts anderem, weil sie keinen Platz für Ladung und Passagiere hatte.

Die Tatsache, daß das Schiff des Odysseus von Sperlonga einen solchen rhodischen Schiffstyp wiedergibt, bestätigt auf der einen Seite die Zuweisung des Kunstwerkes an Rhodos, sie führt aber auch zu einer weiteren Überlegung.

Piratenjagd Ein Zeitgenosse, der Odysseus hier auf einem Piratenjagdschiff sah, mußte sich an seine Schullektüre erinnern, als er nicht nur die Odyssee gelesen hatte, sondern auch die rationalistische Mythenerklärung eines Aristotelesschülers, der sich den sprechenden Namen Palaiphatos, das heißt soviel wie „Altschwätzer", beigelegt hatte. In seinem Buch über die alten Mythen mit dem Titel „Peri apiston" d.h. „Über Unglaubwürdiges" bot er auch eine natürliche Erklärung des Märchens von Skylla an, die folgendermaßen lautet:

„Von Skylla heißt es, daß sie ein Untier im Tyrrhenischen Meer war, frauengestaltig bis zum Nabel, von dort an wuchsen Hundeköpfe, der übrige Körper war der eines Kriechtieres. An ein solches Wesen zu glauben, verrät viel Gutgläubigkeit. Die Wahrheit ist vielmehr diese: Es gab da etruskische Schiffe, die Seeräuberei trieben in der Umgebung Siziliens und im Jonischen Meerbusen. Darunter war damals ein schneller Dreiruderer, Skylla mit Namen, und das war auf dem Bug geschrieben. Dieser Dreiruderer schnappte die anderen Schiffe und fraß sich den Bauch voll, und man sprach viel davon. Diesem Schiff entkam Odysseus mit Hilfe eines günstigen starken Windes. Er erzählte aber auf Kerkyra dem Alkinoos, wie er verfolgt worden und dem Anblick des Schiffes entkommen war. Daraus entwickelte sich der Mythos."

Rationalistische Mythenerklärung Es ist wichtig zu betonen, daß Palaiphatos, den heute kaum noch jemand kennt, in hellenistischer Zeit ein in der Schule gelesener Autor war. Diesem Umstand verdankt er es, daß seine Schrift „Über Unglaubwürdiges", die keinen besonderen literarischen Rang hat, überhaupt erhalten blieb. Sie wurde aber bis heute nicht in eine moderne Sprache übersetzt und ist auch unter Fachleuten mehr oder weniger unbekannt. Im Zusammenhang mit der Skylla-Gruppe gewinnt sie jedoch besonderes Interesse, sie lehrt nämlich, welche Assoziation der Anblick einer Skylla-Gruppe und besonders derjenige des Odysseus auf einem rhodischen Piratenjagdschiff bei einem zeitgenössischen Betrachter auslösen mußte: Er

dachte bei Skylla an Piraten. Damit ist schon die dritte Frage angeschnitten, welches die Aussage der Skylla-Gruppe sein sollte.
Um diese Frage beantworten zu können, muß man sie in die Fragen zerlegen, wer der Auftraggeber und welches die Zielgruppe des Monumentes gewesen sein könnten.

Eine so gewaltige Bronzeskulptur konnte in Rhodos in der Zeit um 180 v. Chr. nur ein öffentlicher Auftrag und keinesfalls eine private Weihung sein. Wie diese aussahen, ist von den zahlreichen in den rhodischen Heiligtümern gefundenen Statuetten und Kleinplastiken zur Genüge bekannt. Rhodos war eine Republik und die öffentlichen Organe wachten darüber, daß niemand sich zu bedrohlicher Größe erhob. Des weiteren ist gewiß, daß die bronzene Skylla-Gruppe nicht einfach eine plastische Mythen-Illustration war. Alle in griechischen Heiligtümern oder an öffentlichen Plätzen aufgestellten Monumente waren entweder Weihungen an die Götter oder Denkmale eines politischen Willens, der allerdings meistens auch in eine sakrale Form gekleidet wurde. Es ist noch nicht bei allen antiken Figuren-Gruppen eindeutig geklärt, welchen politisch-historischen Sinn sie hatten, aber es gibt nicht einen einzigen nachweislichen Fall, bei dem eine beabsichtigte Sinngebung auszuschließen wäre. Odysseus wird nicht zur Illustration der Dichtung, sondern als Beispiel vor Augen gestellt.

Auftraggeber und Zielgruppe

Wir wagen daher den Schluß, daß die bronzene Skylla-Gruppe von der Inselrepublik Rhodos als Denkmal für die Erfolge, aber auch für die Opfer im Seeräuberkrieg in Auftrag gegeben wurde. Bei der Lage der Dinge wird sich dies nicht leicht beweisen lassen. Man kann nur Argumente anführen und nach dem neueren Wissenschaftsverständnis dazu auffordern, entweder die Hypothese zu akzeptieren oder die angeführten Argumente durch bessere zu ersetzen und die Hypothese dadurch zu falsifizieren. Bis dahin hat diese Hypothese ihre Berechtigung, weil sie den historischen Hintergrund aufzeigt, vor dem eine Originalbronzegruppe, wie sie aus der Marmorkopie in Sperlonga und aus der bildlichen und schriftlichen Überlieferung zu erschließen ist, überhaupt erst verständlich wird.

Denkmal des Seeräuberkriegs

Auf der Insel Rhodos mit ihrem milden Klima und der üppigen Vegetation wurde im Laufe des Hellenismus eine besondere, noch heute die Lebensqualität der Insel erhöhende Form der öffentlich zugänglichen Parklandschaft entwickelt, welche im Grunde die Voraussetzung für die Schöpfung und Aufstellung einer plasti-

Rhodos

schen Gruppe von der Art der Skylla von Sperlonga ist. Abgesehen von den klimatischen Bedingungen spielten hier zweifellos auch politisch-soziologische Verhältnisse eine Rolle.

Rhodos war der einzige hellenistische Territorialstaat, der eine republikanische Verfassung hatte. Außer in Athen mit seiner alten Demokratie gab es keinen Staat, in dem die Bürger soviel direkten Anteil am öffentlichen Leben hatten. Der Geograph Strabo (14, 2, 5) erklärte zur Zeit des Kaisers Augustus, Rhodos zeichne sich durch fünf Häfen, seine Straßen, Mauern und die übrige Ausstattung so sehr vor allen übrigen Städten aus, daß er keine andere ihr auch nur gleichende, geschweige denn sie übertreffende zu nennen wisse. Außergewöhnlich war zum Beispiel, daß die Stadt den Armen ein Lebensminimum garantierte und keiner hungern mußte. Eine öffentliche Arbeitsvermittlung verschaffte Arbeit, wobei besonders die handwerkliche, technische und seemännische Tätigkeit hoch geachtet waren, auch wenn die Rhodier ihren Reichtum vor allem durch den Handel und die Hafenzölle gewannen.

Den Überschuß an Reichtum verwendeten die Rhodier seit jeher zur Verschönerung ihrer Stadt. Von der Pracht und Fülle der Statuen auf den ebenen Plätzen und in den Hainen, an denen Rhodos nach der 43. Rede des Aelius Aristides reich war, kann man sich, selbst aufgrund der zahlreichen erhaltenen Skulpturen, schwerlich eine Vorstellung machen. Plinius berichtet, außer dem berühmten und noch in Trümmern bestaunten Koloß beim Helios-Tempel habe es auf Rhodos noch hundert, das heißt unzählige andere kleinere Kolosse gegeben, von denen ein jeder auch für sich genommen jedweden anderen Ort berühmt gemacht hätte. Unter diesen kolossalen Bronzestatuen könnte auch die Bronzegruppe der Skylla gewesen sein, die bald nach der Zeitenwende für Kaiser Tiberius kopiert wurde.

Reichtum an Statuengruppen

Allerdings war Rhodos im Jahre 42 v. Chr., im Bürgerkrieg zwischen den Mördern und Rächern Caesars, von Cassius schamlos ausgeplündert worden. Damals wurde auch die Marmorgruppe der Bestrafung Dirkes (im Typus des sogenannten Farnesischen Stieres) von einem Parteigänger der Caesarmörder, Asinius Pollio, der später zu Augustus überging, nach Rom gebracht. Aber, daß Cassius alle Kunstwerke von Wert aus der Stadt weggeschleppt hätte, muß stark übertrieben sein; denn als Nero im Jahre 67 n. Chr. aus Griechenland und Kleinasien viele Statuen nach Rom entführen ließ, nahm er Rhodos von diesem organisierten Kunstraub ausdrücklich aus. Er hat offenbar durch den Konsul des Jahres 67, Mucinianus, ein Verzeichnis der auf der Insel noch vorhandenen Bildwerke anfertigen lassen, auf das Plinius (NH 34, 36) sich zu beziehen scheint. Darin sollen nicht weniger als dreiundsiebzigtausend Bildwerke verzeichnet gewesen sein, und zwar ebenso viele wie in Athen, Delphi und Olympia zusammengenommen. Auch wenn man mit den nackten Zahlen wenig anfangen kann, so ist doch sicher, daß Rhodos damals immer noch überreich an Statuen war. Das Besondere war, daß die Bildwerke hier nicht nur die Heiligtümer und öffentlichen Plätze füllten, sondern auch die parkartig ausgestaltete Natur belebten, in der sich die Bürger der Stadt ergehen durften. Am Hang der Akropolis von Rhodos gibt es große Höhlen, in denen nicht anders als in der Grotte von Sperlonga noch die Standspuren von Figurengruppen auszumachen sind. Auch wenn man einen möglichen Aufstellungsort der Skylla-Gruppe nicht mehr bezeichnen kann, so sind doch in Rhodos wie an keinem anderen Ort der hellenistischen Welt die Voraussetzungen für die Aufstellung einer der Marmorgruppe von Sperlonga entsprechenden Bronzegruppe gegeben.

Als zusätzliches Argument könnte man die Herkunft der Kopisten Athanadoros, Hagesandros und Polydoros aus Rhodos heranziehen, doch hier stößt man auf das Problem, das durch die widersprüchlichen Ergebnisse der Sperlongaforschung evident geworden ist. Es ist nämlich unwahrscheinlich, daß die Originale aller in Sperlonga kopierten Skulpturen-Gruppen aus Rhodos stammen. Von der Pasquino-Gruppe nimmt die Forschung an, daß sie in Pergamon aufgestellt war. Die Palladionraub-Gruppe zeigt attische Stilzüge. Über einen möglichen Aufstellungsort der Polyphem-Gruppe gibt es noch nicht einmal Vermutungen. Wo schließlich die Laokoon-Gruppe gestanden hat, ist die eigentliche Frage dieses Buches, die nicht durch einen voreiligen Schluß präjudiziert werden darf.
Es ist deshalb methodisch geraten, davon auszugehen, daß die Kopisten, die im Auftrag des Tiberius die Grotte in Sperlonga mit Kopien berühmter Bildwerke unter einem einheitlichen Gesichtspunkt auszuschmücken hatten, sich ihre Vorbilder von verschiedenen Stellen zusammensuchten. Nur die Skylla-Gruppe ist offenbar als Schöpfung schon aufs engste mit Rhodos verbunden gewesen.

Herkunft der Kopisten

Sie sollte das Zentrum der Gruppen-Komposition im Naturtheater von Sperlonga werden, und die Art, wie sie in Rhodos aufgestellt war, könnte Tiberius bei seinem langjährigen Aufenthalt auf der Insel die Anregung zu der Ausstattung seiner Villa am Meer gegeben haben, in der Odysseus zum exemplum virtutis wurde.

Wenn das Argument, daß die Kopisten der Laokoon-Gruppe aus Rhodos stammen, für den Aufstellungsort des Urbildes keine Aussagekraft hat, muß man in genereller Weise prüfen, ob Rhodos überhaupt als Aufstellungsort der Laokoon-Gruppe in Frage kommt.

Diese Frage ist eng mit der Frage nach der ursprünglichen Bedeutung der Skylla-Gruppe verknüpft, die immerhin von den gleichen Kopisten in Marmor nachgebildet wurde. Deshalb empfiehlt es sich, zunächst das Problem der Skylla-Gruppe gesondert weiterzuverfolgen und dabei die Frage nach dem historisch-politischen Hintergrund der Gruppen-Schöpfungen zu vertiefen, wobei besonderes Augenmerk darauf zu richten ist, ob der Hintergrund der Skylla-Gruppe und der Laokoon-Gruppe auch im örtlichen Sinn der gleiche gewesen sein könnte. Man darf hier vorwegnehmen, daß dies wegen des an Troja gebundenen Inhalts der Laokoon-Gruppe nicht der Fall war. Diese hatte nur an einem Ort Sinn, an dem die Troja-Legende lebendig war, und das kann man von Rhodos nicht behaupten.

Sperlonga und Rhodos

Doch zunächst zurück zur Skylla-Gruppe, bei deren erschlossenem Bronzeoriginal und bei deren erhaltener Marmorkopie Auftraggeber und Zielgruppe jeweils grundverschieden waren. Hier der Damos, das von seinen Wahlbeamten regierte Volk von Rhodos, das durch einen als Symbol verstandenen Mythos an die sein Wohlergehen bedrohenden Gefahren erinnert wurde, dort ein Monarch, der sich und seinen Gästen beim Tafeln das gewaltige Spektakel der Heldentaten und Abenteuer des möglicherweise als Vorfahr, gewiß aber als Vorbild hingestellten Odysseus vor Augen führte im Sinne der berühmten Verse des augusteischen Dichters Horaz im Brief an Lollius:

Auch, was Mut und Klugheit vermögen, hat uns der Dichter
Beispielhaft vor Augen gestellt im Helden Odysseus.

Zweifellos hat die Vorbildlichkeit des Odysseus, die auch in der hellenistischen Dichtung, zum Beispiel von Lykophron, herausgestellt wurde, bei der Wahl des Themas für das vermutete Staatsdenkmal eine Rolle gespielt, durch das die Rhodier auf die Gefahren und Opfer, aber auch auf die Erfolge im Kampf gegen die Seeräuber öffentlich hinweisen wollten. Man glaubt dies der besonderen Form der Skylla-Gruppe entnehmen zu können, in der Odysseus nicht als hoffnungslos Unterlegener und vor der Übermacht Skyllas Fliehender, sondern als sieghafter Held erscheint, der in einem kühnen Manöver zwischen Skylla und Charybdis hindurchsegelt und bewußt das Opfer von sechs seiner Gefährten hinnimmt, um die ganze Mannschaft und das Schiff zu retten. Sieht man die Gruppe so, dann kann einem die Vergleichsmöglichkeit dieses mythischen Ereignisses mit der historischen Situation von Rhodos zur Zeit, in die man die Erfindung der Skylla-Gruppe von Sperlonga datieren muß, nicht verborgen bleiben.

Die neue Hauptstadt der Insel war durch gemeinsamen Beschluß der alten Städte Jalysos, Lindos und Kameiros im Jahre 408/7 v. Chr. gegründet worden. Im Gegensatz zu der Rivalität, die sonst zwischen griechischen Städten herrschte, einte die neue, „schon bald mit mythischem Glanz umgebene Hauptstadt" den Inselstaat, der als ausgezeichneter Umschlagplatz nach allen Himmelsrichtungen zu einem der wichtigsten Handelsstaaten der hellenistischen Welt wurde, in ihr aber immer eine Sonderrolle gespielt hat. Aus seiner dorischen Tradition heraus blieb der Staat wehrhaft und verfügte über ein Bürgerheer, als es anderswo fast nur noch Söldnerheere gab. In der Kriegsmarine saßen keine Galeerensklaven, sondern Bürger auf den Ruderbänken.

Historische Situation

Die geopolitische Lage von Rhodos gleichsam im Mittelpunkt des Kräfteparallelogramms Griechenland, Makedonien, des Seleukidenreiches und des ptolemäischen Ägypten machte es zu einem wichtigen Bündnispartner der kleineren, zwischen den Diadochenstaaten angesiedelten politischen Gebilde und, aufgrund der großen diplomatischen Erfahrungen, die sich bei den rhodischen Mandatsträgern angesammelt hatten, zu einem Vermittler in Streitfällen zwischen den ringsum liegenden Staaten.

Das labile Gleichgewicht, in dem sich die Diadochenstaaten im dritten Jahrhundert befanden, wurde gegen Ende dieses Jahrhunderts von nahezu allen Seiten in Frage gestellt. Während im Süden das ptolemäische Ägypten in innerer Schwäche versank, wuchs in Vorderasien Pergamon unter den Attaliden zur bedeutendsten Macht an der östlichen Ägäis heran. Das rief Makedonien und die Seleukiden von Syrien auf den Plan. Besonders die aggressive Expansionspolitik des Makedonenkönigs Philipp V., des siebenten

Labiles Gleichgewicht

legitimen Nachfolgers Alexanders d. Gr., führte, nachdem Philipp sich am Hellespont festgesetzt hatte, und nach der Annexion der Inseln Andros, Paros, Kythera und Samos zu einer Bedrohung von Pergamon und Rhodos, der diese Staaten im Jahre 201 durch eine Koalition mit dem im westlichen Mittelmeer aufstrebenden Staate von Rom begegneten. Damit war Rom in die weltpolitische Auseinandersetzung im östlichen Mittelmeergebiet hineingezogen, die erst mit dem Untergange aller Diadochenstaaten und mit der Eingliederung auch von Pergamon und Rhodos in den römischen Staatenverband ihr Ende finden sollte.

Rhodos hat dabei am längsten seine Freiheit und Integrität bewahrt, und doch liest sich auch die Geschichte der politischen Beziehungen von Rhodos zu Rom seit der ersten Berührung bis zum Aufgehen des Inselstaates im römischen Weltreich wie eine griechische Tragödie.

Die Fallhöhe In der ersten Phase der Freundschaftsbegründung, die schon seit dem Ende des vierten Jahrhunderts vorbereitet wurde, erreicht Rhodos die Fallhöhe. Die Beziehungen von Rhodos und Rom sollten sich nach einem Jahrhundert außerordentlich verdichten, als Hannibal im Zweiten Punischen Krieg nach seinem unentschiedenen Angriff auf Rom im Jahre 215 mit Philipp V. von Makedonien ein gegen die Römer gerichtetes Bündnis schloß. Daraus entstand eine Folge von drei Kriegen mit Makedonien. In diese wurden notwendig auch andere hellenistische Staaten und vor allem Pergamon und Rhodos hineingezogen, die sich im hellenistischen Mächtesystem nur durch Anlehnung an Rom halten konnten.

Hannibal wird indessen in der Schlacht von Zama 202 mit der von ihm selbst entwickelten Umfassungstaktik durch Publius Cornelius Scipio besiegt, der daraufhin den Ruhmesnamen Africanus erhält. Hannibal begibt sich in den Osten, wird 195 am Hof Antiochos' III. von Syrien aufgenommen und agitiert von dort aus ständig gegen Rom, dessen Aufstieg zur Weltmacht er in letzter Stunde vergeblich zu hemmen versucht. Als Prusias I. von Bithynien, bei dem er nach dem Tode Antiochos' III. Zuflucht gefunden hatte, ihn den Römern ausliefern muß, gibt er sich 183 v. Chr. selbst den Tod. Die Aufrichtung der römischen Weltherrschaft war unwiderruflich geworden.

Pergamon und Rhodos Schrittmacher Roms Die Schrittmacher Roms im Osten waren, durchaus nicht immer aus freien Stücken, Pergamon und Rhodos. Die Tragik von Rhodos lag darin, daß es seine Rolle als Vermittler in den Kriegen, in denen Griechen sich um fremder Völker willen zerfleischten, auch dann noch zu spielen versuchte, als die Macht der Römer schon so groß geworden war, daß ihnen die im Gefolge ihres eigenen Machtzuwachses ebenfalls groß gewordene Republik Rhodos lästig wurde.

Den Weg dahin bezeichnen wie Marksteine der Geschichte die Schlachten von Kynoskephalai in Nordgriechenland, wo im Jahre 197 v. Chr. Philipp V. von Makedonien besiegt wurde, und die Schlacht bei Magnesia am Sipylos von 190 v. Chr., wo Lucius Cornelius Scipio, der Bruder des Africanus, Antiochos III. die vernichtende Niederlage beibrachte, wofür er den Ehrennamen Asiaticus erhielt. An beiden Schlachten hatten die Pergamener unter Eumenes II. auf seiten der Römer entscheidenden Anteil genommen, und die Rhodier hatten die Operationen von See her unterstützt.

Im Frieden von Apameia 188 v. Chr. werden Pergamon und Rhodos für ihre Dienste belohnt. Pergamon erhält fast das ganze vordere Kleinasien, Rhodos Karien und Lykien, das heißt die Landschaften auf dem Festland gegenüber der Insel. Rhodos kommt damit auf den Höhepunkt seiner territorialen Ausdehnung und Macht. Seit dem 1. Jahrzehnt des 2. Jahrhunderts treten die Rhodier in den Berichten über die politischen Verhandlungen im griechischen Osten als gleichberechtigte Partner neben Römern und Pergamenern auf und werden sogleich nach dem König von Pergamon genannt.

Doch dieser Bund trug den Keim des Verderbens in sich. Die zunehmende Macht des Inselstaates machte den König von Pergamon neidisch und störte die eigenen wirtschaftlichen Ambitionen der Italiker. Deswegen fand Eumenes II. in Rom offene Ohren, als er davor warnte, Rhodos zu groß werden zu lassen. Rhodos mußte erkennen, daß es nach der von ihm selbst ermöglichten Ausschaltung des Seleukidenreiches als einzigem Machtfaktor, der noch ein Gegengewicht hätte sein können, von Roms Gnaden abhängig wurde. Hannibal widmete den Rhodiern eine Denkschrift über die Untaten der Römer in Kleinasien. Das ließ in Rhodos die Einsicht dämmern, wie gefährlich ein Bund mit den Römern sein konnte. In Rhodos bildete sich eine romfeindliche Partei, welche das allmähliche Wiedererstarken der Unterlegenen von Kynoskephalai und Magnesia, das heißt Makedoniens und Syriens, mit Wohlwol-

Keim des Verderbens

len verfolgte. Da diese beiden Staaten die Ägäis nicht befahren durften, bot eine rhodische Flotte sich an, die Braut von Syrien nach Makedonien zu bringen, als der junge Makedonenkönig Perseus eine politische Ehe mit der Tochter des syrischen Königs, Antiochos IV., einging. Das schürte das Mißtrauen Roms, und Eumenes II. tat ein übriges, um die Römer vor der neuen Gefahr zu warnen, die von einer Koalition zwischen Syrien, Rhodos und Perseus von Makedonien ausgehen mußte. Eumenes trieb diesen Sohn Philipps V. schließlich in einen neuen Krieg mit Rom, den Dritten Makedonischen, in dessen Verlauf der König von Pergamon jedoch eigene Ziele verfolgte, die auch ihn den Römern verdächtig machten.

Spiel der Kräfte In diesem verwickelten Spiel der Kräfte, das in jedem Fall negativ für Rhodos auszugehen drohte, dachten die Rhodier daran, daß sie früher schon oft mit Erfolg als Vermittler aufgetreten waren. Auch von den kriegführenden Parteien wurden sie schmeichlerisch daran erinnert, daß sie sich durch ihre traditionelle Vermittlungspolitik bei anderen Gelegenheiten Achtung erworben hatten. Während die Römer sich schon zur Entscheidungsschlacht vorbereiteten, schickten die Rhodier tatsächlich Gesandtschaften nach Rom und Makedonien, um eine Friedensvermittlung zu unterbreiten. Doch als die Gesandten ankamen, war das Schicksal Makedoniens schon entschieden. Der letzte Makedonenkönig Perseus war am 22. Juni 168 in der Schlacht von Pydna besiegt worden und nach Samothrake geflohen. Er wurde gefangengenommen und im Triumph nach Rom geführt. 165 starb er als Verbannter in Alba Fucens, einem Bergstädtchen in Mittelitalien.

Der Sturz Die Gesandtschaften machten auf die siegreichen Römer den Eindruck, als hätten sie ihnen in den Rücken fallen wollen. Es bildete sich eine Partei in Rom, die darauf drang, Rhodos durch einen Krieg für ihren zur Unzeit vorgebrachten Vermittlungsversuch zu bestrafen. So weit wollte zwar der Senat nicht gehen, doch die Maßnahmen, die man ergriff, trafen Rhodos kaum weniger hart, und sie nützten den Römern, ohne daß diese sich der Mühe eines neuen Krieges unterziehen mußten. Rom gab den Ländern Karien und Lykien, die Rhodos nach dem Krieg gegen Antiochos zugefallen waren, die Freiheit. Die Insel wurde auf sich selbst zurückgeworfen. Rom hatte ihr mit seinem Wohlwollen auch die Sicherheit und den für einen Handelsstaat notwendigen Kredit entzogen. Noch schwerer traf Rhodos eine scheinbar sehr einfache Verfügung. Die Insel Delos im Mittelpunkt der Ägäis wurde von den Römern zum Freihafen erklärt. Sofort flossen die wirtschaftlichen Ströme im östlichen Mittelmeerbecken nicht mehr wie bisher über Rhodos, sondern sie verlagerten sich nach Delos. Das kam vor allen Dingen den Italikern zugute, die auf der Insel schon zahlreiche Kontore eingerichtet hatten.

Die Römer waren nicht unglücklich darüber, den Rhodiern gram sein zu dürfen. So konnten sie ohne Rechtsbedenken ihren eigenen wirtschaftlichen Wünschen nachgehen und Rhodos als Konkurrenten wenn schon nicht ausschalten, was auch negative Rückwirkungen hätte haben können, so doch kleinhalten. Die Wirkung war so verheerend, daß der Staat von Rhodos innerhalb weniger Jahre 85% seiner Einnahmen verlor. Um überhaupt wieder Kredit bei den anderen Staaten zu bekommen, mußte Rhodos um ein Bündnis mit Rom betteln, das ihm 164 v.Chr. zu ungleichen Bedingungen gewährt wurde. War Rhodos früher im Auftrag einer Liga der Inseln und Anrainerstaaten der Ägäis die Aufgabe der Meerespolizei zugefallen, so mußten die Rhodier sich, in den Jahren 155–153 v.Chr., in einem Krieg gegen die kretischen Seeräuberstaaten schließlich an den Senat um Hilfe wenden, weil ihre Kräfte allein gegen die Kreter nicht ausreichten. Die Römer erledigten die Sache durch ein Machtwort.

Bündnis zu ungleichen Bedingungen

147 v.Chr. wurden die Rhodier von den Römern zur Teilnahme am Krieg gegen Karthago gezwungen und mußten im Jahr darauf Scipio Aemilianus die Hand dazu reichen, einen ihrer ältesten und besten Handelspartner zu vernichten.

In diesen Jahren der tiefsten Demütigung erwuchs der Insel Rhodos unverhofft eine neue Macht auf geistigem Gebiet. Im Jahr 189 war auf der Insel Panaitios von Lindos geboren worden. Dieser große stoische Philosoph fand für das rhodisch-römische Verhältnis eine höhere Ebene als die politisch-wirtschaftliche. Sein Werk „Über das richtige Handeln" ist eine unmittelbar für das praktische Leben verfaßte Ethik, die Wesentliches zur Entwicklung jener eigentümlich römischen, weltoffenen Humanitas und jenes stoischen Pflichtbewußtseins beigetragen hat, das dem Begriff der Römertugenden zugrunde liegt.

Geistige Macht

Mit dem Historiker Polybios gehörte Panaitios, dieser große Lehrer, dem Kreise um Scipio Aemilianus an, in dem ein Ausgleich zwischen römischen Machtinteressen und kulturellem Philhellenismus gefunden wurde. Es war zweifellos auch der Einfluß von

Panaitios

123

Panaitios, wenn der Eroberer von Karthago auf den rauchenden Trümmern der von ihm zerstörten Stadt sich an den Untergang Trojas erinnerte und voraussah, daß auch Rom einst das gleiche Schicksal ereilen werde.

Panaitios begründete die Weltgeltung der rhodischen Philosophenschule, die seine Schüler Poseidonios von Apameia und Stratokles von Rhodos auf den Höhepunkt führten. Rhodos wurde nun zur Hohen Schule der Alten Welt, wo Persönlichkeiten wie Pompeius, Cicero, Hortensius und Caesar ihre Bildung bezogen. Damals wurde die Tradition begründet, die noch Tiberius von 6 v.–2 n. Chr., siebzig Jahre nach der Studienzeit Caesars in Rhodos (76–73 v. Chr.), auf die nun stille, schöne Insel führte. Natürlich entstand diese Geistesblüte nicht von ungefähr, sondern hatte tiefe Wurzeln im Geistesleben der Inselrepublik. Der berühmte attische Redner Aischines soll die rhodische Rhetorenschule schon im 4. Jahrhundert v. Chr. begründet haben.

In hellenistischer Zeit besann man sich darauf, daß der archaische Dichter des Epos von Herakles aus Rhodos stammte, Peisandros von Kameiros. Man zählte ihn neben Homer, Hesiod, Arktinos und Panyassis zu den fünf Klassikern des Epos und errichtete ihm in Rhodos ein Denkmal, dessen Aufschrift der größte bukolische Dichter des Hellenismus, Theokrit von Syrakus (1. Hälfte des 3. Jahrhunderts v. Chr.), verfaßte.

Apollonios 246/5 v. Chr. übersiedelte Apollonios, der berühmte Bibliothekar der größten Bibliothek des Altertums, des Museions in Alexandria, nach Rhodos und erhielt, obwohl in der Hauptstadt des ptolemäischen Reiches geboren, den Ehrennamen Rhodios. In Rhodos vollendete er das umfangreichste hellenistische Epos, die Argonautensage, in dem er als erster die homerische Formelsprache überwindet. Besonders interessant ist, daß Apollonios Rhodios seine Argonauten auch an den Schauplätzen der Odyssee vorbeifahren läßt und sich dabei um sorgfältige Variation gegenüber Homer bemüht. Man erkennt ein vollkommen neues Verhältnis zu den alten Mythen, das eine der Voraussetzungen der Mythologeme von Lykophron und der bildlichen Gestaltung der homerischen Mythen in den großen hellenistischen Skulpturen-Gruppen ist.

Hipparchos Doch nicht nur Dichter, Philosophen und Künstler waren in Rho-

dos heimisch und gaben der Insel als kulturellem Mittelpunkt eine weit über ihre politisch-wirtschaftliche Geltung hinausreichende Bedeutung. Auf Rhodos gab es des weiteren hervorragende Architekten für Tempel, öffentliche Bauten und Befestigungsanlagen sowie Ingenieure, welche zum Beispiel eine musterhafte Wasserversorgung mit Kanälen, Wasserleitungen, Zisternen, Sammelbecken und kunstvoll ausgestalteten Nymphäen aufbauten. Aber auch anerkannte Juristen, die dem rhodischen Seerecht Weltgeltung verschafften, und alle mit der Seefahrt in Zusammenhang stehenden Naturwissenschaften, vor allem Mathematik, Geographie und Astronomie, wurden auf Rhodos gefördert. Einer der größten Astronomen des Altertums, Hipparchos, der gegen 190 v.Chr. in Nikaia in Bithynien geboren wurde, hat, wie die moderne Astronomie nachweisen konnte, zwischen 161 und 127 v.Chr. Beobachtungen an bestimmten Bewegungen der Himmelskörper gemacht, die sehr genau für die Breite von Rhodos berechnet sind. Man war übereingekommen, „den Nullmeridian über Rhodos zu führen und den durch Rhodos gehenden Breitenkreis den Kartennetzen für nautische und geographische Zwecke zugrundezulegen". Ob diese Übereinkunft auf das Wirken des Hipparchos von Nikaia zurückgeht, ist ungewiß. Sicher ist, daß Hipparchos der Schöpfer der Trigonometrie war, mit deren Hilfe erst exakte Land- und Seekarten angefertigt werden konnten, und daß er den ersten Fixsternkatalog in Ekliptikkoordinaten zusammengestellt hat. Das heißt, er hat den Ekliptikgraden die für Rhodos (heute 36°) zugleich auf- und untergehenden Fixsterne, insgesamt nicht weniger als 850, zugeordnet. Diese genaue Himmelskarte soll er nach Plinius angefertigt haben, weil zu seiner Zeit ein neuer Stern aufgetreten war und er wissen wollte, ob dies öfter der Fall sei. Plinius war römischer Flottenadmiral und als solcher mit seemännischen Positionsbestimmungen vertraut, die sich nach den Sternen richten. Er wußte, daß Hipparchos ein, wie er sich ausdrückte, selbst für die Gottheit verwegenes Unternehmen gewagt hatte, nämlich für die Nachwelt die Sterne zu zählen. Er habe damit „allen Menschen den Himmel als Erbe hinterlassen, wenn nur einer sich fände, dieses Vermächtnis anzutreten".
Dieses Zitat zeigt die Wertschätzung, die der rhodische Astronom Hipparchos von Nikaia genoß, es zeigt ebenso die besondere Geistigkeit des Admirals Plinius, der im vorletzten Buch seiner Naturgeschichte auch den Laokoon so hoch loben sollte.

Das Monstrum und der Astronom

Hipparchos von Nikaia hatte darüber hinaus offenbar eine ganz besondere Beziehung zu der Skylla-Gruppe, die als öffentliches Staatsdenkmal auf der Insel Rhodos stand, wo der Astronom heimisch geworden war. Er hat nämlich in einem bis auf wenige Sätze verlorenen Buch „Über die durch ihr Gewicht zu Boden gerissenen Körper" einen Bewegungsvorgang beschrieben, welcher der komplizierten Bewegung des Steuermanns in der Skylla-Gruppe ziemlich genau entspricht. Aufgrund des Bewegungsimpulses, den ihm das schnell dahingleitende Schiff mitgeteilt hat, fliegen diesem die Beine in die Luft, während der vom Halse abwärts nach unten durchgebogene Leib schon auf die Schwerkraft reagiert, die ihn nach unten zieht.

Diesen Augenblick, in dem die Kräfte des Bewegungsimpulses aufgezehrt sind und die Erdanziehungskraft die Trägheit des noch mit der Geschwindigkeit des Schiffes bewegten Körpers überwindet, hat Hipparchos mit folgenden Worten beschrieben, die man ohne weiteres als systematische Beschreibung des vom Künstler festgehaltenen Augenblicks verstehen kann: „Hipparchos erklärt in seinem Buch über die durch ihr Gewicht zu Boden bewegten Körper, daß die Ursache für die Bewegung eines Gegenstandes, der nach oben geworfen wird, die Wurfkraft ist, solange diese Kraft stärker ist als die des geworfenen Körpers. Je stärker diese Kraft ist, desto schneller wird das Getragene nach oben bewegt, doch wenn sie abnimmt, dann wird es zuerst nicht mehr mit der gleichen Geschwindigkeit nach oben bewegt, schließlich wird der Körper nach unten bewegt, indem er die natürliche Neigung benutzt, wobei allerdings die nach oben sendende Kraft irgendwie noch erhalten bleibt, schließlich aber, wenn diese schwächer wird, bewegt sich das Fallende immer schneller und am schnellsten, wenn jene endlich verschwindet."

Man möchte annehmen, daß der Astronom, der mit offenen Augen durch die Welt ging, das große kurz vor seiner Ankunft auf der Insel in Rhodos aufgestellte Staatsdenkmal zu wiederholten Malen sah und über die Gesetzmäßigkeit dieses gleichsam vom Künstler festgehaltenen physikalischen Experimentes nachgedacht hat. Es ist eine bekannte historische Tatsache, daß es nicht selten Künstler waren, die das Unvordenkliche geschaut und Naturwissenschaften und Technik zur Lösung der von ihnen anschaulich gestellten Probleme angeregt haben. Der bekannteste solche Künstler ist Leonardo da Vinci. Doch auch der namentlich unbekannte Schöpfer der Skylla-Gruppe von Rhodos, die von den Laokoon-Bildhauern in Sperlonga kopiert wurde, gehört offenbar in diese Reihe.

Seine gewaltige Skulpturen-Gruppe scheint dem Astronomen Hipparchos die Anregung zu jener fundamentalen Entdeckung gegeben zu haben, daß ein Körper durch einen Impuls, das heißt durch eine unmittelbar auf ihn übertragene und in ihm aufgespeicherte Kraft in Bewegung versetzt und darin gehalten wird, bis die Schwerkraft überwiegt. Da die Theorie vom Impetus der Lehre des Aristoteles widersprach, wonach die Luft oder der Äther die Bewegung fortpflanzt, konnte sich die richtige Theorie vom Impetus als vektorielle Größe nicht durchsetzen, sondern wurde erst im 14. Jahrhundert von Buridan wieder aufgenommen und von Galilei, Leibniz und Newton vollendet. Am Beginn dieser großen Kette der Entdeckungen zum Trägheitsgesetz und zur Gravitation aber scheint die Skylla-Gruppe zu stehen, die in Sperlonga kopiert wurde.

Nicht nur die lobende Erwähnung des auf solche Weise mit der Skylla-Gruppe von Sperlonga verbundenen Hipparchos durch Plinius, sondern zahllose weitere Belege zeigen, daß die besondere Kulturwelt der Insel Rhodos den Römern ein Begriff war. Nach dem tiefen Sturz im Jahre 168 v. Chr., der ihre politisch-wirtschaftliche Blüte knickte, erlebte die Insel eine ganz neue kulturelle Blüte, die entscheidenden Einfluß auf die Römer als Kulturnation nehmen sollte.

Der Hintergrund

Betrachtet man vor diesem Hintergrund die Skylla-Gruppe, von der Kaiser Tiberius sich und seinen Gästen in der Grotte von Sperlonga eine Marmorkopie vor Augen stellte, so wird sie in erstaunlicher Weise begreiflich.

Eine Zeit, deren Mythenverständnis von der rationalistischen Erklärung eines Palaiphatos bestimmt war, konnte und wollte nicht allein das Märchenhafte der Geschichte im Bilde dieser Skylla erkennen, sondern mußte das komplexe Kunstwerk in Schichten ablesen. Zur Zeit des Tiberius waren diese Schichten gegenüber der Entstehungszeit, die man aus rein stilistischen Gründen gegen 180 v. Chr. ansetzen muß, schon durch weitere Schichten überlagert. Verwandelt man in Gedanken die Skylla-Gruppe wieder in Bronze zurück und versetzt man sie in einen Figurenpark der Insel Rhodos im zweiten Jahrhundert v. Chr., dann wird man zugeben müssen, daß sie aus politischen, wirtschaftlichen und geistesgeschichtlichen Gründen in keine Periode besser paßt als in die Zeit nach der Ausschaltung Makedoniens und des seleukidischen Reiches, als sich im Laufe der Jahre der durch den Frieden von Apameia 188 v. Chr. erreichte „glänzende Hochstand der Wirtschaft und der politischen Macht als Scheinblüte zu erweisen begannen". Rhodos mußte für Rom die Last und die Gefahren einer allgemeinen Seepolizei tragen, welche die Meere von Seeräubern freizuhalten hatte. Nachdem Syrien und Makedonien die Ägäis nicht mehr befahren durften, wagten die Seeräuber sich wieder aus ihren Schlupfwinkeln, vor allem in Kreta und Kilikien, hervor. Zahlreiche Grabinschriften in Rhodos berichten von den Opfern in diesem heimtückischen Kampf. Gleichwohl blieb die gut trainierte rhodische Marine Herrin der Lage. Sie konnte in einem letztlich siegreich dastehenden Helden wie Odysseus, der Skylla furchtlos bekämpft und an die Stelle des Steuermanns tritt, der ihm von Bord gerissen wird, ihr Vorbild finden. Nach 168 v. Chr., als Rhodos sich in der ersten größeren Auseinandersetzung mit den Seeräubern im kretischen Krieg 155–153 v. Chr. schließlich um Hilfe an die Römer wenden mußte, hatte ein solches mythisches Vorbild keinen rechten Sinn mehr, wie man in der Zeit des wirtschaftlichen Niedergangs auch schwerlich die Mittel für eine so gewaltige bronzene Skulpturengruppe auftreiben konnte, die alle übrigen bekannten an Komplexität übertrifft.

Terminus ante quem — Die Schöpfung der Skylla-Gruppe hätte damit in dem Epochendatum der Schlacht von Pydna am 22. Juni 168 v. Chr. einen Terminus ante quem. In der Zeit zwischen 188 und 168 und besonders gegen die Mitte dieser 20 Jahre konnte eine Darstellung von Skylla und Charybdis noch eine andere Gedankenschicht beinhalten. Fuhr nicht in dieser Zeit das Staats-Schiff von Rhodos mit Hilfe der kühnen Diplomatie seiner Staatsleitung mitten hindurch zwischen der Charybdis eines gefährlichen Strudels, in dem sich die Diadochenstaaten befanden, und der Umarmung durch die Römer, die Rhodos zu erdrücken drohten?

Lykophron — Daß der Odysseusmythos in dieser Zeit tatsächlich so verstanden werden konnte, geht aus einem eigenartigen, in vielen Punkten noch unerklärten Gedicht hervor, dessen Entstehungszeit nach langen Zweifeln erst in jüngster Zeit ins Jahr der Schlacht von Kynoskephalai 197/6 v. Chr. festgelegt werden konnte.

Obwohl dieses Gedicht von einer großen Vision der trojanischen

Unglücksprophetin Kassandra handelt, trägt es nicht den Namen Kassandra, sondern „Alexandra". Denn es versucht in visionärer Form die historische Situation zu deuten, in der sich die von Alexander umgestaltete Welt zur Zeit seines siebenten Nachfolgers auf dem makedonischen Thron, sechs Generationen nach seinem Tode befindet. Der Dichter dieses hochpolitisch gemeinten Gedichtes heißt Lykophron. Das hat zu einer Verwechslung mit dem gleichnamigen Tragödiendichter Lykophron von Chalkis geführt, die jetzt zu korrigieren ist.

Die Lebensdaten des zuletzt genannten Mannes sind soweit bekannt, daß man mit Sicherheit ausschließen kann, er habe 197 v. Chr. noch gelebt und damals die „Alexandra" abfassen können, denn er hat schon um die Mitte der 80er Jahre des dritten Jahrhunderts v. Chr. als anerkannter Gelehrter an der Bibliothek des Museions in Alexandria gearbeitet, muß also spätestens um 310 v. Chr. geboren sein. Wenn man auch nicht weiß, wie viele Jahre vorher, so weiß man doch, daß er vor 278 v. Chr. im Haus des Menedemos in Eretria verkehrte. Es gibt Hinweise darauf, daß er schon tot war, als der Dichter Kallimachos um die Mitte des dritten Jahrhunderts sein Spottgedicht auf Apollonios Rhodios, den Ibis, verfaßte, das diesem offenbar zum Anlaß wurde, Alexandria den Rücken zu kehren.

Wie dem auch sei, der Tragiker Lykophron von Chalkis kann der Verfasser der „Alexandra" nicht sein, sondern dieser zweite Lykophron bleibt noch zu finden. Das einzige von ihm bekannte Werk, die „Alexandra", ist mit 1474 Versen, nächst den Argonautika des Apollonios Rhodios, das umfangreichste Werk der gesamten Überlieferung hellenistischer Dichtung, und es ist für viele Mythenvarianten die einzige noch bekannte Quelle.

In diesem Gedicht nehmen die Irrfahrten des Odysseus und überhaupt die Gestalt dieses Helden einen breiten Raum ein. Die „Alexandra" ist sogar nach der Odyssee selbst das ausführlichste Gedicht über die Heimkehr und die späteren Taten des Odysseus aus dem gesamten Altertum. Odysseus wird hier als der einzige griechische Held dargestellt, der trotz vieler Leiden und Gefährdungen den Untergang Trojas und die Drangsal der Heimfahrt übersteht und nach weiteren Großtaten erst als Greis den schicksalhaften Tod durch die Hand seines eigenen Sohnes Telegonos findet. Besonders wird Odysseus in diesem Gedicht dem einzigen überlebenden Trojaner, nämlich Aeneas gegenübergestellt, den er

Odysseus in der „Alexandra"

in Etrurien trifft. Er tut einen Kniefall vor ihm und leistet mit einem Eid Abbitte für die Zerstörung Trojas durch die von ihm ausgedachte Kriegslist des Hölzernen Pferdes. Aeneas nimmt diese Abbitte an, und sie verbrüdern sich.

Diesem Gedicht läßt sich die Vorstellung entnehmen, daß der Held, im Gegensatz zur klassischen Sicht des Odysseus als eines verschlagenen Lügners, für den hellenistischen Menschen eine beispielhafte Gestalt wurde, die als Inbegriff charakteristisch griechischen Wesens und Schicksals Aeneas gegenübertritt, in dem die Römer verkörpert sind. Odysseus ist im Gedicht des Lykophron der Archetyp eines Menschen, der in keiner Lage, und sei sie noch so verzweifelt, aufgibt. Er kennt nicht einen ruhigen Tag im Leben, sondern durch extreme Eigenschaften, zu denen neben Kühnheit, Mut und Erfindungsreichtum auch die Fähigkeit der Selbstverleugnung und äußerster Geschmeidigkeit gehören, meistert er sogar Situationen, die der Dichter der Odyssee noch nicht im Blickfeld haben konnte, wie die Begegnung des Odysseus mit Aeneas in Etrurien. Die Odysseusgestalt wird in diesem Gedicht mit zeitgenössischen Erfahrungen angereichert. Er wird zum Träger des Gedankens eines Arrangements nicht nur der Griechen untereinander, sondern überhaupt mit den Kräften der Zeit, das heißt auch mit den Römern. Einerseits können die Griechen ihren inneren Zwist nicht bewältigen, andererseits wollen sie sich den Römern als Schiedsrichter nicht völlig ausliefern, sondern ihnen gegenüber eine gewisse Freiheit behalten, die sie in besonderen Fällen gleichwohl mit Hilfe der Römer gegen die anderen Griechen zu verteidigen hoffen.

Diesen schwierigen Balanceakt traut man am ehesten einem Charakter wie Odysseus zu. Er wird deshalb gerade für diejenigen hellenistischen Staaten zum politischen Vorbild, die auf der einen Seite die Größe Roms, die Unausweichlichkeit der Anbindung an diese neue Macht und die nächstliegenden Konsequenzen der Kräftekonstellation im östlichen Mittelmeergebiet zu Beginn des zweiten Jahrhunderts v. Chr. erkannt hatten und doch ihre griechische Freiheit und Eigenart irgendwie retten möchten. Diese Staaten sind in erster Linie Pergamon und Rhodos.

Skylla in der „Alexandra"

Nach Rhodos verweisen alle Spuren der Skylla-Gruppe. Der Mythos von Skylla wird im Gedicht des Lykophron, der vielleicht in Rhodos lebte, nicht weniger als dreimal erwähnt:
In den Versen 44–49 wird berichtet, daß Herakles „die wilde

Hündin, die den Sund ausonischen Meeres lauernd mit dem Blick bewacht, in ihrer Höhle niederschlägt." An der gleichen Stelle wird Skylla auch als Löwin bezeichnet, die Stiere mordet. Man erinnert sich daran, daß die Hundeprotomen der Skylla von Sperlonga fast wie Löwen aussehen. Überdies galt nach den antiken Kommentatoren Lykophrons eines der sechs Häupter Skyllas als ein Löwenkopf. Die Stiere, die sie mordet, sind die Rinder, die Herakles dem Geryones abnimmt und über die Meerenge von Sizilien treibt, wo Skylla ihm eines der Tiere raubt. Deshalb erschlägt Herakles das Monstrum. Doch ihr Vater Phorkys verbrennt ihr Fleisch mit Holz von Weinreben und macht sie wieder lebendig. In diesem Mythos scheint auf den Krieg des Heraklesnachfahren Pyrrhos in Unteritalien angespielt zu sein, der, 280 von Tarent zu Hilfe gerufen, die Römer bei Heraclea und Ausculum besiegt und, einem weiteren Hilferuf von Syrakus folgend, auch nach Sizilien übersetzt, letztlich aber doch ohne bleibenden Erfolg nach Epirus zurückgeht. Nach seinem Tod 272 v. Chr. wird zunächst Tarent, 266 v. Chr. Brundisium, schließlich ganz Unteritalien römisch. Die Skylla, die Herakles niedergerungen hat, ist wieder lebendig.
So jedenfalls konnte man in der verschlüsselten Sprache Lykophrons die zitierten Verse 44–49 verstehen.
Ein zweites Mal wird Skylla in den Versen 650–654 im Zusammenhang der Irrfahrten des Odysseus erwähnt. Hier wird daran erinnert, daß sie einst „durch Herakles' Gewalt den Tod empfing, der mit der Löwenhaut bekleidet Rinder trieb." Doch nun lebt sie wieder und frißt die Schiffer am Tyrrhenischen Sund.
Das dritte Mal begegnet sie vierzehn Zeilen weiter in der Aufzählung der Gefahren, die Odysseus zu bestehen hat, in Vers 666–669: „Ein arges Unheil um das andere wartet einst noch seiner – eines schlimmer als das andre stets. Denn welchen Strudels Gier entreißt ihm Leichen nicht? Und gar die Rächerin, aus Hund und Weib gemischt?"
In der „Alexandra" Lykophrons ist Skylla eine der zahlreichen Bedrohungen des griechischen Menschen. Die Grausamkeit, die in der Skylla-Gruppe vom Typus Sperlonga anschaulich wird, entsprach Erfahrungen, welche die Menschen in dieser Zeit nicht selten machen mußten. Diese Kunst erweckt die emotionale Anteilnahme des Betrachters. „Nie war die unentrinnbare Verstrickung des Menschen so handgreiflich zum eigentlichen Thema gemacht worden, nie war die menschliche Gestalt so krass und realistisch

Anteilnahme des Betrachters

der unmenschlichen Natur tödlicher Bestien entgegengesetzt worden; nie war der Mensch so hilflos seiner Standfestigkeit beraubt und zappelnd in die Luft gehoben worden; und nie war das leidende Antlitz so... wirkungsvoll inszeniert worden wie zwischen den Schwanzwindungen der Skylla." So faßt Tonio Hölscher seinen Eindruck der Skylla-Gruppe von Sperlonga zusammen, und man wird sagen dürfen, daß dies der Eindruck war, den Auftraggeber und Schöpfer dieser Gruppe schon bei den Zeitgenossen erwecken wollten, für welche dieses Bildwerk bestimmt war. Es rief Schrecken, aber, in der Heldengestalt Odysseus, auch eine Besinnung auf die eigenen Kräfte hervor, die zwischen Skylla und Charybdis einen Ausweg zu finden wußten.

Ein Mann namens Lykophron

Aus der Darstellung des Polybios kennt man die Stimmung, die auf der Insel im Jahre 177 v.Chr. herrschte, als die Römer die Lykier gegen Rhodos stützten. Während die Römer elf Jahre vorher, im Jahre 188 v.Chr., Lykien den Rhodiern überlassen hatten, erklärten sie nun, die Lykier seien ihnen nicht als Geschenk, sondern als Verbündete zugewiesen worden. Die Aufregung und Bestürzung bei den leitenden Staatsmännern in Rhodos war groß. Sie ordneten eine Gesandtschaft ab, um den Senat darüber aufzuklären, daß er sich von den Lykiern habe täuschen lassen. Der Führer dieser Gesandtschaft war ein Mann namens Lykophron. Polybios führt den Mann an dieser Stelle nicht näher ein, offenbar, weil er ihn früher in diesem Buch, von dem leider nur wenige Fragmente erhalten sind, schon erwähnt hatte und ihn deshalb an dieser Stelle als bekannt voraussetzen durfte. An dieser Stelle den Namen Lykophrons zu finden, ist allerdings verführerisch und fast zu schön, um wahr zu sein. Gewiß ist zwar, daß man zu Anführern von Gesandtschaften in dieser Zeit am liebsten Literaten oder Philosophen wählte, und der Autor der „Alexandra" hätte zweifellos über die Sprachgewalt verfügt, die man für den Leiter einer so schwierigen Mission sich wünschen mochte. Die alleinige Erwähnung dieses Lykophron an eben dieser Stelle reicht aber für den Beweis einer Identifizierung mit dem Autor der „Alexandra" gleichen Namens nicht aus. Immerhin zeigt diese Erwähnung bei Polybios, daß es außer dem Tragödiendichter des 3. Jahrhunderts v.Chr., der als Autor nicht in Frage kommt, im zweiten Jahrhundert einen Mann gleichen Namens gab, bei dem, wenn schon nicht zu beweisen, so doch auch nicht auszuschließen ist, daß er der Autor der „Alexandra" gewesen sein könnte. Dieses Gedicht muß bei einem historisch, politisch, mythographisch und poetisch ungemein bewanderten Mann in Auftrag gegeben worden sein, der weit herumgekommen sein dürfte. Alles dieses ist bei einem Anführer der rhodischen Gesandtschaft an den Senat in Rom im Jahre 177, zwanzig Jahre nach der Schlacht von Kynoskephalai, die den Zeitpunkt der Abfassung der „Alexandra" festlegt, ebenfalls vorauszusetzen. Wenn also der von Polybios als bekannter Mann erwähnte Lykophron nicht der Autor der zwanzig Jahre zuvor geschriebenen „Alexandra" gewesen sein sollte, was nicht zu beweisen ist, so kann man sich doch mit einem Blick auf diesen Lykophron vorstellen, wes Geistes Kind der Autor der „Alexandra" war und welches seine Aufgabe gewesen ist.

Die Forschung hat erst in neuerer Zeit den Sinn und die Aufgabe der „Alexandra" erkannt, bisher aber den Auftraggeber noch nicht benennen können.

Frage nach dem Auftraggeber der „Alexandra"

Auch für die Lösung dieser Frage sind offenbar bestimmte Voraussetzungen notwendig, die, wie zu zeigen ist, erst durch die Kombination der Sperlongaforschung mit dem Problem des Laokoon geschaffen werden. Es gilt deshalb, jetzt zur Laokoon-Gruppe zurückzukehren und die Erkenntnisse auf sie anzuwenden, die bei der Untersuchung der Funde von Sperlonga und besonders bei der Erforschung der dortigen Skylla-Gruppe gewonnen wurden. Die Kopie dieser Gruppe ist ja aus dem gleichen Bildhaueratelier hervorgegangen wie die vatikanische Laokoon-Gruppe. Das Problem der beiden Gruppen ist also untrennbar miteinander verknüpft, und in das komplizierte Netz dieser Verbindungen ist auch das Problem der Urheberschaft und des Auftraggebers der „Alexandra" verwoben. Die Lösung dieses nur scheinbar abseitigen Problems wird einen entscheidenden Anteil bei der Lösung auch des Laokoon-Problems haben.

Die Lösung dieses unseres eigentlichen Problems war durch die Vorgaben blockiert, die das bisher gültige Verständnis des Pliniustextes abgesteckt hatte. Danach mußte die Laokoon-Gruppe als das originale Hauptwerk der rhodischen Kunst gelten. In Wahrheit haben sich die rhodischen Bildhauer, die Plinius erwähnt, durch die Signatur der Skylla-Gruppe als die Inhaber eines Kopistenateliers erwiesen, das Kaiser Tiberius zur Ausschmückung seiner Grottenvilla bei Sperlonga herangezogen hat. Ob die Laokoon-Gruppe, die auf Beschluß eines Consiliums beim gleichen rhodischen Bildhaueratelier in Auftrag gegeben wurde,

Laokoon und Rhodos?

ursprünglich etwas mit Rhodos zu tun hatte, stellt sich hingegen als gänzlich ungewiß heraus. Die Betrachtung der politischen Situation in Rhodos in der fraglichen Zeit hat jedenfalls keinerlei Stütze für diese Annahme ergeben.

Während sich beim Skylla-Mythos ohne weiteres eine Beziehung zu Rhodos aufzeigen ließ, sucht man nach einer Beziehung des Laokoon-Mythos zu Rhodos vergebens. Bestätigt dieser bisher übersehene Sachverhalt den rhodischen Ursprung der im gleichen Bildhaueratelier kopierten Skylla-Gruppe, so scheint er den für selbstverständlich gehaltenen Zusammenhang der Laokoon-Gruppe mit Rhodos eher auszuschließen. Nirgendwo findet man einen Ansatz, den trojanischen Mythos mit der Insel verbinden zu können. Dieses anscheinend negative Ergebnis macht den Weg zu neuen Fragen frei, auf die nur die Laokoon-Gruppe selbst, ohne die durch Plinius bedingten Denkzwänge, eine Antwort geben kann.

3. Teil

Pergamon und Rom

Die Lösung der Widersprüche
und die tiefere Bedeutung der Laokoon-Gruppe

Man las an jenem Abend ein etwas verworrenes Stück des Lykophron, an dem mir die kühne Zusammenstellung von Tönen, Bildern und Andeutungen, das ganze verwickelte System von Schall- und Lichtwirkungen so wohl gefällt.

Marguerite Yourcenar

Tritt man nach den frischen Erfahrungen, die eine ganz neu ins Blickfeld gestellte hellenistische Skulpturen-Gruppe wie die Skylla von Sperlonga vermitteln kann, erneut vor den Laokoon hin, dann möchte man den ganzen Ballast einer nun bald fünfhundert Jahre umfassenden Rezeptions- und Forschungsgeschichte abwerfen und versuchen, die berühmte Skulpturen-Gruppe noch einmal so zu betrachten und zu beschreiben, wie dies Studenten der ersten Semester bei Proseminaren in der Gipsabgußsammlung üben müssen. Man wird dann zu seiner Verwunderung feststellen, daß alle bisherigen Beschreibungen des Kunstwerks nicht von der elementaren Frage ausgegangen sind, wie denn das bekannte mythische Ereignis genau in Szene gesetzt wurde. Weitere grundlegende Fragen, warum der Priester mit seinen beiden Söhnen dem Altar den Rücken zukehrte und nicht ihm zugewandt dastand, als ihn die Schlangen niederzwangen, warum er den rechten Arm erhoben und gebeugt hat, weshalb der jüngere Knabe die Füße nicht mehr auf den Boden stellt, sondern in den Windungen der Schlange mehr hängt als steht, warum der ältere auf einem Bein balanciert und sein schweres Gewand, das nur mit einem Zipfel über der Schulter hängt, nicht herunterfällt, finden keine Antwort.

Skylla-Gruppe und Laokoon-Gruppe, neue Fragen Abb. 38–44

Man muß nicht so weit gehen, die Beschreibung des Werkes durch Goethe, die immer als eine der klarsten gerühmt wurde, als negatives Beispiel hinzustellen, obwohl man die Gruppe kaum gründlicher fehlinterpretieren kann, als wenn man sie eine „tragische Idylle" nennt. An diesem Text kann man ermessen, wie weit eigenwillige Beobachtungen von der Sache wegführen können. Der Text Goethes, dessen poetische, sprachliche Kraft nicht bestritten

Die Beschreibung Goethes

wird und der unübertreffliche Bemerkungen über das Kunstwerk, „sein Wesen, sein Verdienst" enthält, hat schon früher zum Widerspruch gereizt, aber bis heute hat dieser Widerspruch nicht zu der einzigen notwendigen Konsequenz geführt, eine exakte Beschreibung zu versuchen. Goethe mißversteht die Gruppe, wenn er meint, die Künstler hätten Laokoon „von allem mythischen Beiwesen entkleidet." Seine Vorstellung: „Ein Vater schlief neben seinen beiden Söhnen, sie wurden von Schlangen umwunden und streben nun, erwachend, sich aus dem lebendigen Netz loszureißen", ist auch dann schlechterdings nicht nachzuvollziehen, wenn man die Gruppe mit dem hochgereckten Arm der Betrachtung zugrunde legt. Die Subtilität der Darstellung bleibt dem Betrachter verschlossen, wenn er „hier keine göttergesandten, sondern bloß natürliche Schlangen" erkennen soll, „mächtig genug, einige Menschen zu überwältigen, aber keineswegs, weder in ihrer Gestalt noch Handlung, außerordentlich rächende, strafende Wesen." Beißt die eine tatsächlich erst, als sie „gereizt" ist? Und was tut die andere? Beißt sie keineswegs? Sucht der zweite Sohn sich wirklich „durch die Bewegung des rechten Armes Luft zu machen", drängt er „mit der Linken sanft den Kopf der Schlange zurück, um sie abzuhalten, daß sie nicht noch einen Ring um die Brust ziehe", und „ist sie im Begriff, unter der Hand wegzuschlüpfen?" Nur das Bewegungsmotiv des Vaters ist in Goethes Beschreibung, in der der falsch ergänzte Arm nicht eigens erwähnt wird, so treffend erfaßt, daß dieser Absatz in den folgenden Versuch einer Beschreibung des Vorganges eingefügt sei.

Ein neuer Versuch Für diese Beschreibung gilt durchaus die Einschränkung Goethes: „was hier über den Laokoon gesagt ist, hat keineswegs die Anmaßung, diesen Gegenstand zu erschöpfen." Aber sie erhebt den Anspruch, der erste Versuch zu sein, das Vorgehen der Schlangen so zu beschreiben, wie der Künstler es mit vollem Bedacht gestaltet hat. Man muß sehen, daß die Schlangen einerseits, wie Goethe richtig erkannt hat, ihrer Natur gemäß heranschleichen, umschlingen, zusammenschnüren und zubeißen (doch nicht erst wenn sie gereizt sind, der Biß ist vielmehr das Ziel ihres Angriffs) und daß sie andererseits doch wie intelligenzbegabte, übernatürliche Tiere planvoll und aufeinander abgestimmt vorgehen, um den göttlichen Ratschluß auszuführen. So erscheinen sie in ihrer Gestalt natürlich, in ihrer Handlung aber göttlichen Ursprungs.

Müssen die Schlangen wie bei Vergil die Gestalt von Drachen haben, mit blutroten Kämmen und blutunterlaufenen funkelnden Augen, und müssen sie den Leib doppelt umschnüren, damit man erkennt, daß sie gottgesandt sind, oder stehen dem bildenden Künstler subtilere Darstellungsmittel zur Verfügung, welche die Einbildungskraft weniger festlegen?

Die Schlangen

Die unvoreingenommene Betrachtung lehrt es: Das Schicksal des Laokoon vollzieht sich vor den Augen des Betrachters. Auch wer nicht weiß, daß es sich um den Priester handelt, der die Trojaner vor dem hölzernen Pferd gewarnt hat und der deshalb mit seinen Söhnen von gottgesandten Schlangen am Altar umschlungen und getötet wird, kann dem Bildwerk selbst die Dramatik des Geschehens ablesen. Die beiden Schlangen umstricken ihre Opfer nicht in unwillkürlicher, auf animalischem Instinkt beruhender Weise, sondern sie scheinen in überlegtem, berechneten Vorgehen begriffen.

Wenn man sich klarmacht, daß der Kopf einer Schlange den Weg des ganzen Körpers vorzeichnet, so kann man diesen Weg vom Schwanzende bis zum Kopf nachvollziehen.

Das Schwanzende der einen Schlange wird mit seinen schlagenden Wellenbewegungen neben dem erhobenen linken Fuß des rechten, nach Größe und Körperbau älteren Sohnes sichtbar. Die Schlange kam also von rechts unten heran, richtete sich kaum auf, denn der Knabe hob den Fuß ja gewiß erst, als er die warme, schwere Berührung des glatten Schlangenleibes spürte. Doch da hatte die Schlange schon einen Ring um seinen Knöchel geschlossen, war über seinen rechten Oberschenkel hinübergeschlängelt, hatte sich um die linke Wade des Vaters gewunden und war hinter dessen Kniekehle hindurch, aber vor seinem rechten Schienbein zum jüngeren Sohn hinübergeschossen, um ihn am rechten Kniegelenk einzufangen und hinter dem rechten Bein des Vaters herzischend eine Schlingung mit dem eigenen Körper zu bilden. Durch die Preßbewegung des schweren, fest auf den Oberschenkel drückenden und den Unterschenkel fesselnden Schlangenleibes knickt der kräftige Mann im Kniegelenk ein und bricht auf dem Altar nieder, auf den sein Gewand schon von den Schultern herabgefallen ist.

Die Schlange ist unaufhaltsam weitergeglitten, hat erst den linken, dann den rechten Arm des Knaben nach Art eines Ringers umschlungen und verbeißt sich, nachdem sie alle drei Menschen aneinander gefesselt hat, in die rechte Seite des Knaben. Dieser

139

droht ersterbend zusammenzusinken, wird aber von dem starken Schlangenkörper gehalten. Die auf dem Oberschenkel des Vaters aufgestützte Schlange hebt den leichten, schmalen Jungenkörper vom Boden ab, so daß nur noch die Spitze des linken Fußes auf der Altarstufe steht.

Der Tod des jüngeren Knaben

Den rechten (verlorenen) Arm hatte der Knabe erhoben. Die schräge Anstückung des Hinterkopfes zeigt, daß hier vielleicht die Fingerspitzen der kraftlos vom gebeugten Unterarm herabhängenden Hand auflagen. Wenn dieser öfters gemachte Rekonstruktionsvorschlag das Richtige trifft, dann würde in dieser hilflosen Gebärde die Todesnot des Knaben besonders prägnant anschaulich. Denn während diese Hand das Ersterben und Schlaffwerden der Glieder anzeigt, greift der Knabe mit der linken Hand vor der Brust zum Schlangenkopf hinüber, der sich am Rippenrand festgesogen hat und sein tödliches Gift in den Körper preßt. Der Knabe mußte den Zug und das Gewicht des Schlangenleibes überwinden, der sich um den Oberarm schlingt. Er griff also im Augenblick, als er den Biß spürte, noch kraftvoll zu, um den Kopf der Bestie fortzudrängen. Aber schon tut das Gift seine Wirkung. Die Finger verlieren ihre Kraft, die Hand bedeckt mehr die Stelle, durch die der Tod in den Körper dringt, als daß sie ihn fernhalten könnte. Das Schicksal des Knaben hat sich vollendet. Der Kopf sinkt nach hinten und zur Seite dem Vater zu, seine Augen brechen, der letzte Atemzug entweicht den entspannten Lippen.

Es ist eine merkwürdige Gattung von Schlangen, die mit einem einzigen Biß ihre Opfer tödlich vergiften können. Nach Größe und Gestalt handelt es sich bei den hier dargestellten Schlangen um Pythonschlangen, die der Alten Welt erst durch den Alexanderzug bekannt wurden. Sie umstricken ihre Opfer und erwürgen sie, um sie dann als ganze zu verschlingen. Diese Schlangen haben in der Natur keine Giftdrüsen, die das Opfer im Nu töten können, wie es bei hochgiftigen, aber kleinen Nattern und Vipern der Fall ist. Also wird wiederum anschaulich, daß es bei diesen vom Künstler ganz nach der Natur gestalteten Schlangen doch nicht um eine zoologische Spezies geht, sondern ihr Vorgehen zeigt, daß es durch die Gottheit gesandte Tiere von besonderer Gefährlichkeit sind.

Der Tod des Vaters

Ihre Intelligenz und ihren planvollen Angriff erkennt man auch bei der Bewegung der anderen Schlange. Aber hier besteht ein Problem. Der Schwanz der Schlange ist nicht erhalten, und ihr Kopf ist in der Barockzeit ergänzt. Zwar gibt es eine bald nach der Auffindung der Skulpturen-Gruppe im Jahre 1506, jedenfalls vor 1508 und noch vor jeglichem Ergänzungsversuch angefertigte Zeichnung im Düsseldorfer Kunstmuseum, die an der gleichen Stelle, an der nun der ergänzte Schlangenkopf sitzt, einen, soweit sich dies erkennen läßt, ziemlich ähnlichen Schlangenkopf zeigt. Er könnte allerdings beschädigt sein, da er eigentümlich flach aussieht. Man möchte aus dieser Zeichnung schließen, daß der barock ergänzte Kopf nur diesen offenbar unansehnlich gewordenen Kopf ersetzen sollte. Eindeutig bestätigt wird die Tatsache, daß die Schlange den Vater in die linke Hüfte beißt, durch Giovanni Cavalcanti, der die Gruppe am 14. Februar 1506, also knapp einen Monat nach der Auffindung, genau beschreibt und erklärt: „L'altro serpe ha presso il vecchio nel fianco sinistro dove etiam lui porge la mano". (Die andere Schlange hat den Alten an der linken Hüfte gepackt, wohin er auch die Hand ausstreckt.) Nun hat soeben Erika Simon in einem grundsätzlich mit dem Problem der Gruppe befaßten Aufsatz unter dem Titel „Laokoon und die Geschichte der antiken Kunst" einen Rekonstruktionsversuch vorgelegt, nach dem Laokoon mit der linken Faust nicht den Kopf, sondern das Schwanzende der zweiten Schlange umklammert und deren Kopf über der rechten Schläfe des Priesters erscheint. Um ihn in diese Position bringen zu können, muß Erika Simon die Schlange auf der Rückseite, wo unter dem rechten Schulterblatt des Vaters noch ein Ansatz zu erkennen ist, eine große, durch nichts begründete, sondern in sinnloser Weise weit herabhängende Schlinge bilden lassen. Eine weitere Schlinge gibt sie dem Laokoon in die linke, zur Faust geschlossene Hand, so daß das Schwanzende in den leeren Raum zwischen dem linken Oberschenkel Laokoons und seinem älteren Sohn kommt. Das würde bedeuten, daß auch diese Schlange, wie die andere, von rechts unten gekommen wäre, um erst den rechten Arm des Sohnes und dann den des Vaters zu fesseln. Schließlich hätte sie sich triumphierend über der Gruppe aufgerichtet, den Vater aber noch nicht gebissen. Diese Rekonstruktion ist allerdings in verschiedener Hinsicht unbefriedigend. Abgesehen von der bereits erwähnten, unbegründeten Schlangenwindung auf dem Rücken, bleibt das gesamte Bewegungsmotiv des Vaters unverständlich, wenn er nicht vom Schlangenbiß getroffen ist. Warum, so fragt man, bäumt er sich im Schock auf, warum stöhnt er in furchtbarem Schmerz, warum faßt er die Schlange beim Schwanz?

Ein anderer Vorschlag

Abb. 64

Das richtige Verständnis

Hier hatte Goethe in seiner Beschreibung das genau Richtige getroffen: „Um die Stellung des Vaters sowohl im ganzen als nach allen Teilen des Körpers zu erklären, scheint es mir am vorteilhaftesten, das augenblickliche Gefühl der Wunde als die Hauptursache der ganzen Bewegung anzugeben. Die Schlange hat nicht gebissen, sondern sie beißt, und zwar in den weichen Teil des Körpers, über und etwas hinter der Hüfte. Die Stellung des restaurierten Kopfes der Schlange hat den eigentlichen Biß nie recht angegeben; glücklicherweise haben sich noch die Reste der beiden Kinnladen an dem hintern Teil der Statue erhalten. Wenn nur nicht diese höchst wichtigen Spuren bei der jetzt traurigen Veränderung auch verloren gehen! Die Schlange bringt dem unglücklichen Manne eine Wunde an dem Teile bei, wo der Mensch gegen jeden Reiz sehr empfindlich ist, wo sogar ein geringer Kitzel jene Bewegung hervorbringt, welche wir hier durch die Wunde bewirkt sehen: der Körper flieht auf die entgegengesetzte Seite, der Leib zieht sich ein, die Schulter drängt sich herunter, die Brust tritt hervor, der Kopf senkt sich nach der berührten Seite. Da sich nun noch in den Füßen, die gefesselt, und in den Armen, die ringend sind, der Überrest der vorhergehenden Situation oder Handlung zeigt, so entsteht eine Zusammenwirkung von Streben und Fliehen, von Wirken und Leiden, von Anstrengen und Nachgeben, die vielleicht unter keiner anderen Bedingung möglich wäre. Man verliert sich in Erstaunen über die Weisheit der Künstler, wenn man versucht, den Biß an einer andern Stelle anzubringen: die ganze Gebärde würde verändert sein, und auf keine Weise ist sie schicklicher denklich. Es ist also dieses ein Hauptsatz: der Künstler hat uns eine sinnliche Wirkung dargestellt, er zeigt uns auch die sinnliche Ursache. Der Punkt des Bisses, ich wiederhole es, bestimmt die gegenwärtigen Bewegungen der Glieder: das Fliehen des Unterkörpers, das Einziehen des Leibes, das Hervorstreben der Brust, das Niederzucken der Achsel und des Hauptes, ja alle die Züge des Angesichts seh ich durch diesen augenblicklichen, schmerzlichen, unerwarteten Reiz entschieden."

Erste Prämisse

Die Lösung, die Erika Simon demgegenüber vorschlägt, ist nicht aus einer Interpretation des Kunstwerks gewonnen, sondern geht von einer ausgesprochenen und einer unausgesprochenen Prämisse aus.

Die ausgesprochene ist die, daß man von der Schlange Schwanz und Kopf sehen müsse, um sich über ihre Bewegung Klarheit zu verschaffen. Diese Forderung erscheint aus der Kenntnis antiker und besonders hellenistischer Kompositionsgesetze heraus begründet, und man sollte sie nicht einfach abtun. Auch die Tatsache, daß die obere Schlange weniger lang wirkt als die untere, wenn man nur den Knoten um den rechten Unterarm des Vaters und im übrigen nur den Abschnitt des Schlangenkörpers rechts vom Vater sieht, ist bedenkenswert. Diese Einwände kann man aber durchaus berücksichtigen, wenn man den Schlangenkopf an der Stelle beläßt, wo ihn die früheste bekannte Zeichnung der Skulptur vor ihrer Ergänzung zeigt und wo Giovanni Cavalcanti und Goethe ihn gesehen haben, nämlich an der linken Hüfte, und wenn man den Schwanz in schlagender Bewegung so am Rücken befestigt, daß eine Welle, wie es die Ergänzung von Montorsoli zeigte, hinter dem Oberkörper auf der Höhe der Brustwarze sichtbar wird, dann im Bogen hinter dem Körperumriß verschwindet, während der nach Ausweis des antiken Dübellochs unter dem Schulterblatt angestiftete Schwanz auf der Höhe des Halses des jüngeren Sohnes zum Vorschein kommt. Erst dann wäre das Vorgehen auch dieser Schlange wirklich anschaulich und deutlich nachzuvollziehen, und man würde auch erkennen, daß sie nicht kürzer ist als die andere.

Während diese von rechts unten und vorne herankroch, kam die andere von links hinten, richtete sich hinter dem Rücken Laokoons auf, glitt an seiner Hüfte empor und umschlang den Arm hinter dem Handgelenk, so daß die rechte Hand nicht mehr zupacken kann.

Dramatik des Geschehens

Um zu erkennen, wie die Dramatik des Geschehens vom Künstler entwickelt wurde, muß man sich vorstellen, daß der Priester Laokoon nach der aus dem Vorgang selbst geschöpften Phantasie des Künstlers kurz zuvor noch am Altar stand und natürlich den Arm nicht in einer wie auch immer gearteten, auf jeden Fall jedoch leeren Gebärde erhoben hatte. Daß er den Arm nun nach oben wirft und beugt, ist eine instinktive, mit dem Wurfgestus zusammenhängende Reflexbewegung, mit der der Mann das scheußliche Reptil abschütteln und von sich werfen will. Doch die Schlange scheint genau damit gerechnet zu haben. Denn blitzschnell schlingt sie sich auch um den Oberarm des Priesters, der bei der heftigen Bewegung den Mantel abgeworfen hat und, von der anderen Schlange in den Kniekehlen niedergezwungen, auf den Altar fällt, an dem er, ihm den Rücken zukehrend, stand. Die

Schlange hat Laokoon durch ihre geschickte Doppelschlinge wie mit einem gekonnten Ringergriff unschädlich gemacht und fährt nun hinter dem Rücken des Vaters, aber vor seinem linken in der Luft herumrudernden Arm her schräg nach unten und umschlingt den rechten Oberarm des Knaben, den dieser offenbar hilfeflehend zum Vater ausgestreckt hatte. Die Schlange beugt mit ihrer unbezwingbaren Kraft den Arm des Knaben, zwängt ihn zwischen zwei zu einem Knoten geschürzten Leibeswindungen ein und richtet sich gegen den Vater, der in äußerster Verzweiflung den Hals der Schlange mit der Faust umgreift, um sie vom Körper fernzuhalten, vielleicht gar zu erwürgen. Doch die Schlange ist stärker. Sie gleitet durch die zur Faust geschlossenen Finger, holt in einer kurzen Biegung aus und schlägt die Zähne in die Trochantergrube des muskulösen Mannes. Da strömt das Gift durch den Körper, dem Mann stockt der Atem, die Muskulatur des Leibes spannt sich krampfartig, der Oberkörper, der von der Schlange mit dem Sohn zusammengekettet ist, bäumt sich im Schock auf, ein Stöhnen entringt sich den halbgeöffneten Lippen, der Kopf neigt sich zur Seite, und die schmerzvoll verzogenen Augen blicken zum Himmel.

Nimmt man in dieser Weise des Nachvollzuges die Aufforderung Lessings ernst, daß das Werk des Künstlers gemacht ist, nicht nur erblickt, sondern betrachtet zu werden, dann wird auch die andere angesichts des Laokoon von ihm gemachte Feststellung bedeutungsvoll, nämlich, daß wir, je mehr wir sehen, desto mehr hinzudenken können, und: „je mehr wir dazudenken, desto mehr zu sehen glauben müssen."

Zweite Prämisse Allerdings liegt im Dazudenken auch eine Gefahr, wie die zweite, oben nicht weiter verfolgte unausgesprochene Prämisse zeigen kann, die Erika Simon zu ihrem neuen Rekonstruktionsvorschlag verleitete. Erika Simon bezieht sich bei diesem auf zwei vorhergehende Rekonstruktionsvorschläge. Der Unterschied dieser Vorschläge ist im wesentlichen derjenige, daß der eine die Schlange in die Schulter des Laokoon beißen läßt, während der andere ihren Kopf drohend über seinem Kopf vor der linken Schläfe aufrichtet. Hierin ist dieser Rekonstruktionsvorschlag ganz offensichtlich von der Schilderung des Laokoontodes bei Vergil beeinflußt, wo es heißt: „Dann ergreifen den Vater sie auch, ... schnüren ihn ein in Riesenwindungen, und schon zweimal die Mitte umschlungen und zweimal die schuppigen Rücken um seinen Hals, überragen sie hoch mit Haupt ihn und Nacken". Die unausgesprochene Prä-

Abb. 37 Da die Medici-Päpste weder die im Jahre 1515 als Kriegsreparation geforderte Laokoon-Gruppe noch die Nachbildung von Baccio Bandinelli an Frankreich auslieferten, mußte Franz I. sich 1540 für sein neues Rom in Fontainebleau mit einem Abguß begnügen. So entstand in der Renaissance eine dem Ur-Laokoon vergleichbare Bronzeplastik.

Abb. 40

Abb. 38–43   Laokoon-Gruppe im Vatikan. Ausschnitte.

◁
Abb. 38.39

Abb. 41

▷
Abb. 42.43

misse führt zu der Aussage, daß „die Schlangen im Laokoonmythos triumphieren". Das ist die Sicht Vergils. Das literarische Vorwissen bedingt in diesem Fall, trotz aller gegenteiligen Beteuerungen, die Sehweise und damit die Rekonstruktion.

Hier hingegen kommt es darauf an, zunächst das Werk selbst zu befragen, und erst, wenn man die vom Künstler beabsichtigte, nur durch die Anschauung zu gewinnende Botschaft verstanden hat, darf man die Frage stellen, von welchen Voraussetzungen der Künstler ausgegangen sein könnte. Soviel scheint klar zu sein, daß der Künstler ein genaues, vielleicht sogar auf Naturstudien beruhendes Wissen von der Bewegung eines *Serpens constrictor* hatte. Ebenso ist gewiß, daß er die Tragödie des Laokoon darstellen wollte und nicht die eines beliebigen älteren Mannes, der mit zwei Knaben, am Ende gar im Schlafe, von Schlangen überrascht und umwunden wird, die ihn und den jüngeren Knaben zu Tode beißen, während das Schicksal des älteren noch offen ist.

Das alles ist mit äußerster Genauigkeit und mit einem an Verismus grenzenden Realismus geschildert, bei dem allerdings an einer Stelle eine merkwürdige Ungereimtheit festzustellen ist. Darauf wurde bereits in dem Buch „Odysseus. Archäologie des europäischen Menschenbildes" hingewiesen. Es handelt sich um die Art, wie der lange Mantel von der linken Schulter des älteren Sohnes bis zum Boden reicht, obwohl er bei der so genau erfaßten Bewegung des Knaben schon längst hätte herabfallen müssen. Dieser Mantel wirkt wie eine geschickt kaschierte Stütze des Marmorbildes. Auch das steif stehende Gewandstück unter der Schulter des jüngeren Knaben erfüllt die Funktion einer Stütze. Die im Odysseus-Buch gezogene Schlußfolgerung lag also nahe, daß auch der Marmor-Laokoon ebenso wie die vier anderen von der Werkstatt der rhodischen Bildhauer Athanadoros, Hagesandros und Polydoros in Sperlonga gemeißelten Skulpturengruppen und insbesondere die von ihnen signierte Skylla-Gruppe nach einem hellenistischen Bronze-Original kopiert wurde. Die Gründe, die zum Beweis dieser These angeführt wurden, brauchen hier nicht wiederholt zu werden, weil es einige weitere Hinweise gibt, welche die These zur Gewißheit erheben.

Contradictio in adiecto

Erstens kann nur durch sie die Aporie aufgelöst werden, in welche die wissenschaftlich fortschreitende Erforschung geraten war. Die petrographische Bestimmung des Marmorblocks, auf den der Priester niedergesunken ist und der einen integrierenden Bestandteil

Auflösung der Aporie

◁
Abb. 44 Die Annahme, daß die Laokoon-Gruppe im Vatikan eine Marmorkopie des hellenistischen Bronzeoriginals ist, löst alle Widersprüche der Forschung. Der als Stütze dienende Mantel bildet den technischen, die Aussage des Plinius den historischen Beweis.

des Werkes bildet, hatte für die Entstehungszeit des Werkes in der Form, in der es im Vatikan steht, einen Terminus post quem, nämlich die Zeit der Eröffnung des Steinbruchs von Carrara um die Mitte des 1. Jahrhunderts v. Chr. ergeben, während die Stilbestimmung und die Wiedergabe der Gruppe auf einer spätestens um 130 v. Chr. geschaffenen etruskischen Gemme einen Terminus ante quem um diese Zeit nahelegte. Nur die Annahme, daß die Laokoon-Gruppe im Vatikan eine frühkaiserzeitliche Marmorkopie nach dem vor 130 v. Chr. entstandenen hellenistischen Bronze-Original ist, das auf der etruskischen Gemme wiederholt ist, kann diese Aporie auflösen.

Abb. 14

Der zweite neue Hinweis, der hier beizutragen ist, erscheint nicht weniger wichtig. Der vorgeschlagenen Lösung der Aporie stand nämlich bisher die Aussage des Plinius entgegen, wie sie seit der Beschäftigung der Renaissance mit dem Thema allgemein verstanden wurde: der Laokoon im Titus-Palast sei allen Werken der Malerei und Plastik vorzuziehen. Es ist klar, daß Plinius eine solche Aussage nur über ein Original machen konnte. Da es aber Italiener waren, die sich als erste mit der Aussage des knappen Satzes in der Naturgeschichte des Plinius befaßten, übersetzten sie den Text entsprechend dem in der italienischen Sprache herausgebildeten Wortsinn der lateinischen Vokabeln, ohne zu bemerken, daß sich der Sinn einer bestimmten Wortfolge, die im Italienischen sprachlich kaum verändert fortlebt, inzwischen entscheidend verändert hatte. Gemeint ist statuaria ars, das in dem italienischen arte statuaria aufgenommen ist.

statuaria ars und arte statuaria

Arte statuaria bedeutete nach der Aussage der wichtigsten Lexika der italienischen Sprache schon zur Zeit Michelangelos Bildhauerkunst, und blieb seitdem synonym mit *scultura* = Skulptur, sei sie nun aus Stein, Bronze oder einem anderen Material. Schlägt man aber ein beliebiges lateinisch-deutsches Lexikon auf, so liest man nicht ohne Verblüffung, daß *statuaria ars* im Lateinischen nicht Skulptur allgemein, sondern Bronzeguß bedeutet, nämlich die Kunst oder besser Technik, freistehende Statuen zu verfertigen, die nicht wie Marmor- oder Terrakottabildwerke Stützen benötigen, und deshalb aus Bronze bestehen müssen. Eine Anfrage beim *Thesaurus linguae latinae*, einem der Erforschung der lateinischen Wortbedeutungen gewidmeten lexikographischen Institut, ergab eindeutig die Versicherung, daß *statuaria ars* im Lateinischen ausschließlich den Sinn von Bronzeguß hat und nicht mit *sculptura* verwechselt werden darf. Bei Plinius begegnet der Begriff nicht weniger als zehnmal und bedeutet immer Bronzeguß. Er ist eindeutig von der Marmorbildhauerei abgesetzt. Liest man den Satz des Plinius mit diesem Wissen, so lautet er: „Der Laokoon (aus einem Stein) ist als Arbeit allen in Malerei und Bronzeguß vorzuziehen." Das ist allerdings eine ganz andere und nach unserer Kenntnis des Kunstgeschmacks des römischen Admirals Plinius viel leichter verständliche Aussage als das maßlose Lob, das man bisher herausgelesen hat. Es ist gewiß, daß die Römer den hellen, der Hautfarbe so viel ähnlicheren Marmor höher schätzten als die von den Griechen als Material für Plastiken bevorzugte Bronze. Sonst wäre die außerordentliche Fülle von römischen Marmorkopien, die viel schwerer herzustellen waren als Bronzenachgüsse der griechischen Originale, nicht zu erklären. Plinius gibt also kein Kunsturteil ab, wonach der Laokoon das größte Kunstwerk aller Zeiten gewesen wäre, sondern er gibt ein allgemeines Geschmacksurteil seiner Zeit wieder, nämlich daß ihm die Laokoon-Gruppe in Marmor besser gefiel als ein gemaltes Laokoonbild, wie man es zum Beispiel aus Pompeji kennt, oder als eine Laokoon-Plastik aus Bronze, wie sie das vorauszusetzende Original darstellt. Plinius bestätigt tatsächlich das Ergebnis dieser Untersuchungen, nämlich daß es eine Bronzeplastik des Laokoon gegeben hat, in der man das aus inneren Kriterien geforderte Bronze-Original der marmornen Laokoon-Gruppe im Vatikan erkennen darf. Dieses Bronze-Original muß eine hellenistische Schöpfung gewesen sein, deren Zeitstellung und Sinndeutung noch zu finden sind. Damit wird eine ganz neue Fragestellung eröffnet.

Zunächst muß man feststellen, daß eine andere wichtige Frage, die von jeher die Laokoon-Forschung beschäftigte, nämlich wie das Verhältnis zwischen der Gruppe und Vergil zu bestimmen ist, nun in einem ganz neuen Licht erscheint. Weder beschreibt Vergil die in der vatikanischen Gruppe dargestellte Szene, noch ist diese eine Illustration der Vergilverse. Es handelt sich vielmehr um zwei deutlich verschieden akzentuierte Versionen des gleichen, in der antiken Literatur zwar nicht sehr häufig überlieferten, aber keineswegs selten behandelten und auf jeden Fall bis in archaische Zeit zurückreichenden Mythos. Dieser wurde bekanntlich schon von Arktinos in der Iliupersis ausführlich dargestellt.

Neue Fragestellung

In den authentischen Vergilillustrationen der pompejanischen Wandmalerei sind hingegen die wesentlichen Elemente der Vergilischen Darstellung wiedergegeben: der bereits eingetretene Tod beider Söhne, der triumphierende Angriff der Schlangen auf den Vater und der sich losreißende Opferstier. Das poetische Gleichnis des Laokoon, der brüllt wie ein Opfertier, ist für die Vergilische Version unverzichtbar. Denn dadurch wird das Opfer angedeutet, das gebracht werden muß, damit Troja sich durch Aeneas in Rom erneuern kann.

Nun ist es nicht so einfach, daß die Assoziation des Opfers in der vatikanischen Gruppe völlig fehlte. Das Darstellungsmittel ist aber ein anderes: Der auf Geheiß der Götter von der Schlange Chairiboia gefesselte und zu Tode gebissene Laokoon sinkt wie eine Opfergabe auf den Altar, vor dem er stand, um die Trojaner vor dem drohenden Untergang zu warnen. Die Schlange Porkes tötet seinen jüngeren Sohn, der ihm wie der ältere beim Opfer ministrierte. Jener kann sich vielleicht noch retten.

Verschiedene Akzentuierung Auch wenn die Grundzüge des Mythos die gleichen bleiben, so setzten die Dichter und Künstler zu verschiedenen Zeiten doch andere Schwerpunkte, und es geht darum festzustellen, welcher Schwerpunkt für die plastische Laokoon-Gruppe gewählt ist im Gegensatz zum Epos des Vergil. Dieser stellt das Gleichnis des Stieropfers, das für alle Zeiten das römische Staatsopfer bleiben sollte, in den Vordergrund.

Die plastische Gruppe stellt demgegenüber den dramatischen und tragischen Tod des Laokoon vor Augen, der im Recht ist und doch von überlegenen Mächten vernichtet wird. Sein nach oben gerichteter, ohnmächtig anklagender Blick, die Todesverfallenheit des jüngeren Sohnes, der verzweifelte Rettungsversuch des älteren, sind ein Symbol des Untergangs schuldloser Menschen, die einem übermächtigen Vernichtungswillen in den Weg getreten sind. Die Trojaner, die diese Szene sahen, wurden verblendet. Im Mythos machen sie sich selbst zum Werkzeug eben des Vernichtungswillens, dem Laokoon und seine Söhne schon ausgeliefert sind.

Der Betrachter der Gruppe sieht sich nun selbst in die Lage der Trojaner versetzt. Doch er kennt den Ausgang. Wie beim Anschauen einer Tragödie im klassischen Theater soll er, gemäß der Definition des Aristoteles, von den dargestellten Leidenschaften befreit werden. Er soll, beim Anblick des Laokoon, der als Priester den Willen der Götter hätte erkennen müssen, nicht wie jener der Hybris und nicht wie die Trojaner der Verblendung anheimfallen und sich selbst zum Werkzeug eines unentrinnbaren

Schicksals machen. Das Schicksal Trojas soll sich nicht wiederholen. Das ist die Botschaft der plastischen Gruppe.

Es geht also keineswegs, wie bei Vergil, darum, daß einem einzigen, der das Zeichen mit göttlicher Hilfe zu deuten vermag, der erste Anstoß zur Flucht gegeben wird, sondern hier sollen allen, die das Schicksal des Laokoon vor sich sehen, die Augen geöffnet werden.

Es ist bemerkenswert, daß ein großer Künstler der Jetztzeit, Ossip Zadkine, diese Botschaft der Skulpturengruppe genau verstanden hat, als er sich bei dem erschütternden Mahnmal „Die zerstörte Stadt" in Rotterdam von der Laokoon-Gruppe im Vatikan anregen ließ.

Abb. 54

Bei einer Bestimmung der historischen Koordinaten des Kunstwerks – gemeint sind der Anlaß, der Auftraggeber, der Kunstkreis und der Aufstellungsplatz – muß man von der reinen Anschauung der Gruppe, also einer von der Betrachtungsgeschichte losgelösten Sicht ausgehen und die Frage stellen, zu welcher Zeit und an welchem Ort die durch das Bildwerk vermittelte Botschaft eine solche Aktualität hatte, daß sich ein Auftraggeber für das kostspielige Werk fand, ein Auftraggeber, der eine so bedeutende Zielgruppe im Auge hatte, daß ihm der Aufwand gerechtfertigt erscheinen mochte, den eine solche Plastik erfordert.

Auf der Suche nach den Koordinaten des Kunstwerks

Ohne einen unmißverständlichen Hinweis aus den antiken Quellen ist diese Frage kaum überzeugend zu lösen. Man wird es deshalb bei der Bruchstückhaftigkeit und Zufälligkeit der Überlieferung als einen großen Glücksfall ansehen, daß ein solcher Hinweis tatsächlich gegeben wird.

Ein weiterer Glücksfall der Überlieferung

So unmißverständlich dieser Hinweis auch sein mag, er ist doch nicht offenkundig. Vielleicht konnte er sogar bisher nicht erkannt werden, weil die Voraussetzungen fehlten. Zunächst mußte die Botschaft, von der das Kunstwerk Laokoon kündet, richtig verstanden sein, erst dann konnte man auch einen irgendwo verborgenen Hinweis auf seinen geschichtlichen Ort verstehen. Verlangt ist ein gezieltes methodisches Vorgehen. Die gesamte griechische Literatur und insbesondere die hellenistische ist auf mögliche Erwähnungen des Laokoon-Mythos hin durchzusehen.

Außer bei Vergil, dessen ausführliche Darstellung des Laokoontodes in der um 30–20 v. Chr. abgefaßten Aeneis offenbar alle anderen Erwähnungen überstrahlt hat, begegnet der Mythos in der frühen griechischen Literatur bei Arktinos (6. Jh. v. Chr.), bei

Der Laokoon-Mythos in der Literatur

149

Bakchylides (ca. 520–ca. 450 v. Chr.) und bei Sophokles (497–406/5 v. Chr.).

Arktinos und die Flucht des Aeneas

Von dem Epos Iliupersis des schon mehrfach erwähnten milesischen Dichters Arktinos aus archaischer Zeit ist nur eine knappe Inhaltsangabe bekannt, die aber die wesentlichen Züge des Laokoon-Mythos enthält:

„In diesem Augenblick (als die Trojaner darum stritten, was sie mit dem hölzernen Pferd anfangen sollten) erschienen zwei Schlangen, die den Laokoon und einen von seinen beiden Söhnen töteten. Durch dieses düstere Vorzeichen belastet, flüchteten die Leute des Aeneas auf den Ida."

Dionysios von Halikarnaß und die Opferung des Laokoon

So wenig wie diese Einzelheiten in der Spätantike in Vergessenheit geraten waren, so gewiß war man sich ihrer auch bei der Betrachtung der Gruppe in der römischen Kaiserzeit bewußt. Das belegt der Hinweis in der 7 v. Chr. veröffentlichten „Römischen Archäologie" des Dionysios von Halikarnaß, der von 30–8 v. Chr. als jüngerer Zeitgenosse Vergils in Rom lehrte. Dort heißt es, daß Aeneas durch die den Laokoontiden begegneten Wunderzeichen bewogen und auf des Anchises Geheiß, eingedenk des Auftrags der Venus, zum Ida flieht. Der Tod des Laokoon ist also nicht schlechthin ungerecht: er ist der erste Anstoß zur Rettung des Aeneas. Das Opfer ist notwendig, aber nicht sinnlos.

Die Schuld des Laokoon bei Bakchylides und Sophokles

Bei Bakchylides scheint zum ersten Mal für uns faßbar von einer besonderen Schuld des Laokoon die Rede gewesen zu sein, denn er sprach auch von der Frau des Laokoon. Spätere Quellen, vor allem Euphorion und Hygin erläutern, daß Laokoon Schuld auf sich lud, weil er entgegen der Weisung Apollos heiratete und sogar vor dem Kultbild des Gottes mit seiner Frau zusammenkam. Darum habe Apollo zur Strafe die aus dieser Verbindung stammenden Söhne durch Schlangen töten lassen.

Auch Sophokles sucht nach einer ähnlichen, durch persönliche Schuld verursachten Begründung für das Handeln der Götter. Sie bestrafen Laokoon durch den Tod seiner Söhne. Er hatte sich gegen Apollo vergangen, weil er am Altar des Gottes seiner Frau beiwohnte.

Porkes und Chariboia

Dieser Gedanke spielt bei der plastischen Gruppe offensichtlich keine Rolle, denn Laokoon wird zusammen mit seinem jüngeren Sohn getötet, der ältere kann sich vielleicht retten. Obwohl die wenigen Bruchstücke, die von der Tragödie des Sophokles überliefert sind, für die Deutung der Gruppe also kaum etwas Neues ausgeben, führen sie doch in einem Punkt einen entscheidenden Schritt weiter. In der Tragödie werden die Namen der beiden Schlangen genannt, die hier Apollo sendet und nicht, wie in den anderen Mythenvarianten, Athena-Minerva oder Poseidon-Neptun. Die Nennung der Namen: Chariboia und Porkes in der Tragödie des Sophokles wäre, für sich genommen, nicht so wichtig, wenn sie nicht zu der entscheidenden Erkenntnis weiterführte, daß der Laokoon-Mythos auch in der schon bei der Deutung des Skylla-Mythos herangezogenen „Alexandra" des Lykophron erwähnt wird.

Laokoon begegnet in der hellenistischen Literatur auch bei dem Mythographen Lysimachos (um 200 v. Chr.), bei Euphorion (3. Jh. v. Chr.) und anderen.

Der Mythos war also keineswegs so selten, wie man vielleicht deshalb annehmen möchte, weil er nur bei Vergil ausführlich berichtet wird. Bei den anderen Dichtern und Gelehrten ist aber nur die nackte Tatsache bekannt, daß sie den Laokoon erwähnten, nicht, was sie inhaltlich darüber aussagten. Deshalb ist es so wichtig, daß man durch Sophokles die Namen der Schlangen kennenlernt und dadurch zu Lykophron weitergeführt wird.

Auch bei diesem rätselhaften Dichter schien es bisher so, als ob die Schlange Porkes, die als Kinderfresserin (paidobrotos) eingeführt wird, nur zur Bezeichnung der Inseln Tenedos und Kalydnai diente, auf denen sie haust. Prüft man aber unter dem spezifischen, hier verfolgten Gesichtspunkt das Umfeld, in dem der Name Porkes erscheint, so ergeben sich überraschende Erkenntnisse. Wenn diese Erkenntnisse bisher noch nicht gewonnen wurden, so scheint dies auch daran zu liegen, daß Lykophron in den fraglichen Versen einige Worte verwendet, die nur an dieser Stelle begegnen, die man also nur aus dem Zusammenhang heraus, natürlich unter Berücksichtigung ihrer Wortstämme, verstehen kann. Es ist möglich, daß man für ein solches nur einmal genanntes Verb, ein sogenanntes *hapax legomenon*, in verschiedenen Lexika verschiedene Übersetzungsvorschläge findet. Es kommt darauf an, unter den vorgeschlagenen Übersetzungen die aufgrund des inzwischen erreichten Wissensstandes wahrscheinlichste herauszufinden, wobei auf jeden Fall die linguistische Bedeutung der Wortbildungen zu beachten ist. Außerdem müssen die einzelnen Worte Sinn im Ganzen machen, das deshalb zunächst ins Auge gefaßt sei.

Lykophron und der Tod des Laokoon als Zeichen

Rätsel Die „Alexandra" Lykophrons hat die Form eines Botenberichtes, wie er als festes Element der attischen Tragödie diejenigen Ereignisse in das Bühnengeschehen hereinholt, die auf der Bühne selbst nicht dargestellt werden können. Der Leser soll eine tragische Bühne vor sich sehen, auf der nur die einsame Gestalt des Königs Priamos von Troja sitzt, als der Kerkermeister seiner Tochter Kassandra vor ihn hintritt und auf die Frage nach den Äußerungen der Unglücksprophetin von der großen Vision berichtet, welche Kassandra in ihrem Verlies „prophetisch mit dem Ton der grausen Sphinx", als Rätsel also, herausstieß. Da der Spruch nicht wie sonst in Ruhe aus dem Orakelmund des Mädchens kam, sondern sich „als ungeheuerlich Gemisch verworr'nen Schalls" der Kehle der Seherin entrang, kann der Bote nur berichten, was er im Gedächtnis behielt. Er fordert den König (und mit ihm den Leser) auf, es mit klugem Sinn zu erfassen:

„Wandle dieser Rätsel rauhen Pfad; ergründe sie,
sobald dich eine klare Spur geraden Wegs durch
ihre dunklen Stellen führt."

Die Vision der Unglücksprophetin, der niemand glaubt und die nun in einen Turm gesperrt ist, damit ihre defätistischen Reden das Volk nicht beunruhigen, findet in dem Augenblick statt, als Paris von Ilion absegelt, um Helena zu rauben. Sie setzt also da ein, wo das erste große Geschichtswerk der Griechen, die Historiai des Herodot, den mythischen Vorspann zur Darlegung der eigenen Forschungen enden läßt, nämlich bei der mythischen Ursache des Trojanischen Krieges, dem Raub der Helena.

Lykophron und Herodots Sicht der Geschichte Herodot hatte die Meinung der Perser referiert, daß die große Auseinandersetzung seiner eigenen Zeit, der Krieg zwischen Persern und Griechen, die Folge einer in mythische Vorzeit zurückreichenden Auseinandersetzung zwischen Ost und West sei, die sich zunächst in gegenseitigem Frauenraub manifestierte. Schuld an der Zwietracht tragen die Phönizier. Sie befuhren als erste die Meere, um Handel zu treiben, und raubten aus Argos in Griechenland die Königstochter Jo. Dies sei der Gewalttaten Anfang und Beginn gewesen. Dann hätten einige Hellenen, wohl Kreter, Kurs auf Tyros in Phönizien genommen und des Königs Tochter geraubt, Europa.

Die Griechen hätten dann eine zweite Gewalttat begangen und in Kolchis die Tochter des Königs entführt, Medea, und hätten dem Kolcherkönig keine Buße bezahlt, da ja auch im Fall der Argiverin keine Buße bezahlt wurde. Als Paris, der Sohn des Königs Priamos von Troja, das hörte, bekam er Lust, sich eine Frau aus Hellas durch Raub zu beschaffen, völlig überzeugt, daß er keine Buße zu zahlen brauche; hatten doch auch jene keine gezahlt. Er raubte Helena und hielt den Unterhändlern, die eine Buße forderten, den ungesühnten Raub Medeas vor.

Bis dahin ging es um Fälle gegenseitiger Entführung, doch dann hätten sich die Griechen gewaltig ins Unrecht gesetzt; denn sie hätten den Anfang gemacht und seien gegen Asien (Troja) in den Krieg gezogen. Seitdem hätte Asien Griechenland als Feind angesehen, und der Zug der Perser nach Griechenland sei eine Rache für die Einnahme von Ilion gewesen.

Herodot, der die Ursache der Kriege zwischen den Griechen und Barbaren, zwischen Ost und West beschreiben will, läßt die mythischen Anfänge dahingestellt sein, um seine eigene Darstellung mit dem König zu beginnen, von dem er weiß, daß er als erster Unrecht gegen Griechen verübte, Kroisos. Aber weiterhin stellt er auch die Vorgänge auf der einen und auf der anderen Seite wechselweise dar bis zum großen Zusammenstoß in den Perserkriegen, deren Erschütterung er im Kindesalter noch miterlebt hatte. In der Erzählung weiterschreitend will er der Menschen Städte besuchen, kleine und große, beide. „Denn die vor Zeiten groß waren, von denen sind die meisten klein geworden; und die groß sind zu meiner Zeit, waren früher klein. Und da ich nun weiß, daß der Menschen Glück nie stille steht, werde ich beider gedenken in gleicher Weise."

Das ist das Bewußtsein von den vergeltenden Kräften in der Geschichte, das auch den Auftraggeber der „Alexandra" und ihren Autor Lykophron beseelt haben muß, denn es ist unverkennbar, daß das hellenistische Gedicht bei seinen Lesern das Durchdrungensein von den Gedankengängen Herodots voraussetzt. Jedenfalls knüpft Lykophron mit einer interessanten und neuen Wendung an diese an, wenn er die Vision der trojanischen Priesterin mit dem Raub der Helena beginnen läßt, das heißt mit dem Ereignis, mit dem Herodot die mythische Vorgeschichte der Auseinandersetzungen zwischen Ost und West abschließt. Man muß die „Alexandra" also vor dem Hintergrund des herodoteischen Geschichtswerkes lesen.

Vergeltende Kräfte

Der Raub der Helena war nach der von Herodot referierten Meinung der Perser „die Art von gewalttätigen Männern; die Entführung aber mit allem Ernst zu rächen suchen, die von unvernünftigen."

Daß die Griechen aus Entführungen, die doch irgendwie mit Zustimmung der entführten Frauen geschahen, blutigen Ernst gemacht hätten, weist ihnen die Schuld am Krieg zu.

Die Schuld der Griechen

Diese von den Persern verbreitete, von Herodot nicht geteilte Meinung wird vom Autor der „Alexandra" in den Versen 1291–1295 wieder aufgegriffen. Er läßt Kassandra-Alexandra sagen, der Raub der Jo und der Europa „fachten beider Länder Feindschaft Gluten an". Der Trojanische Krieg wird für ihn der daraus folgende Anfang und Beginn der Gewalttaten, die sich bis zur Entscheidungsschlacht von Kynoskephalai zwischen den Griechen und den Nachkommen der Trojaner, dem von Aeneas gegründeten Volk der Römer, hinziehen.

Die Vision Kassandras, die hier Alexandra heißt, weil die mythischen Vorgänge die historischen Vorgänge in der von Alexander d. Gr. geprägten Gegenwart spiegeln, ist in vier großen Abschnitten mit zahlreichen, zum Teil umfänglichen Einlagen, kurzen Zwischenbemerkungen und Anspielungen sowie vielen Rückgriffen sehr kunstvoll und verwickelt aufgebaut und endet in einem Schlußwort und Segensspruch des Boten, der noch einmal betont, wie unklar die Unglücksprophetin ihre Rätselworte hinhaucht. Traumbilder und Gedankenfetzen zeigen das Visionäre des Berichtes an, der überdies völlig verrätselt ist, besonders auch deshalb, weil keine Namen genannt, sondern die handelnden Personen nur mit ihren mythischen Taten vorgestellt werden, die jedoch Anspielungen auf historische Vorgänge der jüngsten Zeit enthalten können. Die Vielschichtigkeit dieser Dichtung erschwert das Verständnis für einen heutigen Leser, der die Anspielungen nicht ohne weiteres und in vielen Fällen überhaupt nicht mehr verstehen kann. Lykophron gilt deshalb als der dunkelste, aber auch als der gelehrteste Dichter des Altertums. Macht man sich gleichwohl die Mühe, der Aufforderung des Boten zu folgen und „der Rätsel rauhen Pfad zu wandeln", dann „führt eine klare Spur geraden Wegs durch ihre dunklen Stellen".

Aufbau der „Alexandra"
Abb. 65

Im ersten Abschnitt (31–364) sieht „Alexandra" als *vaticinium ex eventu*, als eine in die Zeit vor dem Ereignis zurückverlegte Prophezeiung die Zerstörung Trojas und den Frevel des Ajas voraus, der sie, die Prophetin selbst, vom Götterbild der Athena fortreißt

und die jungfräuliche Priesterin vergewaltigt. Der Untergang Trojas wird in einer bisher noch nicht völlig verstandenen Metapher versinnbildlicht: die Schiffe der Griechen nähern sich in Schlangenringen und speien dem Vaterland Flammen und Verderben entgegen.
Der zweite Abschnitt (365–1089) schildert in abwechselnden Bildern den Tod der Trojaner und die Leiden und Irrfahrten der nicht heimkehrenden Griechen, die alsbald ihr Schicksal ereilt.
Der dritte Abschnitt (1090–1225) stellt die Schicksale der Heimgekehrten dar, die auch ihrer Strafe nicht entgehen. Nur zwei Helden werden von dem allgemeinen Untergang ausgenommen, Odysseus, der durch die Kriegslist des Hölzernen Pferdes den Tod des Laokoon und den darin symbolisierten Untergang Trojas verursacht hat, und Aeneas, dem der Tod des Laokoon das Zeichen des nahenden Untergangs der Stadt und der Flucht wird. Diese beiden Helden spart das Schicksal auf, damit sie in der großen Szene des Kniefalls des Odysseus vor Aeneas sich versöhnen und dem Hader ein Ende setzen können.
Diesen Hader, den der Dichter im vierten Abschnitt (1226–1460) als einen nicht enden wollenden Kampf zwischen Europa und Asien von der Urzeit bis zur Gegenwart darstellt, kann nur ein Nachkomme des Aeneas beenden. Dieser wird Vers 941 mit den griechischen Worten titous lampron als das Leuchten der Morgenröte angekündigt. In *titous lampron* ist der Name des Siegers von Kynoskephalai, **Titus** Quinctius Flamininus, als Vexierrätsel enthalten.
Titus Quinctius Flamininus (228–174 v.Chr.) war schon mit vierundzwanzig Jahren, als er 204 v.Chr. Stadtkommandant in Tarent wurde, eng mit griechischer Kultur in Berührung gekommen. 198 v.Chr. war er, in sensationeller Weise, ohne Aedil und Praetor gewesen zu sein, mit nur dreißig Jahren zum Konsul gewählt worden und hatte den Oberbefehl auf dem Balkan übernommen, wo sein älterer Bruder Lucius im gleichen Jahr zusammen mit Attalos I. und den Rhodiern Eretria auf Euböa einnahm. Das war der Anfang der Lösung der „Fesseln Griechenlands", nämlich des nahegelegenen Chalkis sowie von Demetrias und Korinth, wo die makedonischen Garnisonen lagen.

Abb. 46

Als die Römer sich nach der Rückkehr des Prokonsuls Titus im Jahre 194 v.Chr. von der durch ihn eingeleiteten Balkanpolitik abwandten, trat er immer stärker in den Hintergrund. Doch ist ein

Ereignis seines späteren Lebens hier noch erwähnenswert, das seinen Nachruhm verdunkeln sollte. 183 v. Chr. leitete er die berühmte Gesandtschaft an König Prusias von Bithynien, an dessen Hof Hannibal sich geflüchtet hatte, und verlangte die Auslieferung des Erzfeindes der Römer, der jedoch den Freitod wählte. Noch Plutarch (Fl. 20) berichtet, daß im Senat mancher der Meinung war, Titus' Härte und Roheit hätten alles Maß überschritten. Er habe Hannibal umgebracht wie einen vom Alter flügellahmen, federlosen Vogel, den man am Leben gelassen, weil er zahm geworden sei. Er habe sich durch Hannibals Tod einen Namen machen wollen. Es ist umstritten, ob Titus wirklich die alleinige Schuld an Hannibals Tod trifft. Die Überlieferung zeigt aber, welche Befürchtungen man beim Eintreffen römischer Gesandtschaften im griechischen Osten hegte. Man kannte ihre Härte und Roheit. Die Gesandtschaft, die Scipio Aemilianus 140 nach Pergamon führte und die für die Geschichte der Laokoon-Gruppe offenbar eine besondere Bedeutung hatte, ist vor diesem Hintergrund zu sehen. Wir werden bald darauf zurückkommen.

Zunächst ist die Frage weiterzuverfolgen, warum der griechische Dichter Lykophron den römischen Feldherrn Titus als den Glanz einer neuen Morgenröte bezeichnet und ihm damit das größte Denkmal seines Ruhmes gesetzt hat.

Sinn des Gedichtes

Die Absicht des Gedichtes scheint inzwischen klar zu sein. Es will den Griechen zeigen, daß sie durch das erste Verbrechen, den vom Zaun gebrochenen Trojanischen Krieg, und die darauf folgende Selbstzerfleischung besonders in den Diadochenkämpfen des letzten Jahrhunderts Schuld auf sich geladen haben, die in der Gegenwart von den Nachkommen der Trojaner, den Römern, gerächt wird.

Den Römern will es in den zahlreichen größeren Einlagen, Zusätzen und Anspielungen, die mit der großen Linie der Geschichte des Haders der Griechen und ihrer Leiden verflochten sind, zeigen, daß es gleichwohl Griechen waren, die Italien, die neue Heimat der trojanischen Flüchtlinge, kultiviert und zu dem reichen und schönen Land gemacht haben, das die Römer nun bewohnen.

Damit ist die Voraussetzung einer allgemeinen Aussöhnung gegeben, die man nicht nur vom siegreichen Feldherrn der Römer, einem „Bruder" der trojanischen Prophetin (1446), sondern auch von den leidgeprüften Griechen, den Verwandten des Odysseus, erwartet.

So endet die Vision Kassandra-Alexandras mit einem Schlußwort und Segenswunsch des Boten (1472–1474):
„O wollte doch ein Gott die Sprüche noch zum Glück
für uns einst wenden! – Er, der deinen Thron bewahrt,
er rette der Bebryker altererbtes Reich!"
Diese beschwörenden Worte wenden sich innerhalb der dichterischen Fiktion an den trojanischen König Priamos. Es scheint aber klar, daß ihr verschlüsselter Gehalt an eine historische Persönlichkeit gerichtet ist, in der man niemand anderen als den Auftraggeber des Gedichtes vermuten darf. Mit anderen Worten: Könnte man herausfinden, an welche geschichtliche, hinter der Gestalt des Priamos verborgene Persönlichkeit dieser Wunsch aus aktuellen Gründen sich wendet, dann würde man wahrscheinlich auch den Auftraggeber der „Alexandra" benennen können.

Nun enthält dieser Wunsch einen Hinweis, dem man bisher noch nicht nachgegangen ist. Es handelt sich wieder um eines der nur an dieser Stelle begegnenden Worte, ein hapax legomenon, das der Dichter der Alexandra wahrscheinlich selbst geprägt hat: Pankleria. In dieser nicht sehr schwer zu verstehenden Wortbildung steckt das griechische pan = gesamt und kleros = Erbe. Pankleria bedeutet also Gesamterbe der als Bebryker = Phryger bezeichneten Trojaner. Es fällt nun nicht schwer festzustellen, wer sich im Jahre 197/6 v.Chr. als Gesamterbe der Trojaner in Kleinasien ansehen konnte und sich zugleich ebenso bedroht fühlte wie in mykenischer Vorzeit die Trojaner durch die Griechen: Dies kann nur das Königtum von Pergamon gewesen sein. Schon im Namen Pergamon steckt eine Anspielung auf Troja, das in der Ilias nicht weniger als fünfmal einfach als Pergamos, das heißt Burg, bezeichnet wird. Als Gründer der Stadt Pergamon galt der Heros Pergamos, ein Sohn der Witwe Hektors, Andromache, und des Eroberers von Troja, Neoptolemos (Pausanias 1,11,1–2). Hinzu kommt, daß der Ort Ilion, der im 3. Jahrhundert v.Chr. zu neuer Bedeutung gekommen war, seit 217 v.Chr. auf dem Staatsgebiet von Pergamon lag. Pergamon konnte sich deshalb als Nachfolgestaat Trojas in Kleinasien ansehen, dem das Gesamterbe der Bebryker (Phryger), das heißt nach der Sprache Lykophrons eindeutig: das Gesamterbe der Trojaner, zufiel, das ihm jedoch die anderen Diadochen, insbesondere die Seleukiden, streitig machten.

In der Tat wurde Ilion schon 196, also ein Jahr nach der Schlacht von Kynoskephalai, d.h. noch im Jahr der Abfassung der Alexan-

Auftraggeber der „Alexandra"

dra von Antiochos Hierax den Pergamenern entrissen und ihrem Staate erst im Frieden von Apameia 188 v. Chr. wieder, und diesmal endgültig, einverleibt.

Die Sorge, die im Bericht des Boten von der Vision Alexandras und in seinem feierlichen Wunsch am Schluß zum Ausdruck kommt, war also alles andere als unbegründet, die angerufene Gottheit hat den Segenswunsch des Boten aber doch, bis zu einem gewissen Grade, erhört und mindestens bis 133 v. Chr. den Pergamenern das als Pankleria Bebrykon bezeichnete Reich bewahrt.

Wenn die Schlußworte der Alexandra einen Fingerzeig auf das Königtum von Pergamon enthalten, so fragt man sich, ob dies der einzige Hinweis auf einen möglichen Auftraggeber dieses, wie schon öfter betont, hochpolitischen Gedichtes ist. Man wird kaum erwarten dürfen, daß sich die Gelehrten nach einer jahrzehntelangen, in diesem Punkt bisher unergiebigen Erforschung des Rätselgedichtes durch ein einziges Argument überzeugen lassen und sich mit einer so einfachen Lösung zufriedengeben werden. Es scheint aber so, als ob viele Probleme, die bisher nicht gelöst werden konnten, oder als Probleme noch nicht einmal erkannt worden sind, ihre Erklärung finden, wenn man das Königtum von Pergamon als Urheber des Gedichtes anerkennt.

Nun gibt es einen bisher noch nicht in die Debatte geworfenen Anhaltspunkt, der eine im Grunde erstaunlich deutliche Bestätigung der vorgeschlagenen Lösung darstellt.

Aeneas und Odysseus

In ihrer großen Vision sieht Alexandra-Kassandra, wie ihrer Ahnen Enkel, das heißt die Römer, einst den Siegeskranz auf ihren Speeren tragen und wie sie des Landes und des Meeres Szepter und Alleinherrschaft ergreifen (1226–1229). Schon der Stammvater der Römer, Aeneas, hatte den am Beginn dieser Entwicklung stehenden Eroberungszug seines Volkes in Gang gesetzt. Auf der Suche nach der am Tiber neu zu gründenden Stadt war er auch nach Etrurien gelangt, und traf dort, wie bereits erwähnt, seinen früheren Feind Odysseus. Es kommt zu dem Kniefall, der die Versöhnung besiegelt. Im Heer des Odysseus, das sich mit dem des Aeneas verbrüdert, erscheinen nun überraschenderweise auch die Söhne des Myserkönigs Telephos von Pergamon. Es sind die Prinzen Tarchon, der Gründer der etruskischen Königsstadt Tarquinia, und Tyrrhenos, der Begründer des etruskischen Volkes. In den Versen 1351–1361 wird geschildert, wie diese beiden aus Lydien stammenden Prinzen Etrurien besiedeln. Lydien lag zur Zeit der

Abfassung des Gedichtes im Zentrum des pergamenischen Reiches, Etrurien war zur gleichen Zeit Teil des römischen Staatsverbandes.

Wenn nun in Aeneas, dem Bruder Kassandras (1446), Titus Quinctius Flamininus, der Held des ganzen Gedichtes, gespiegelt ist, dann muß in Telephos, dem Vater des Prinzenpaares Tarchon und Tyrrhenos, und Urkönig von Pergamon, der zeitgenössische König dieses Staates gemeint sein.

Titus Quinctius Flamininus und Attalos von Pergamon

Der erste Herrscher von Pergamon, der den Königstitel annahm, war Attalos I. (241–197). Attalos I. hatte von seiner bedeutenden Frau Apollonis, einer Bürgerstochter aus Kyzikos, vier Söhne, von denen aber nur die beiden ältesten, Eumenes II. und Attalos II., zur Regierung kamen. Diese beiden waren es, die im Jahre 197 v. Chr. in der Schlacht von Kynoskephalai an der Seite des römischen Feldherrn Titus Quinctius Flamininus gegen die Makedonen kämpften.

Abb. 45

Für die Zeitgenossen mußten die Anspielungen und Gleichsetzungen vollkommen durchsichtig sein. Die mythische in Etrurien spielende Konstellation wiederholte sich als Zeitgeschichte in Nordgriechenland, wo Titus Quinctius Flamininus als ein neuer Aeneas mit seinem Heer im Felde stand. Hier verbündete sich mit ihm (in der kryptischen Sprache Lykophrons) das Heer des Odysseus, in dem sich auch die Söhne des Telephos befinden. Man kann nicht umhin, beim Heer des Odysseus an die Griechen und bei den Söhnen des Telephos an die beiden Attaliden zu denken, die sich im Zweiten Makedonischen Krieg auf die Seite der Römer unter Titus Quinctius Flamininus gestellt haben. Die Eroberung Griechenlands durch die Makedonen unter Philipp II. und Alexander d. Gr. lag zwar schon rund 140 Jahre zurück, aber die antimakedonischen Gefühle waren in Griechenland nie völlig unterdrückt worden. So tat die Propaganda der Römer ihre Wirkung, die als ihr Ziel die Befreiung der griechischen Städte hinstellten. An den Isthmischen Spielen 196 v. Chr. ließ Titus Quinctius Flamininus diese tatsächlich verkünden.

Zuvor aber mußte die Entscheidungsschlacht gegen die Makedonen unter Philipp V. gewonnen werden. Dazu waren die Römer auf die Hilfe der Griechen und vor allem auf die Hilfe der Boioter angewiesen, von deren Land aus sie operierten. Deshalb sind die Ereignisse in Theben im Frühjahr 197 kurz vor der Schlacht von Kynoskephalai besonders wichtig, über die Plutarch wahrschein-

Die Schlacht auf den Hundsköpfen

lich nach einem verlorenen Abschnitt im Geschichtswerk des Polybios berichtet: Während Philipp V. beim Rückzug auf sein Stammland Makedonien in den nordgriechischen Staaten die Taktik der verbrannten Erde anwendete, „die Menschen aus den Städten ins Gebirge trieb, die Städte einäscherte, die Habe, welche wegen ihres Umfangs und Gewichtes zurückgelassen worden war, den Soldaten zur Plünderung überließ…, …suchte Titus seine Ehre darin, die eigenen Leute zu Rücksicht und Schonung anzuhalten." (Fl. 5) So kam es, „daß die Staaten südlich der Thermopylen freiwillig zu Titus übertraten. Nur die Boioter hielten sich zurück." Es ist eine der Meisterleistungen der Diplomatie des Titus, wie er mit Hilfe seines Freundes Attalos I. von Pergamon auch die Boioter zu sich herüberzog.

Titus in Theben und der Tod Attalos' I.

Titus sprach fließend Griechisch und war ein Mann von gewinnender Ausstrahlung. Als er in disziplinierter Weise mit seinem Heer Böotien durchzog, kamen ihm die Häupter der Thebaner entgegen, um ihn mit allen Ehren zu begrüßen. Sie waren zwar promakedonisch gesinnt, wollten sich aber auch mit den Römern gutstellen. Titus verwickelte die thebanischen Gesandten in ein freundschaftliches Gespräch und ging gemächlich mit ihnen in die Stadt, wobei ihn seine Truppen langsam einholten und mit der plaudernd um Titus gescharten Gruppe der Gesandten gemeinsam zum Markt kamen, wo Titus vor das versammelte Volk trat. Er gebärdete sich nun keineswegs als Herr der Stadt, sondern redete den Bürgern gütlich zu, die Partei der Römer zu ergreifen. König Attalos unterstützte sein Werben und sprach mit feurigen Worten auf die Thebaner ein, ja er ließ sich von seinem Eifer für Titus' Sache derart hinreißen, daß sein Alter der Anstrengung offenbar nicht mehr gewachsen war. Mitten in der Rede befiel ihn ein Schwindel oder Schlaganfall, so daß er plötzlich ohne Bewußtsein zu Boden sank. Er wurde zu Schiff nach Asien zurückgebracht, wo er bald danach starb. Die Boioter aber schlossen sich den Römern an.

Störenfried Pergamon

Dieser aufschlußreiche Bericht gibt Einblick in die verwickelten politischen Verhältnisse, unter denen Rom zur entscheidenden Macht im östlichen Mittelmeergebiet wurde. Griechenland war keineswegs das Zentrum eines von der Adria bis zum Indus und von den Rhodopen bis zu den Nilkatarakten reichenden einheitlichen Staatsgebildes, wie Alexander d. Gr. es konzipiert hatte, sondern es war ein Flickenteppich miteinander rivalisierender Territorialstaaten neuerer und Stadtstaaten älterer Prägung. Ein besonderes Ferment bildeten darin, wie schon öfter bemerkt, Rhodos und Pergamon, die, in der Hoffnung, ihre Autonomie bewahren zu können, zu den Schrittmachern Roms wurden. Für Pergamon war die Freundschaft zu den nicht makedonischen Staaten Griechenlands und zu den Römern die einzige Überlebenschance. Bedenkt man die unmißverständlichen Anspielungen auf das Königtum von Pergamon in der „Alexandra" Lykophrons, so glaubt man die außerordentliche Komplexität des Gedichtes, die einer unerhört verwickelten historischen Konstellation Rechnung tragen mußte, besser zu verstehen.

Im Erbe Alexanders d.Gr. hatte sich zwischen den großen, auf dem Boden Makedoniens, des ehemaligen Perserreiches und Ägyptens entstandenen Diadochenstaaten als der eigentliche Störenfried der aus kleinen Anfängen immer stärker werdende Staat von Pergamon gebildet. Schon sein Ursprung mußte den übrigen Diadochenstaaten ein Dorn im Auge sein. Der Begründer der Attalidendynastie, der makedonische Offizier Philetairos, Sohn des Makedonen Attalos und der Paphlagonierin Boa, war von einem der größten Diadochen, Lysimachos, mit der Obhut der auf der sicheren Burg Pergamon untergebrachten Heereskasse betraut worden. Nach und nach warf er die Oberhoheit erst des Lysimachos, dann des Seleukos ab und begründete mit dem Reichtum der usurpierten Kriegskasse den selbständigen Staat Pergamon, der bis 133 in der Hand seiner Familie blieb. Sein Neffe Eumenes I., 263–241 v.Chr. Dynast von Pergamon, sicherte den jungen Staat, der aber erst unter dessen Vetter, Adoptivsohn und Nachfolger Attalos I. (269–197 v.Chr.) Weltgeltung erlangte.

In dem prägnanten Nachruf auf Attalos I. sagt Polybios (18,41), daß ihm als Machtmittel nur sein Reichtum zur Verfügung stand, den er mit Klugheit und Wagemut nützte, um die Königsherrschaft zu gewinnen.

Nachruf auf Attalos I.

Die erste Stufe dazu waren nicht nur Wohltaten und Gunstbeweise gegen seine Freunde, sondern auch kriegerische Leistungen, vor allem der Sieg über die Galater, damals das kriegslustigste Volk in Asien, eine Geißel für alle. Im Besitz der Königswürde, hat er sich in einem Leben von 72 Jahren, davon vierundvierzig Regierungsjahren, seiner Gattin und seinen Kindern gegenüber als besonnener Mann und als Charakter gezeigt, hat allen seinen Verbündeten und Freunden die Treue gehalten und starb mitten heraus aus ruhmvollen Taten, im Kampf um die Freiheit der Griechen. Die größte Leistung aber war, daß er, der vier erwachsene Söhne hinterließ, die Frage der Nachfolge in einer Weise zu regeln wußte, daß die Herrschaft, ohne daß es je zu Thronstreitigkeiten kam, auf seine Kindeskinder überging.

In diesem Nachruf sind in bewundernswerter Kürze die Leistungen dieses Mannes gewürdigt, der davon überzeugt war, durch die Unterstützung der Römer der griechischen Freiheit zu dienen, und der sich für diese Überzeugung so ereiferte, daß ihn der Schlag traf.

Politische Funktion der Dichtung und Kunst

Um dieser Überzeugung Nachdruck zu verleihen, bedurfte es eines ideologischen Kraftaktes, wie ihn die „Alexandra" Lykophrons darstellt. Die Griechen mußten davon überzeugt werden, daß die Zeit für einen Ausgleich mit den Römern reif war. Diese waren angetreten, die Zerstörung ihrer Mutterstadt Troja zu rächen. Deswegen mußte ihnen klargemacht werden, daß diese Rache schon durch die vergeltenden Kräfte der Geschichte vollzogen war und daß die Griechen keinen anderen Wunsch hatten, als den ewigen Hader zu beenden, der eine schicksalhafte Folge des Urzwistes um Troja war. Kein anderer griechischer Staat konnte besser zum Wortführer dieser Gedanken werden als der Nachfolger Trojas auf kleinasiatischem Boden, Pergamon, das sich mit Rom, dem Nachfolgestaat Trojas in Italien, brüderlich verwandt fühlte.

Das Politisch-Sachliche dieser Diplomatie konnte in den Reden der Gesandtschaften vor dem Senat in Rom und in den heimischen Volksversammlungen vorgetragen werden. Es bedurfte aber flankierender Maßnahmen, um auch die tieferen Schichten des Gemütes zu erreichen. Dazu wurde, ebenso wie auch andernorts, in Pergamon und hier in besonders programmatischer Weise die Kunst eingesetzt. Das ist das Klima, in dem eine so eigenartige Blüte wie die „Alexandra" des Lykophron gedeihen konnte. Das, was besonders die Forschungen von Konrat Ziegler und St. Josifović in den beiden letzten Generationen über Sinn und Botschaft der „Alexandra" herausgefunden haben, läßt sich jedenfalls mit keiner anderen historischen Situation besser zur Deckung bringen als mit dem komplexen Verhältnis, in dem sich Pergamon zur Zeit der Schlacht von Kynoskephalai mit den übrigen griechischen Staaten und mit Rom befand. Fällt es schon nicht schwer, in dem König, an den sich die Schlußworte der „Alexandra" richten, den König von Pergamon zu erkennen, so ist auch der Lobpreis des Titus

Quinctius Flamininus als Morgenröte einer glücklicheren Zukunft zu dieser Zeit schwerlich im Munde eines anderen besser zu verstehen als in dem eines Pergameners, dessen Staat nach der Ausschaltung der Makedonen und Seleukiden als eigenständige Mächte die höchste Blüte erleben sollte. Ob die Idee zur Beauftragung Lykophrons noch vom späten Attalos I. ausging, oder ob sie eine der ersten Taten seines Sohnes und Nachfolgers Eumenes II. war, muß weiteren historischen Untersuchungen vorbehalten bleiben. Hier genüge es, das Königtum von Pergamon als möglichen Auftraggeber benannt zu haben.

Nachdem nun ein Lösungsvorschlag für die Frage nach dem Auftraggeber und nach der Zielgruppe der „Alexandra" Lykophrons unterbreitet wurde, ist es Zeit, zu der eigentlichen Frage dieses Buches zurückzukehren, was die Erwähnung des Laokoon-Mythos in dem Rätselgedicht zur Erklärung der plastischen Gruppe beitragen kann, die, wie wir sahen, mit dem pergamenischen Kunstkreis aufs engste verbunden ist.

Laokoon und Lykophron

Es wurde schon angedeutet, daß die Erwähnung der Schlange Porkes eine Anspielung auf den Laokoon-Mythos als unzweifelhaft erscheinen läßt, aber der genaue Sinn dieser Anspielung im Zusammenhang des Gesamtwerkes bleibt noch zu ergründen. Die Voraussetzungen dafür sind jetzt günstiger, nachdem der übergreifende Sinn des ganzen Werkes besser bekannt ist.

Drei Textstellen sind es, die sich auf den Laokoon-Mythos beziehen. Zur ersten wird man durch die Nennung des Namens Porkes geführt, denn so heißt nach Sophokles eine der beiden Schlangen, welche die Götter gegen Laokoon senden. Der Satz, in dem der Name begegnet, umfaßt vier Zeilen (344–347) und lautet:

„Dann weist der Vetter jenes Fuchses, der die List
von Sisyphos ererbte, bösen Fackelschein
der Flotte, die zum schmalen Tenedos enteilt
und zu des Knabenwürgers Porkes Inselpaar."

Der Fuchs, der die List von Sisyphos ererbte, ist dessen Enkel Odysseus, der das Trojanische Pferd ersann, und sein Vetter ist Sinon, den die Griechen beim Hölzernen Pferd zurückgelassen hatten, um die Trojaner durch seine Lügengeschichte zu täuschen. Er gab der Flotte der Griechen, die sich bei den vorgelagerten Inseln Tenedos und Kalydnai verborgen hielt, das vereinbarte Fackelzeichen, um den Griechen mitzuteilen, daß der Plan des Odysseus gelungen und das Pferd mit den Kriegern in seinem hohlen

163

Bauch in die Stadt gebracht worden war. Alles war zur Eroberung der Stadt bereit. Von besonderem Interesse ist nun, daß das Inselpaar der Kalydnai, wo ein Teil der griechischen Flotte versteckt lag, als die Inseln des Knabenfressers Porkes bezeichnet werden. Die Flotte kommt also von der gleichen Stelle her übers Meer heran, von wo auch die Schlangen kommen, die Laokoon das Verderben bringen. Auch bei Vergil (Aeneis 2,203) liest man noch, daß die Schlangen von Tenedos kommen, das zusammen mit den Kalydnai die Inselgruppe bildet, wo die griechische Flotte sich vor der Zerstörung Trojas versteckt hatte. Es ist wichtig zu erkennen, daß diese Tatsache Allgemeingut der Mythenkenner war, denn dies ist die Voraussetzung für das richtige Verständnis der Verse 216–218, die in wörtlicher Übersetzung lauten:
„Ich sehe längst des Schreckens Schlangenringe dort im Meer heran sich wälzen und dem Vaterland entgegenzischen grimme Pein und Flammentod."

Schiffe und Schlangen

Um diese Verse zu verstehen, muß man sich daran erinnern, daß es die vom Boten mitgeteilten Wortfetzen sind, in denen Alexandra-Kassandra ihre Vision ausdrückte. Sie sah in einem Bild, das durch die poetische Wortwahl in visionärer Weise anschaulich wird, wie die griechischen Schiffe übers Meer herankommen. Es heißt aber nicht, daß sie heransegeln, und überhaupt ist nicht von Schiffen die Rede, sondern von Schlangenringen des Schreckens, die sich übers Meer heranwälzen. Sie bringen auch nicht sogleich den Untergang der Stadt, sondern zischen dem Vaterland, wie Schlangen, die schreckliche Drohung des Untergangs in Flammen entgegen. Es ist klar, daß die Prophetin das Herannahen der griechischen Schiffe und das Sich-Heranwälzen der Schlangen als den gleichen Vorgang auffaßt und daß der väterliche Priester Laokoon stellvertretend für das zum Untergang bestimmte Vaterland steht. Ein antiker Kommentator, dessen Bemerkung in den Scholien zur „Alexandra" überliefert ist, hat zu dieser Stelle schon geäußert, daß der Tod des Laokoon eine symbolische Vorwegnahme des Untergangs von Troja sei, Semeion tes Iliou haloseos, wie es auf griechisch heißt. Man kann diese prägnante Bezeichnung deshalb als eine Sinngebung verstehen, welche der plastischen Gruppe in hellenistischer Zeit gegeben wurde: Sie war ein Sinnbild der Zerstörung Trojas, die im Tode des Laokoon vorweggenommen wird. Ist man einmal aufmerksam geworden auf die Gleichsetzung der Schlangen, die Laokoon töten, mit den Schiffen der Griechen, die der Stadt den Untergang bringen, dann versteht man einige andere Anspielungen Lykophrons in der „Alexandra" besser.

Unmittelbar im Anschluß an die zentralen Verse, in denen von der Vision der Schlangenringe des Schreckens die Rede ist, die dem Vaterland die Drohung des Flammentodes entgegenzischen, spricht die Seherin den vergeblichen Wunsch aus, Prylis, der Urenkel des Atlas, sei nie geboren worden. Denn er war es, der den Griechen, als sie auf der Fahrt nach Troja in Lesbos anlegten, die Einnahme Trojas durch das Hölzerne Pferd voraussagte. Wenn Alexandra-Kassandra unmittelbar nach der Erwähnung der als Schlangenringe sich nähernden Griechenschiffe an die Weissagung des Prylis denken muß, dann wird erneut der Mythos des Laokoon assoziiert, der den Tod fand, als er vor dem Trojanischen Pferd warnte.

Laokoon und Troja

So kann man auch kaum die in Vers 232 folgende Anspielung mißverstehen, wenn Alexandra-Kassandra sagt:

„Zwei Kinder sinken schon mit ihrem Vater hin, ..."

Man sieht sofort Laokoon mit seinen beiden Söhnen vor Augen, doch dann gibt der Dichter den Worten der Seherin eine interessante, unerwartete Wendung, wenn er in den folgenden Versen ausführt, daß die beiden Kinder Tennes und Hemithea des Kyknos gemeint sind. Achill hatte Kyknos und seine Kinder Hemithea und Tennes durch Steinwürfe getötet, als letzterer sich der Landung der Griechen auf Tenedos widersetzte. Die Ermordung des Tennes war deshalb bedeutungsvoll, weil dieser in Wahrheit ein Sohn des Apoll war und es dem Achill vom Schicksal bestimmt war, zu sterben, wenn er einen Sprößling Apolls tötete.

Die Erwähnung der Ermordung des Tennes durch Achill an dieser Stelle hat in der Zielrichtung der „Alexandra" einen besonderen Sinn, den man begreift, wenn man den visionären Assoziationen der Unglücksprophetin zu folgen versucht. Dem Leser soll klargemacht werden, daß die gegen Troja ziehenden Griechen in der sie repräsentierenden Gestalt Achills den Fluch der Ermordung Unschuldiger wie des Tennes auf sich geladen haben, der an ihnen gerächt wird. Sie können sich nicht darauf hinausreden, daß es die Götter waren, die Laokoon durch die Schlangen vernichteten, sondern ihnen selbst fällt die Schuld am Tod des Laokoon zu, der mit dem Untergang Trojas gleichgesetzt wird. So wie Achill für den Tod des Kyknos und seiner beiden Kinder bestraft wird, so müs-

Schuld und Sühne

sen die Griechen für den Tod des Laokoon und seiner Söhne büßen.

Das Gedicht ist, wie man bei aufmerksamer Lektüre erkennt, von Anspielungen auf den Laokoon-Mythos durchzogen, der hier als Symbol für den Untergang von Troja zu verstehen ist, ohne daß irgendwo darauf angespielt würde, daß dieses Symbol für Aeneas das Zeichen zur Flucht wird. Diese Erkenntnis ist deshalb so wichtig, weil mit der Alexandra des Lykophron ein Dichtwerk benannt werden kann, das aus dem gleichen Jahrhundert stammt, in das man auch das Urbild der Laokoon-Gruppe setzen muß. Dieses Dichtwerk kann deshalb möglicherweise Aufschluß darüber geben, wie Auftraggeber und Schöpfer der Laokoon-Gruppe diese verstanden wissen wollten.

Die Mythologeme Lykophrons

Zu Beginn des langen Exkurses über Auftraggeber und Zielgruppe der „Alexandra" wurde die Überzeugung geäußert, daß es ohne einen unmißverständlichen Hinweis aus den antiken Quellen kaum möglich sein werde, die historischen Koordinaten des Kunstwerkes zu bestimmen. Als die historischen Koordinaten wurden der Anlaß, der Auftraggeber, der Kunstkreis und der Aufstellungsplatz des erschlossenen Urbildes der Laokoon-Gruppe bezeichnet.

Die Frage ist, ob man diese Koordinaten aufgrund der Erkenntnisse bestimmen kann, welche die Erwähnung des Laokoon in der „Alexandra" geliefert hat. Hier sei daran erinnert, daß sich die Vielschichtigkeit der historisch-politischen Bezüge der Skylla-Gruppe von Rhodos ebenfalls aufgrund der Hinweise aus dem Mimus des Lykophron besser erkennen läßt.

Des weiteren ist darauf hinzuweisen, daß auch die anderen mythischen Exempla, die in den Gruppen von Sperlonga beschworen werden, ebenfalls bei Lykophron begegnen. Besonders eindrucksvoll ist die Erwähnung des Polyphem-Mythos in Vers 657–661 der Alexandra, wo Lykophron seiner Kassandra-Alexandra die Worte in den Mund legt:

„Nur einen spart er als des Elends Boten auf,
den Pallasräuber, dessen Schild Delphine zeigt.
Er ist es, der des Löwen mit dem einen Aug'
Behausung schaut und nach dem Fleischmahl ihm den Wein
mit eigner Hand im Becher reicht als Nachtischtrunk."

Wer weiß, daß Homer in der Odyssee (9, 292) den menschenfressenden einäugigen Riesen Polyphem mit einem Berglöwen vergleicht, der versteht, daß mit dem einen, den Hades als des Elends Boten aufspart, das heißt, dem einen, der übrigbleibt, den Tod seiner Gefährten zu erzählen, Odysseus gemeint ist, der das Palladion geraubt hat, wie es die Gruppe von Sperlonga zeigt, und dessen Schildzeichen Delphine sind, weil er „die Salzflut durchforschen mußte." Das Gedicht des Lykophron zeigt den historisch-politischen Hintergrund auf, vor dem die aus der Vorzeit stammenden, von Homer und seinem Kreis gestalteten Mythenbilder zu Metaphern der eigenen Zeitideen werden konnten.

Die Frage ist, ob man sich mit dieser allgemeinen Erkenntnis begnügen muß, oder ob man im Fall der Laokoon-Gruppe noch einen Schritt darüber hinauskommen kann. Dazu wird es notwendig sein, die Zeitstellung der Schöpfung des Laokoon noch genauer einzugrenzen. Dabei kann man an die stilistische Zeitbestimmung der Skylla-Gruppe vom Typus Sperlonga anknüpfen. Ein Vergleich des Laokoon-Kopfes mit dem Kopf des Steuermanns macht deutlich, daß letzterer dem Pergamon-Altar zeitlich wesentlich näher steht; der Laokoon geht über diese Stilstufe einen ganzen Schritt hinaus. Wie in dem Buch „Odysseus. Archäologie des europäischen Menschenbildes" gezeigt wurde, setzt er auch die zwischen 159 und 139 v. Chr. zu datierenden Figuren des sogenannten Kleinen Attalischen Weihgeschenks voraus, das Attalos II. auf der Akropolis von Athen gestiftet hat. Auf der anderen Seite muß die Laokoon-Gruppe früher entworfen sein als die spätestens um 130 v. Chr. zu datierende etruskische a-globolo-Gemme im Britischen Museum. Im Vergleich zu dem um 170–160 v. Chr. zu datierenden Urbild der Polyphem-Gruppe von Sperlonga wurde gezeigt, daß die Laokoon-Gruppe gleichsam die eine Generation spätere Antwort eines jüngeren Künstlers auf die vom Meister der Pasquino-Gruppe formulierte Gestalt des Odysseus als des kühnen Täters, des alles wagenden, alles bezwingenden Helden ist. In der Laokoon-Gruppe, die sich nicht nur inhaltlich, sondern auch formal mit der Polyphem-Gruppe vom Typus Sperlonga auseinandersetzt, ist der Mensch „als das Opfer eines unverstandenen göttlichen Willens" dargestellt, „gegen den er sich nur durch Erleiden, durch eine ohnmächtige, aber umso tiefer erschütternde Anklage wehren kann."

Zeitstellung der Laokoon-Gruppe

Die Komposition der Laokoon-Gruppe ist immer und zu Recht aufs höchste bewundert worden, weil sie drei in ein dramatisches Geschehen verwickelte Menschen in ganz verschiedenen Bewe-

Komposition

gungszuständen mit eindrucksvoller Überschaubarkeit vor Augen stellt: der eine Knabe sinkt sterbend zurück, der Vater bäumt sich vom Biß der Schlange getroffen auf, der andere Knabe wird zum verzweifelten, an die Verlorenen geketteten Zuschauer und Stimmungsträger.

Diese ebenso bewegte wie ausgewogene Komposition, in der Figuren von vollrunder Plastizität gleichwohl mit bildhaftem Umriß in einer einzigen, von einem bestimmten Betrachterstandpunkt aus überschaubaren Ebene entwickelt werden, ist in höchstem Maße kunstvoll. Wie exakt der Schöpfer auch die einzelnen Bewegungsmotive aus dem genau verfolgten Angriff der Schlangen heraus gestaltet hat, so hat er die Haltung der Figuren doch nicht ohne Anregung früherer Kunstwerke, frei aus der Naturbeobachtung, gefunden. Ganz abgesehen davon, daß man nicht erwarten darf, ein Künstler habe den tatsächlichen Angriff von Riesenschlangen auf Menschen in der freien Natur miterleben können, so wurde ja schon gezeigt, daß es sich bei dieser Darstellung gar nicht um die Nachbildung eines natürlichen, sondern um die kunstvolle Gestaltung eines mythischen Vorgangs handelt, bei dem allerdings das natürliche Wesen der Schlangen so wenig außer acht gelassen wurde wie die körperliche Funktionalität der Menschenfiguren. Doch auch diese wurden trotz ihrer erstaunlichen Übereinstimmung mit der Natur nicht etwa lebenden Modellen nachgebildet. Vielmehr läßt sich zeigen, daß den drei in der Gruppe zu einem untrennbaren Ganzen verbundenen Gestalten drei ganz verschiedene in der vorhergehenden Kunst geprägte Typen zugrunde liegen: der jüngere Knabe hat eine unverkennbare Verwandtschaft mit dem liegenden Niobiden, von dem Kopien in der bekannten Gruppe der Uffizien zu Florenz sowie in München, Dresden und Turin existieren. Die Übereinstimmung des Bewegungsmotivs des Vaters mit dem von Athena überwundenen Giganten Alkyoneus des Pergamonaltares sprang sofort nach Bekanntwerden des großen Reliefs ins Auge, und der ältere Knabe mit dem gebeugten linken und dem gestreckten rechten Bein, mit dem nach unten geführten linken und dem abwehrend erhobenen rechten Arm sowie dem ins Profil gewandten, zu den übrigen Figuren hinüberblickenden Kopf geht auf den Weinschlauchträger der Polyphem-Gruppe vom Typus Sperlonga zurück, deren Original man um 160 v. Chr. datieren kann. Der Schöpfer der Laokoon-Gruppe war also vollgesogen mit der Kenntnis der großen Kunstwerke und

Abb. 66

▷

Abb. 45–47 Attalos I. (Abb. 45) und Eumenes II. (Abb. 47) waren die Bundesgenossen der Römer im Makedonischen Krieg, der die Weltherrschaft Roms begründen sollte und auf römischer Seite von Titus Quinctius Flaminius (Abb. 46) und den Scipionen (Abb. 52.53) geführt wurde.

Abb. 45 △   ▽ Abb. 46.47

Gruppenkompositionen, mit denen die hellenistischen Zentren geschmückt waren. Natürlich hat ein Künstler vom überragenden Rang des Schöpfers der Laokoon-Gruppe seine Vorbilder genausowenig sklavisch nachgeahmt wie Michelangelo den Torso vom Belvedere, der ihm doch nachweislich stärkste Anregung gab. Es gehört zum Geheimnis der Kunst des Laokoon-Meisters, daß er aus verschiedenen Zusammenhängen stammende Vorbilder zu einem untrennbaren neuen Ganzen zusammenfügen konnte. Doch sei nicht verschwiegen, daß die feinsinnige ästhetische Bestimmung Heinses, der die Figuren zu einem „Sonnenfächer" zusammengeflochten sieht, die hochentwickelte Künstlichkeit der Gruppe, die ihre Wurzeln in der überzüchteten hellenistischen Geistigkeit hat, durchaus treffend anspricht. Das läßt einen zeitlichen Abstand zu den viel unmittelbarer gestalteten Gruppenkompositionen, die in der Skylla und in der Blendung Polyphems von Sperlonga überliefert sind, geraten erscheinen.

Der Vergleich zwischen dem Kopf des Odysseus von Sperlonga und dem Laokoon, die doch von den gleichen Kopisten aus dem Marmor geschlagen wurden, bestätigt den späteren Ansatz des Laokoon. Der größte Unterschied liegt auf struktureller Ebene: Der Kopf des Odysseus besitzt noch ein festes, inneres Gerüst, der Kopf des Laokoon ist hingegen wie eine knetbare Masse verformt. Die äußeren Augenwinkel sind nach unten gezogen, um den Ausdruck eines in Schmerz zerfließenden Gesichtes zu steigern, die gratige Brauenlinie greift tief in die knorpelige Nasenwurzel ein, um den Eindruck einer tragischen Maske zu erwecken, während beim Odysseus das kräftige und breite Nasenbein knorpelig aus der Stirn hervorwächst und die rechtwinklig dazu angeordneten Augen die feste Struktur deutlich werden lassen. Das Zerfließen der Gesichtszüge ist den späthellenistischen Porträts – etwa dem bekannten Bronzekopf aus Delos in Athen – eigen, die in der letzten Generation des zweiten Jahrhunderts v. Chr. entstanden sind und die Verlorenheit jener Menschen angesichts des Untergangs ihrer griechischen Welt veranschaulichen.

Stil

Für die Schöpfung der Laokoon-Gruppe, die einen Terminus ante quem in der spätestens um 130 v. Chr. entstandenen etruskischen Gemme im Britischen Museum hat, ergibt sich demnach eine Datierung nach der Mitte des zweiten Jahrhunderts, das heißt nicht weit von dem zwischen 159 und 139 v. Chr. entstandenen sogenannten kleinen Attalischen Weihgeschenk oder der um 150

Abb. 14

◁

Abb. 48 Das Bronzestandbild eines hellenistischen Herrschers stellt nach der Identifizierung von N. Himmelmann Attalos II. von Pergamon (159–138 v. Chr.) dar. Gegen Ende seiner Regierungszeit wurde der Ur-Laokoon als Bronzeplastik geschaffen.

v. Chr. zu datierenden Kultgruppe von Lykosoura des Damophon von Messene. Besonders ähnlich ist die Laokoon-Skulptur bis in Einzelheiten der Formung von Haaren, knorpeligen Händen, Gewandfalten und den Füßen mit dem eigentümlich verkrümmten kleinen Zeh dem berühmten Poseidon von Melos, „einer der wenigen originalen hellenistischen Marmorskulpturen von Übergröße, die in allem Wesentlichen erhalten ist." Sie wird spätestens um 125 v. Chr. datiert. Das gibt auch einen Anhaltspunkt für die Erfindung der Laokoon-Gruppe, die wegen der Sorgfalt und Genauigkeit der Ausführung noch etwas früher sein dürfte und deshalb in die Zeit um 140 v. Chr. datiert werden kann. Am nächsten verwandt ist der Rumpfmuskulatur des Laokoon der Torso eines von Skylla ergriffenen Griechen in einer für die Villa Hadriana kopierten Gruppe, die man durch einen Vergleich mit der Amazone des Kleinen Attalischen Weihgeschenks und den Tritoninnen am Thron der Despoina von Lykosoura in die Zeit bald nach der Jahrhundertmitte setzen kann.

Die zerstörte Stadt

Was kann zum tieferen Verständnis dieser Schöpfung nun die neugewonnene Erkenntnis beitragen, daß die Laokoon-Tragödie in der „Alexandra" des Lykophron das Gleichnis für den Untergang Trojas ist? Zur Beantwortung dieser Frage erscheint es als besonders wichtig festzuhalten, daß die Vision der Unglücksprophetin zwar die Zerstörung Trojas voraussieht, der Bote aber trotzdem die Hoffnung ausspricht, daß dieses Schicksal den Erben Trojas erspart bleiben möge. Die Zerstörung Trojas steht in der „Alexandra" also selbst für etwas anderes, sie hat Symbolcharakter. Daß dies auch nach der Mitte des 2. Jahrhunderts v. Chr., also fünfzig Jahre nach der Abfassung der „Alexandra" noch so verstanden wurde und eine weiter verbreitete Meinung war, geht aus einem berühmt gewordenen Ausspruch des Scipio Aemilianus hervor. Dieser unter dramatischen Umständen erfolgte Ausspruch hat deshalb besondere Bedeutung, weil man Scipio Aemilianus als einen exemplarischen Repräsentanten des Zeitgeistes um die Mitte des 2. Jahrhunderts v. Chr. ansehen darf.

Karthago

Der Schauplatz ist Karthago, jene punische Handelsmetropole im heutigen Tunesien, von der als Ausgangsort Hannibals und als Handelspartner von Rhodos in diesem Buch schon mehrfach die Rede war. Die neuen, internationalen Ausgrabungen haben erschütternde Bilder der niedergebrannten Häuser am Hang der Byrsa, der Akropolis von Karthago geliefert, die auch heute noch mit der weithinschauenden Basilika des Heiligen Augustinus einen markanten Orientierungspunkt in der tunesischen Küstenlandschaft gegenüber dem Cap Bon darstellt. Hier lag einst eine der größten und bedeutendsten Städte der Alten Welt, die spätestens 814 von Tyros aus gegründet worden war und im vierten Jahrhundert v. Chr. in einen langen, wechselvollen, am Ende tödlichen Konflikt mit der in Italien aufstrebenden Macht Roms geriet.

Am Ende des 3. Jahrhunderts kam es zu der großen welthistorisch bedeutungsvollen Auseinandersetzung zwischen dem Feldherrngenie Hannibal und dem Stadtstaat Rom mit seinem Bürgerheer, das, wie man treffend formuliert hat, der „Vernichtungsstrategie" Hannibals eine „Ermattungsstrategie" entgegensetzte, bis dem Punier in dem jungen Publius Cornelius Scipio ein auch als Persönlichkeit ebenbürtiger Gegner erwachsen war, der Hannibal im Jahre 202 auf afrikanischem Boden bei Zama (Naraggara) mit seiner eigenen Umfassungstaktik schlug.

Während Rom sich in den folgenden Jahren im Osten engagierte und in die Makedonischen Kriege sowie in den Krieg gegen Antiochos III., den Großen, von Syrien verwickelt wurde, konnte Karthago, dem Scipio im Frieden von Zama 201 v. Chr. schwere Fesseln angelegt hatte, sich doch zu neuer, vor allem wirtschaftlicher Macht aufschwingen, wenn es auch außenpolitisch zu Rom stets loyal blieb.

In seiner grundlegenden Römischen Geschichte führt Alfred Heuss aus, daß es der modernen Geschichtswissenschaft „trotz angestrengter Bemühungen nicht gelungen ist, in überzeugender Weise für das römische Vorgehen gegen Karthago ‚rationale' Motive ausfindig zu machen."

Hier ist inzwischen die moderne Archäologie eingesprungen. Die internationalen Ausgrabungen in Karthago lehrten die erstaunliche Blüte der außenpolitisch geknebelten Handelsmetropole kennen, die jedoch wieder zu einem gefährlichen Konkurrenten zumindest auf wirtschaftlichem Gebiet zu werden drohte. Der absolut erstaunliche Kriegshafen des sogenannten Kothon von Karthago mit seinen auf einer kreisrunden Admiralsinsel angelegten Schiffshäusern, aus denen innerhalb weniger Minuten hochbewaffnete Schnellruderer zu Wasser gelassen werden konnten, zeigt, daß der erfinderische Geist der Punier nicht gering zu achten war.

Es war also nicht nur der von der römischen Propaganda bemühte

Rationale Motive

«metus punicus», das Mißtrauen und die Angst, ein neuer Hannibal könne vor den Toren Roms erscheinen, sondern es war eine Mischung aus diesen irrationalen Gefühlen und einer realen Bedrohung durch eine wenn schon nicht militärisch, so doch wirtschaftlich nicht zu unterschätzende Macht, die zum Beispiel Cato seinen berühmten Refrain diktierten: «Im übrigen denke ich, Karthago ist zu zerstören.» Aus den gleichen Gründen, wenn auch mit anderen Methoden, hatte Rom die Rivalität der Handelsmacht Rhodos im Jahre 164 v. Chr. ausgeschaltet. Im Jahre 146 v. Chr. kamen Korinth und Karthago an die Reihe.

Von Korinth wird noch im Zusammenhang mit der politischen Bedeutung von Kunstwerken in Pergamon zu berichten sein.

Zunächst geht es um jenen hintergründigen Ausspruch des Scipio Aemilianus auf den rauchenden Trümmern Karthagos, der ein Schlaglicht auf die Bedeutung mythischer Exempla auch in der realen Politik dieser Zeit des mittleren 2. Jahrhunderts v. Chr. wirft.

Straßenkämpfe in Karthago

In der Römischen Geschichte Appians ist eine grauenvolle Schilderung der sechs Tage andauernden Straßenkämpfe überliefert, in denen sich die Römer zum Burgberg der Byrsa vorarbeiten. An deren Hang sind die verbrannten Trümmer der Häuserfluchten freigelegt worden, welche die Römer im Kampf Mann gegen Mann erobern mußten. Die Bewohner hatten die herannahenden Römer von den bis zu sechs Stockwerken hohen Häusern herab mit Wurfgeschossen abzuwehren versucht, doch dann hatten die Römer die ersten Häuser erobert. Sie legten nun Planken von einem Haus zum andern und kämpften sich so, langsam, voran, indem sie die Bewohner auf die Straße warfen oder die Häuser anzündeten. Man kann die grauenhaften Schrecken der Eroberung einer sich verzweifelt wehrenden Stadt nicht schlimmer ausmalen, als sie von dem Berichterstatter geschildert werden, den Appian seiner Darstellung zugrunde gelegt hat. Die Schilderung wirkt wie die eines Augenzeugen, der die furchtbaren Eindrücke nicht mehr aus seinem Gedächtnis verbannen kann. Man vermutet in der Quelle Appians eines der verlorenen Bücher des Polybios, der Scipio bei diesem Feldzug begleitete. Appian berichtet von dem unglaublich eindrucksvollen, unvergeßlichen Gespräch, das Scipio Aemilianus und Polybios im Anblick der brennenden Stadt führten und das Polybios so tief beeindruckte, daß er es der Nachwelt überliefern wollte.

Als Scipio die seit 700 Jahren blühende Stadt brennen sah, die über so viele Länder, Inseln und Meere geherrscht hatte, entflohen seinen Lippen die Verse der Ilias, in denen auf den Untergang Trojas vorausgewiesen wird:

„Einst wird kommen der Tag, da die heilige Ilios hinsinkt!"

Polybios, der dabeistand, so berichtet Appian, habe Scipio gefragt, was er mit diesen Worten meinte. Scipio nannte ohne Zögern sein eigenes Vaterland, um dessen Schicksal er fürchtete, wenn er an die Wandelbarkeit der menschlichen Verhältnisse denke. Appian fügt hinzu, Polybios habe das so aufgeschrieben, wie er es gehört habe (VIII 133).

Man wird nicht bezweifeln dürfen, daß Scipio dieses Zitat aus der Ilias wirklich in den Sinn kam, als er Karthago im Blutrausch erobert hatte. Polybios war der Lehrer Scipios, und man weiß, daß Scipio von hellenistischer Bildung vollgesogen war. Es wurde schon erwähnt, daß Panaitios von Rhodos, der von 144–141 im Scipionenkreis in Rom verkehrte, seine philosophische Lehre vom richtigen Handeln eben für die Eroberer der griechischen Welt verfaßte. Wenn Scipio ihn nach Rom berief, so war das schon der Ausfluß einer Bildung, wie sie auch in den Adressaten der „Alexandra" Lykophrons vorausgesetzt wird. Diese Männer kannten die vergeltenden Kräfte der Geschichte, und sie verkannten nicht, daß sie auch selbst diese Vergeltung auf ihre Nachkommen herabbeschworen, so wie sie an den Griechen Vergeltung für die Zerstörung Trojas übten. Troja war ihnen das Urbeispiel einer zerstörten Stadt, deren Schicksal sich in jeder weiteren Stadt wiederholte, die der Zerstörung anheimfiel. Wenn man bedenkt, daß die erste Plünderung Roms im Jahre 455 n. Chr. von den Vandalen, einem Volksstamm ausgeführt wurde, der im Gebiet von Karthago siedelte und dessen Eroberungszug von dort ausging, dann wird man nicht umhinkönnen, Gedanken nachzuhängen, wie sie schon der „Vater der Geschichte" Herodot am Ende seines Einleitungskapitels formuliert hat und die Lykophron zu seinen poetischen und beschwörenden Deutungen des Geschichtsverlaufs seit dem Untergang Trojas inspirierten.

In der Tat haben die mythischen Beispiele beschwörenden Charakter, und dies nicht nur in der Dichtung, sondern auch in der bildenden Kunst. Wenn der große russischstämmige, französische Künstler Ossip Zadkine bei seinem bedeutendsten Werk, dem zwischen 1946 und 1953 entstandenen Mahnmal für Rotterdam,

Scipio Aemilianus

Karthago gleich Troja

Ossip Zadkines Denkmal der zerstörten Stadt
Abb. 54

vom Laokoon ausgeht, dann reiht er sich in den großen Strom der Geschichte ein, die nicht nur aus politischen Taten, sondern auch aus kulturellen Aktionen und Reaktionen besteht. Ossip Zadkine hatte schon 1936 eine Laokoon benannte Bronzegruppe geschaffen. Zwar stand Ossip Zadkine, wie viele moderne Bildhauer, der antiken Skulptur kritisch gegenüber. So hat er seinen Laokoon als einen „Versuch" bezeichnet, „den römischen Laokoon zu berichtigen", indem er die drei Figuren enger zusammenschloß und die kompakte und gefestigte Masse mit kubistischen Mitteln gliederte und rhythmisierte. Die Kunsthistorie ist sich jedoch darüber einig, daß trotz der kubistischen Umsetzung in den modernen Gegenentwurf „das Wesentliche des antiken Werkes, sein tragisches Pathos, erhalten blieb".

Den Laokoon beschwört Zadkine auch in dem Rotterdamer Standbild, dem er den bezeichnenden Namen „Die zerstörte Stadt" gibt, eine Gleichung zu *„Semeion tes Iliou haloseos"*, wenn man Ilion wie Scipio Aemilianus als das Urbild einer zerstörten Stadt ansieht. Nach den Worten seines bedeutendsten Erklärers, Johannes Langner, hat das „Mahnmal für Rotterdam" seinen Ursprung im vatikanischen Laokoon. „Dessen Schrittbewegung, das vorstoßende rechte Knie, der zurückgelehnte Oberkörper, das hintenübergeworfene Haupt, haben, über die Plastik von 1936, die noch das Motiv beider erhobener Arme hinzufügte (Zadkine ging von Montorsolis Ergänzung des hochgereckten Armes aus), in der berühmten antiken Gestaltung qualvollen Erliegens eine ihrer Quellen."

Man steht voller Verwunderung vor der Tatsache, daß die künstlerische Intuition Ossip Zadkines die Erkenntnis, die sich in der Wissenschaft erst nach mühsamen historischen, philologischen und archäologischen Studien Bahn zu brechen beginnt, schon mehr als eine Generation früher gewonnen hat: Zadkine faßt die Laokoon-Gruppe im Vatikan nicht als das von Vergil geschilderte Opfer auf, das gebracht werden muß, damit Troja durch Aeneas in Rom erneuert werden kann, sondern er erkennt in der Gruppe in allgemeinerem Sinn das Gleichnis für den Untergang Trojas, das heißt der ersten von den Griechen zerstörten Stadt.

Versteht man die Laokoon-Gruppe so, dann ist sie ein Kunstwerk, das nicht nur für die Römer als Nachkommen des Aeneas verständlich ist, sondern das auch für die hellenistischen Griechen eine unmittelbar verständliche Aussage hatte.

Bevor nun der Versuch gemacht wird, noch genauer zu bestimmen, wer denn unter diesen Voraussetzungen der Auftraggeber und welches die Zielgruppe des Ur-Laokoons gewesen sein könnten, muß noch anderer Städte gedacht werden, die in der Generation zerstört wurden, welche die Laokoon-Gruppe hervorgebracht hat.

Andere zerstörte Städte

An erster Stelle Korinth, wo noch fünfzig Jahre zuvor bei den Isthmischen Spielen des Jahres 196 v. Chr. die Freiheit der Griechenstädte verkündet worden war. Hier tagte die Bundesversammlung des Achäischen Bundes, der bedeutendsten politischen Gruppierung der Zeit im griechischen Mutterland. In Makedonien hatte ein gewisser Andriskos sich wegen einer offenbaren Ähnlichkeit zum letzten 168 in römische Gefangenschaft geratenen und 165 in dem italischen Bergstädtchen Alba Fucens in der Verbannung gestorbenen König Perseus als dessen Sohn ausgegeben und eine Revolte gegen die Römer angezettelt, die sich auch gegen die romhörige Regierung der Achäer richtete. Den Römern gelang es nicht mehr, die Ordnung durch eine diplomatische Intervention herzustellen. Ihr Gesandter wurde im Jahre 146 v. Chr. auf der Bundesversammlung in Korinth ausgebuht. Nun ließen die Römer die Waffen sprechen. Im gleichen Jahr, in dem sie Karthago zerstörten, eroberten sie auch Korinth und machten diese damals reichste Stadt des griechischen Festlandes, die den Ost-West-Handel am Isthmos kontrollierte, dem Erdboden gleich.

Korinth

Eine auf den ersten Blick eher nebensächliche Episode bei der Eroberung Korinths ist nun für den hier zu erforschenden Sachverhalt von besonderer Bedeutung. Sie war dreihundert Jahre nach den Ereignissen noch nicht vergessen. Als Pausanias um die Mitte des 2. Jahrhunderts n. Chr. Korinth besuchte, das von Caesar neu besiedelt und inzwischen wieder zu einer bewundernswerten Großstadt angewachsen war, spielte er in einem kurzen Satz (7.16,8) darauf an. Gemeint ist das Schicksal, das den in Korinth vorhandenen Kunstwerken zuteil wurde.

Kunstwerke in Korinth

Die Eroberung von Korinth im Jahre 146 v. Chr. war, wenn man den antiken Quellen trauen darf, eher der Feigheit und Disziplinlosigkeit der Verteidiger als der Kriegstechnik der Angreifer zu verdanken. Der römische Befehlshaber Mummius war kein Scipio. Von Kunst scheint er nichts verstanden zu haben, und trotzdem wurde er plötzlich begierig auf ein Kunstwerk, bloß weil der König von Pergamon, Attalos II., eine exorbitant hohe Summe

dafür geboten hatte. Offenbar war der Kunstverstand der Attaliden den Zeitgenossen bekannt. Die Sache, von der hier die Rede ist, geht aus der Kombination zweier Textstellen hervor:
Polybios, so schreibt Strabo 8,381 (39,13), soll in seinem schmerzerfüllten Bericht von der Eroberung Korinths, der leider nicht wie der der Zerstörung Karthagos vollständig erhalten blieb, „eine Bemerkung über die Achtlosigkeit der Soldaten gegenüber den Kunstwerken und den Weihgeschenken hinzugefügt haben. Er habe mit eigenen Augen Bilder gesehen, die auf den Erdboden geworfen waren und den Soldaten als Unterlage für ihr Würfelspiel dienten".
Dieser Bericht eines Augenzeugen wird ergänzt durch eine Notiz in der Naturgeschichte des Plinius (35, 8, 24): „Fremden Gemälden verschaffte zuerst in Rom öffentliche Geltung Lucius Mummius, der von seinem Sieg (über Korinth) den Beinamen Achaicus erhielt. Denn als König Attalos bei dem Verkauf der Beute ein den Vater Liber darstellendes Gemälde von Aristeides für 600 000 Denare gekauft hatte, wunderte er sich über den hohen Preis und nahm den Kauf in der Annahme, daß es eine ihm unbekannte Eigenschaft habe, zurück und stellte es, so sehr sich Attalos auch darüber beklagte, im Heiligtum der Ceres in Rom auf."
Der hier verkürzt dargestellte und auf das für Plinius Wesentliche reduzierte Vorgang dürfte sich folgendermaßen zugetragen haben: Der pergamenische Truppenführer Philopoimen, der das pergamenische Hilfskontingent kommandierte, scheint im Auftrag Attalos' II. einem der würfelspielenden römischen Soldaten eine beträchtliche Summe für das Bild geboten zu haben, das er gerade als Unterlage benutzte. Plinius erwähnt den Vorgang noch einmal im 7. Buch 39, 126 und spricht dort von der stolzen Summe von 100 Talenten. Auf jeden Fall erregte die Höhe der Kaufsumme den Argwohn von Mummius, und die Pergamener mußten auf dieses Meisterwerk des Aristeides verzichten.

Kunst und Politik

Die Geschichte lehrt mehreres: Erstens war der Kunstverstand nicht nur des Königs von Pergamon groß, sondern selbst der Anführer seiner Hilfstruppen, Philopoimen, verstand davon unendlich viel mehr als der römische Konsul. Diesem aber war immerhin soviel bekannt, daß Kunstkennerschaft ein kulturelles Prestige darstellte, das man mit Geld nicht aufwiegen konnte, das aber ein der Eroberung ganzer Städte vergleichbares politisches Gewicht hatte. Mummius ist nicht nur als der Eroberer von

▷

Abb. 49 Attalos III. (138–133 v. Chr.) war der letzte König von Pergamon. Angesichts der realen Machtverhältnisse sah er keine andere Wahl, als sein Reich den Römern testamentarisch zu vermachen.

Korinth in die Geschichte eingegangen, sondern auch als der, der griechischen Gemälden als erster in Rom Geltung verschaffte. Ein Schönheitsfehler bleibt, daß er erst durch den Preis, den der wahre Kunstkenner der Zeit, der König von Pergamon, für das Gemälde zu zahlen bereit war, auf dessen Wert aufmerksam geworden war. Die Quintessenz der ganzen Geschichte ist, daß Kunstwerke zu dieser Zeit einen besonderen, in der politischen Realität nicht zu unterschätzenden Rang hatten.

Das geht auch aus der Geschichte der Eroberung der dritten Stadt hervor, die in dieser Zeit als Markstein des Aufstiegs von Rom zu der die mittelländische Welt beherrschenden Macht zu gelten hat, Numantia.

Die dritte zerstörte Stadt: Numantia

Korinth bezeichnet die Unterwerfung Griechenlands, Karthago die Unterwerfung Nordafrikas, die dritte Stadt liegt in Spanien und bezeichnet die Unterwerfung des westlichen Mittelmeers; es ist Numantia auf der Iberischen Halbinsel. Wieder sieht man eine der herausragenden Gestalten der Zeit am Werk, Scipio Aemilianus, den Zerstörer Karthagos.

Der Krieg in Spanien zog sich parallel zu den Unternehmungen der Römer in Griechenland und um Karthago schon seit fast zwei Jahrzehnten unter großen Verlusten auf beiden Seiten hin, als Scipio Aemilianus, der 153 v. Chr. zum Krieg gegen die Keltiberer getrieben hatte, im Jahre 135 v. Chr. selbst auf den Kriegsschauplatz entsandt wird. Der Konsulat und die Führung des Krieges waren ihm in diesem Jahr vom Volk gegen das Gesetz übertragen worden, und Scipio beendete den Krieg selbstherrlich ohne Auftrag des Senates, wie er in Karthago und Korinth vorgelegen hatte, mit der völligen Zerstörung der Stadt.

Wieder existiert ein auf Polybios, den Lehrer und Freund Scipios, zurückgehender Bericht Appians (6,15,96), der das völlig andere, aber nicht weniger grauenvolle Ende dieser dritten von den Römern bei ihrem unaufhaltsamen Aufstieg zur Weltherrschaft zerstörten Stadt im Gedächtnis der Menschheit bewahrt. Die Stadt Numantia wurde nicht eingenommen, sondern durch eine neunmonatige Belagerung ausgehungert.

Die Verteidiger durchliefen die „furchtbare Stufenfolge der Bestialität." Ein Versuch, Scipio zur Milde zu stimmen, schlug fehl. Adolf Schulten, der im Jahre 1905 den vergessenen und überwachsenen Ort des keltiberischen Numantia und der beiden Feldlager Scipios und seines Bruders Fabius Maximus wiederentdeckte, hat

◁

Abb. 50 Der Alkyoneus vom Ostfries des Pergamon-Altares aus der Zeit zwischen 180 und 160 v. Chr. wirkt wie das unmittelbare Vorbild des Laokoon, dessen Ur-Fassung um 140 v. Chr. in Pergamon geschaffen wurde.

das Ende Numantias unter Zusammenfassung der antiken Quellen und vor allem des bei Appian überlieferten Augenzeugenberichtes des Polybios folgendermaßen geschildert: „Die Hungersnot wurde schlimmer und schlimmer. Das Korn, das Fleisch, selbst das Viehfutter war verzehrt. Da kochte man schließlich das Fell der geschlachteten Tiere. Als auch das nicht mehr half, griff man zum letzten, entscheidenden Mittel, zum Kannibalismus. Zuerst schlachtete man die Sterbenden, dann die Kranken, schließlich die Schwachen. Erst als die entsetzliche Nahrung erschöpft war, erklärte man die Übergabe. Viele töteten sich selbst. Die letzten Numantiner ergaben sich. Man sah sie ankommen, von Schmutz starrend, Haar und Bart verwildert, die Nägel zu Krallen gewachsen, die Kleider in Fetzen, einen entsetzlichen Geruch verbreitend, aber ungebrochen, den stieren Blick von Haß erfüllt." Scipio wählte 50 von ihnen für seinen Triumph aus, die anderen verkaufte er in die Sklaverei.

In krassem Gegensatz zu dieser grauenvollen Szene erscheint eine andere, die sich zur gleichen Zeit, am gleichen Ort ereignete und zeigen kann, daß in der Brust dieser römischen Heerführer des aufstrebenden Weltreiches zwei Seelen lebten, eine weiche, von griechischer Philosophie und Kultur gebildete und eine harte, von realpolitischen Zwängen geprägte. Überliefert ist diese Szene in einer der kunstvollen Gerichtsreden Ciceros.

Scipio Aemilianus und Pergamon

Im November 45 v. Chr. mußte dieser den kleinasiatischen Galaterkönig Deiotarus gegen den Vorwurf des Mordversuches an Caesar und weiterer hochverräterischer Handlungen verteidigen. In dieser Rede, wo man es nicht vermuten würde, findet sich folgende Mitteilung: „König Attalos hat Africanus, wie wir berichtet finden, die herrlichsten Kunstgaben von Asien aus bis nach Numantia geschickt und Africanus hat sie vor den Augen seiner Truppen in Empfang genommen." Der Vorgang als solcher ist nicht ungewöhnlich, denn nach Livius, Periocha 57 erhielt Scipio auch von dem syrischen König Antiochos VII. Sidetes vor Numantia Geschenke, er ist aber für die Frage nach der Beziehung Scipios zur pergamenischen Kultur doch von außerordentlicher Bedeutung.

Scipio war nachweislich wenigstens einmal, und zwar im Jahre 139 v. Chr., in dem sich der Thronwechsel zwischen Attalos II. und Attalos III. vollzog, persönlich in Pergamon gewesen. In den Jahren 141–139 sandte der Senat Scipio Aemilianus mit einer

Gruppe seines Kreises, zu der auch der Philosoph Panaitios gehörte, auf eine diplomatische Mission in den Orient, welche alle wichtigen Länder berührte und bis ins Zweistromland gelangte. Der Zweck dieser Reise, der offenbar eine Erkundung der Welt war, mit der die Römer es in steigendem Maße zu tun hatten, war den betroffenen Staaten gewiß nicht völlig klar. Nach den Ereignissen in Karthago, in Korinth und auf dem iberischen Kriegsschauplatz, wo das Ende Numantias bevorstand, mußten sie das Schlimmste befürchten. Daß diese diplomatische Mission eine Art Auftakt der römischen Eroberung des Orients war, zeigen die späteren Ereignisse unter Sulla, Pompeius und Caesar. Diese Entwicklung war im Jahre 140/139, als Scipios Ankunft in Pergamon bekannt wurde, noch kaum abzusehen, und damals trugen sich weder der über achtzigjährige Attalos II. noch sein Neffe (oder Sohn?) und präsumtiver Nachfolger Attalos III. mit dem Gedanken, den letzterer 133 ausführte, nämlich den Römern das Pergamenische Reich testamentarisch zu vermachen.

Im Jahre 139 konnte der späte Attalos II., der den steilen Aufstieg des Reiches von Pergamon unter seinem Bruder Eumenes II. miterlebt und mitgetragen hatte, auf die Früchte einer klugen und diplomatisch geschickten Konsolidierungsphase des Reiches schauen. Blühende Städte, wie Apollonis, das den Namen der Mutter, Hierapolis, das den Namen der Frau, und Attaleia, das seinen eigenen Namen trug, zeigen seine Verdienste um die Urbanisierung und den inneren Ausbau des Reiches. In den umgebenden Dynastien war durch erfolgreiche Diplomatie pergamonfreundlichen Prätendenten auf den Thron verholfen worden. Dabei hatte Attalos II. es nach den Worten des Historikers seiner Zeit J. Hopp „durch kluges staatspolitisches Kalkül verstanden, der nach der Schlacht von Pydna (168 v. Chr.) durch auffallend imperialistische Züge gekennzeichneten Haltung Roms Rechnung zu tragen."

Die späten Attaliden Abb. 48.49

Trotzdem oder gerade wegen der Einsicht in die Weltlage mußte der Besuch einer Senatskommission unter Scipio Aemilianus, dem Zerstörer von Karthago, in Pergamon schwere Befürchtungen auslösen. Das Königshaus von Pergamon war selbst nicht frei von Neid gewesen, als es den Aufstieg von Rhodos beobachtete, und man konnte sich denken, daß die im Gegensatz zu Rhodos unangetastete Blüte des eigenen Reiches Begehrlichkeiten wecken mußte. Das ist eine Situation, in der die Gedanken Lykophrons vom Anfang des Jahrhunderts in neuem Licht erschienen. Damals hatte man den Griechen erklären müssen, warum man sich in der welthistorischen Auseinandersetzung zwischen Rom und dem von dem Makedonen Alexander d. Gr. geprägten Osten auf die Seite der Römer stellte.

Nun ging es darum, den Römern selbst die gemeinsamen Wurzeln aufzuzeigen und zu erklären, daß am mythischen Beginn sowohl des Staates der Römer als auch des Staates der Pergamener die im Opfer des Laokoon symbolisierte Zerstörung Trojas stand, die sich an Pergamon nicht wiederholen sollte.

Pergamon und die Laokoon-Gruppe

Versetzt man sich in die Stimmung, die um 140 v. Chr. beim Bekanntwerden der nahenden römischen Gesandtschaft in Pergamon herrschte, so glaubt man das Klima bezeichnen zu können, in dem eine Schöpfung wie die Laokoon-Gruppe gedeihen konnte. Wie nahe die Laokoon-Gruppe der Kunst von Pergamon steht, ist seit der Entdeckung des Pergamon-Altares immer gesehen worden. Wenn man den Laokoon für die Kunst von Rhodos in Anspruch genommen hat, so lag dies natürlich an dem Herkunftsort der Künstler, den Plinius mitteilt. Nachdem durch die Inschrift von Sperlonga klargeworden ist, daß nur die Kopisten der dortigen Gruppen aus Rhodos stammen, also über die Schöpfer der Gruppen nichts ausgesagt wird, muß die stilistische Beurteilung in ihr Recht eintreten. Allerdings sieht man an der Skylla-Gruppe, die mit guten Gründen als ein rhodisches Werk angesehen werden muß, wie eng verwandt in dieser Zeit die Kunst von Rhodos und von Pergamon war. Auch eine andere Gruppe, die man aus inhaltlichen Gründen als pergamenische Stiftung ansehen darf, nämlich die Gruppe der Bestrafung von Dirke, die durch Amphion und Zethos an einen Stier gefesselt wird, um deren Mutter Antiope zu rächen, stand in Rhodos. Sie muß das bekannte, im politischen Sinn aussagekräftige gute Verhältnis der Herrscher von Pergamon zur Königinmutter und darüber hinaus ihre sprichwörtliche Eintracht ausgedrückt haben und dürfte in der Zeit der Wiederannäherung von Pergamon an Rhodos nach 165 v. Chr. dort aufgestellt worden sein, von wo Asinius Pollio sie 42 v. Chr. nach Rom verschleppt hat. Pergamon und Rhodos waren nicht nur politisch, sondern auch kulturell verwandte hellenistische Staaten, auch wenn die Insel eine Republik und das Attalidenreich eine Monarchie war.

Die bisherige selbstverständliche Zuweisung der Laokoon-Gruppe

▷

Abb. 51 Die Verwandschaft des Odysseus von Sperlonga mit den Porträtköpfen in München (Abb. 52.53), die neuerdings als Kopien der von Livius 38,56,4 erwähnten Bildnisse der Scipionen gedeutet werden, erklärt sich durch hellenistische Werkstatt-Traditionen.

Abb. 52.53 Scipio Aemilianus, der Karthago und Numantia zerstörte, stiftete die von Livius erwähnten Bildnisse seiner Ahnen, des Publius Cornelius Scipio Africanus (Abb. 52), des Siegers von Zama, und des Lucius Cornelius Scipio Asiaticus (Abb. 53), des Siegers von Magnesia. Die Bildnisse zeigen, daß der Stifter, der 140/139 v. Chr. Pergamon besuchte und 133 v. Chr. Kunstwerke aus Pergamon als Geschenk erhielt, sich der gleichen hellenistischen Werkstätten bediente wie Rhodos und Pergamon.

an die Kunst von Rhodos kann also nicht als Gegenargument dienen, wenn hier in Scipio Aemilianus ein Mann benannt wird, der den ebenso klaren wie vielschichtigen Sinn der Laokoon-Gruppe nachweislich sogleich erkennen konnte, wenn er sie in Pergamon vor sich sah.

Diese Überlegungen sind gewiß nicht als ein Beweis zu werten, daß die Laokoon-Gruppe um 140 v. Chr. in Pergamon aufgestellt wurde. Es ist vielmehr umgekehrt. Nachdem man durch eine Kombination vieler Beobachtungen und Feststellungen zu der begründeten Vermutung gekommen ist, daß die Laokoon-Gruppe ebenso wie die den gleichen Themenkreis berührende „Alexandra" Lykophrons ein Werk ist, welches das komplexe in mythischer Vorzeit schon begründete Verhältnis von Pergamon und Rom beleuchtet, dann kann man eine Zielgruppe nennen, welche diese Botschaft verstand.

Scipio Aemilianus und die Kunst von Pergamon

Scipio hatte den auf andere Weise im Laokoon verkörperten Untergang Trojas selbst als ein für die Zerstörung einer Stadt eintretendes Symbol bezeichnet. Er hatte sich von den Vorstellungen der Pergamener überzeugen lassen und Freundschaft mit ihnen gepflogen, obgleich er sicher auch die Möglichkeit gehabt hätte, einen Krieg gegen sie in Gang zu setzen, und er schätzte die zweifellos von pergamenischen Künstlern geschaffenen Gaben, die ihm Attalos III. quer durch das Mittelmeer nach Numantia schickte und die er vor seinen Truppen demonstrativ entgegennahm.

Daß er für die Kunstform empfänglich war, die die Gruppen von Sperlonga und den Laokoon hervorbrachte, geht schließlich aus einer gänzlich unabhängig von den vorliegenden Überlegungen entwickelten Hypothese von Luca Giuliani hervor.

Es war schon immer beobachtet worden, daß zwei bedeutende hellenistisch-römische Porträtköpfe mit brüderlich verwandten Zügen, nämlich die beiden als „Marius" und „Sulla" bezeichneten Marmorbildnisse in München ihre nächste stilistische Parallele in den Köpfen der Gruppen von Sperlonga und insbesondere dem des Odysseus finden. Es war bisher jedoch völlig unklar, wie man diese stilistische Übereinstimmung erklären sollte.

Abb. 52.53

Abb. 51

Der neue Vorschlag, der wie gesagt ohne Kenntnis der hier vorgetragenen Überlegungen erfolgte, fügt sich in erstaunlicher Weise in das verwickelte Gefüge von Tatsachen und Schlußfolgerungen über die Laokoon-Gruppe ein. Er besagt, daß die Münchner Köpfe augusteische Marmorkopien der beiden bronzenen Bildnis-

◁ *Abb. 54 Die zerstörte Stadt — eine geborstene, in Trümmer sinkende Gestalt. Wankendes Bauwerk und sich stützendes Menschenpaar zugleich. Die Arme zum Himmel gereckt, das Haupt schreiend nach hinten geworfen; Bomben sprengten das Herz. Laokoon heute.*

statuen des P. Scipio Africanus, des Siegers von Zama, und seines Bruders L. Scipio Asiaticus, des Siegers von Magnesia, sind, die wahrscheinlich der Adoptivenkel des Africanus, eben Scipio Aemilianus, in den dreißiger Jahren des 2. Jahrhunderts vor der Fassade des Scipionen-Grabes an der Via Appia bei Rom hatte aufstellen lassen.

Die Laokoon-Gruppe – Semeion tes Iliou haloseos

Nun ergibt sich ein erstaunlich kohärentes Bild, in das alle zu Beginn unvereinbar und zusammenhanglos nebeneinander stehenden Fakten sich mühelos einfügen. Der Punkt, in dem alle Stränge zusammenlaufen, ist Pergamon. Pergamon ist der Auftraggeber der „Alexandra" des Lykophron, in der Laokoon als Sinnbild des Untergangs von Troja, als *Semeion tes Iliou haloseos* herausgestellt wird. Die Römer sind angetreten, für die Zerstörung Trojas Rache zu nehmen, doch wird ihnen von den Pergamenern als den Erben Trojas Versöhnung und Verbrüderung angeboten. Deshalb wird den Römern im Augenblick, in dem die Gefahr auftaucht, daß diese Verbrüderung zerbricht, das Schicksal des Laokoon vor Augen gehalten. Der Repräsentant Roms in diesem Augenblick ist Scipio Aemilianus, der Sohn des Siegers von Pydna, der durch Adoption auch Mitglied der Familie der Sieger von Zama und von Magnesia ist. Er kennt das furchtbare Schicksal zerstörter Städte, und er kennt den mythischen Hintergrund, der hier angesprochen wird. Er schätzt die Kunst, welche diese Botschaft in anschauliche Form gießt. Er nimmt dankbar die Geschenke an, die der letzte Attalide ihm schickt, und er läßt die Bildnisse seiner Ahnen im Stil des pergamenischen Kunstkreises schaffen. In Scipio Aemilianus ist eine wesentliche Zielgruppe der Botschaft verkörpert, welche die neue Analyse des Kunstwerkes erkennbar gemacht hat. In seiner Person kreuzen sich die Koordinaten, die dieses Buch aufzusuchen unternommen hat.

Die Koordinaten des Kunstwerkes

Das soll und kann nicht bedeuten, daß die Laokoon-Gruppe nur dann richtig zu verstehen wäre, wenn man sie als Propagandawerk ansieht, das den Konsular Scipio Aemilianus bei seinem Besuch in Pergamon günstig stimmen sollte. Eine solche Antwort auf die vielen in diesem Buch aufgeworfenen Fragen wäre viel zu punktuell. Sie mag als Antwort auf die Frage dienen, ob es überhaupt jemanden gab, der nachweislich die Botschaft des Laokoon verstehen konnte, wie sie sich nach dem von Lykophron formulierten Sinn des Mythos im 2. Jahrhundert v. Chr. darstellt. Doch die Benennung einer einzigen Person als Adressat dieser Botschaft wäre das gleiche, als wenn man von einem Koordinatennetz nur einen einzigen Punkt angeben wollte. Es kommt vielmehr darauf an, das ganze Umfeld ins Auge zu fassen, so wie es in diesem Buch versucht wurde.

Die Frage war, ob der Sinngehalt, den der Mythos bei Vergil und bei den Römern der frühen Kaiserzeit hatte, auch für hellenistische Griechen verständlich sei. Es hat sich klar gezeigt, daß dies nicht der Fall ist. Die Bedeutung des Laokoon als Gründungsopfer Roms mußte sowohl in der Aeneis als auch in den römischen Wandgemälden durch die Hinzufügung des Opferstieres, mit dem Laokoon verglichen wird, unmißverständlich gemacht werden. Nachdem sich einmal die Bedeutung des Laokoon als *Sacrificium* durchgesetzt hatte, konnte auch die Laokoon-Gruppe, wie sie in der vatikanischen Kopie vor Augen steht, in dieser Weise verstanden werden, und man wird davon ausgehen dürfen, daß die Mitglieder des Consiliums, auf dessen Beschluß die rhodischen Bildhauer die Marmorkopie nach dem hellenistischen Bronzewerk ausführten, den in der Gruppe Bild gewordenen Mythos ebenso verstanden wie Vergil.

Sinngehalt

Das Consilium dürfte der aus einer Senatskommission gebildete Staatsrat des Kaisers gewesen sein. Da Tiberius von den rhodischen Bildhauern Odysseus als *exemplum virtutis* hatte herausstellen lassen, könnte das *consilium principis* ihn daran erinnert haben, daß er mit der Adoption durch Augustus ein Julier, das heißt ein Nachkomme des Aeneas geworden war, worauf die Vergilische Sicht der Laokoon-Gruppe anspielt.

Das ändert nichts daran, daß deren Schöpfer offensichtlich einen wesentlich anderen Akzent gesetzt hat. Er schuf in ihr das erschütternde Gleichnis einer zerstörten Stadt. Die künstlerische Intuition Ossip Zadkines hat das schon vor der wissenschaftlichen Untersuchung erkannt. Doch nach dieser Untersuchung, welche die einzelnen Schichten der Rezeptionsgeschichte abzuheben versucht hat, dürfte es auch im wissenschaftlichen Sinn erkennbar geworden sein. Der Ur-Laokoon hatte als hellenistisches Werk gegenüber der römischen Marmorkopie eine andere ikonologische Bedeutung, die der zeitlichen und örtlichen Umwelt, in die es hineingestellt wurde, unmittelbar einsichtig war. Als Urbild einer zerstörten Stadt ist er ein Mahnmal, welches den Zeitgenossen, Römern wie Griechen, die mythische Ursache der gegenwärtigen Auseinandersetzungen vor Augen stellen sollte, um zu verhindern, daß sich das

Semeion

Schicksal des Laokoon an der Stadt Pergamon, die an die Stelle Ilions getreten ist, noch einmal vollziehen könne.

Sacrificium Das war der Sinngehalt der Laokoon-Gruppe, als das Werk geschaffen wurde. Doch jedes große, aus einer geschichtlich fortwirkenden Situation heraus entstandene Kunstwerk bleibt für weitere Sinndeutungen offen. Es gibt im Lauf der Geschichte auf neue Fragen immer neue Antworten, die deshalb nicht falsch sind, weil sie anders lauten. Sie sind in einem tieferen Sinne historisch gültig. Sie waren es, als das Consilium zur Zeit des Tiberius die Gruppe als *sacrificium*, als Gründungsopfer Roms deutete, sie waren es auch für die Wiederentdecker des Laokoon in der Renaissance, die in einem schöpferischen Mißverständnis befangen waren und doch das Werk mit offenen Augen betrachtet haben.

Exemplum Für sie wurde es zu einem *exemplum*, nicht nur zu einem *exemplum doloris*, sondern auch zu dem exemplarischen Kunstwerk des Altertums schlechthin. Es konnte deshalb dazu werden, weil in diesem Werk, am Ende der griechischen Kunst, noch einmal alles zusammengefaßt worden war, was dieser große, grundlegende Entwicklungsgang für die Bewußtseinserhellung über das Wesen von Körper und Raum errungen hatte.

Semeion, sacrificium, exemplum sind drei Stufen der Aneignung eines zeitlosen Kunstwerkes in der Geschichte, in der, um eine neue Verständnisebene zu erreichen, die Rückkoppelung mit den Anfängen notwendig ist.

Letzte Fragen Wäre nun, so fragt man sich am Ende, die Laokoon-Gruppe erst gar nicht zum „wohl berühmtesten Werk antiker Skulptur" geworden, wenn das schöpferische Mißverständnis der Michelangelo-Zeit sie nicht dazu gemacht hätte? Fragen dieser Art sind vom Historiker nicht zu beantworten. Aber sie geben Anlaß zu kulturhistorischen Überlegungen. Man kann nicht glauben, daß ein pures Mißverständnis wie dasjenige, in dem die Laokoon-Rezeption so lange Zeit befangen war, eine so schöpferische Wirkung haben konnte, wenn diese nicht in der Qualität des Werkes selbst begründet ist. Deshalb gibt man dieser Art Mißverständnisse das Epitheton „schöpferisch".

Es mußte aber eine Zeit kommen, in der dieses Beiwort seine Kraft verlor und das Mißverständnis als solches sich negativ auf die verstehende Annäherung an das Kunstwerk auszuwirken begann. Solange das Mißverständnis nicht aufgeklärt war, nahmen die abwertenden Urteile über die Laokoon-Gruppe ständig zu. Diese hatte ihre historischen Koordinaten verloren; sie war zum erratischen Block geworden. Wäre sie als solcher gefunden worden, so hätte sie ihre fortwirkende Kraft kaum so großartig entfalten können. Es bedurfte eines Anstoßes, die Augen zu ihr zu erheben. Die Geschichte hat durch die einzigartige Konstellation bei ihrer Auffindung dafür gesorgt.

In unserer Zeit, in der durch die Forschung selbst der Blick auf das Werk verstellt worden war, das man wegen der Erwähnung bei Plinius zu keiner Zeit unbefangen hatte betrachten können, bedurfte es eines neuen Anstoßes. Die Forschung mußte sich aus dem Netz befreien, in dem sie sich gefangen hatte, nachdem die bisherige Begründung für die Größe des Werkes als nicht mehr gültig erkannt und die wahre noch nicht gefunden war. Sind es nur zufällige Funde wie der des Pollakschen Arms oder wie die der Skulpturen von Sperlonga und Baiae, die diesen notwendigen Anstoß gaben?

Die Wiederentdeckung der ursprünglichen Bedeutung des mächtigen Kunstwerks fällt in eine Zeit, die für die Botschaft des Laokoon als Mahnmal gegen den Krieg so offen ist, wie es die Zeit war, in der er geschaffen wurde. Und ebenso prädestiniert, wie es die in mancher Hinsicht verwandten Epochen des Hellenismus und der Jetztzeit für die Aufnahme dieser Botschaft sind, war es die frühe römische Kaiserzeit für den Bezug der Laokoon-Gruppe auf die Gründung Roms und die Renaissance für die exemplarische Bedeutung der Skulptur.

Historisches Verständnis vollzieht sich immer in einer Wechselwirkung mit der Geschichte, aus der die Gültigkeit jeder Interpretation resultiert. Das ist der Grund, weshalb die drei verschiedenen Sinngebungen der Laokoon-Gruppe als *Semeion*, als *Sacrificium* und als *Exemplum* historisch gültig bleiben.

Die epochale Wucht, die sich in der erstaunlichen Wirkungsgeschichte des Kunstwerks offenbart, erhielt es jedoch als das Denkmal einer welthistorischen Auseinandersetzung, in deren Verlauf Rom – mit der bis zur Selbstaufgabe gehenden Hilfe Pergamons – zur Herrin der Welt wurde.

Begründung der römischen Weltherrschaft

NACHWORT

Das Manuskript dieses Buches wurde am 24. September 1987 abgeschlossen. Es ist der dreißigste Jahrestag der Entdeckung jener Inschrift der Laokoon-Künstler in Sperlonga, welche einen völlig neuen Ansatzpunkt zur Erforschung der berühmten Skulpturengruppe abgibt. Diese Schrift faßt die Ergebnisse einer dreißigjährigen Forschungsarbeit in der Form eines Sachbuches zusammen. Um den Text lesbar zu halten, wird auf einen kritischen Apparat verzichtet und statt dessen auf die Literatur verwiesen. Alle erst im Zusammenhang wirklich schlüssigen Einzelthesen sind in wissenschaftlichen Abhandlungen vorbereitet, in denen der Fachmann die Anmerkungen und Verweise, kurz den hier vielleicht vermißten kritischen Apparat unschwer findet. Aber auch er wird während der Lektüre nicht durch Verweise vom Gedankengang der Forschung abgelenkt, sondern kann den Text fortlaufend lesen. Dieser Text ist schließlich nicht die einfache Darlegung und Diskussion bekannter Thesen, sondern kommt zu einem unvordenklichen Ergebnis, das seine Rechtfertigung aus der Plausibilität der historischen Darstellung bezieht; und diese ist auch ohne Verweise nachvollziehbar.

Den Ausgangspunkt der hier zusammengeführten Gedankengänge bildet mein zum 25. Jahrestag der Entdeckung von Sperlonga 1982 erschienenes Buch „Odysseus. Archäologie des Europäischen Menschenbildes", in dessen letztem Kapitel schon auf die für dieses Buch zu leistende Forschungsarbeit vorausverwiesen wurde. Doch stellt diese Forschungsarbeit einen ganz eigenen, ohne die Voraussetzungen des anderen Buches verständlichen Gedankengang dar. Das Odysseusbuch handelt von der Odysseusgestalt, dieses Buch hingegen von Laokoon, der in Sperlonga in ebenso sicherer wie komplexer Weise mit Odysseus verbunden wurde. Es galt, die Art dieser Verbindung festzustellen, sie zu lösen und dadurch erst auf eine neue Verständnisebene gehoben zu werden, von der aus das Laokoonproblem angegangen werden konnte. Dieses Problem steht historisch aber auf einem ganz anderen Blatt als das Odysseusproblem. Und dieses Blatt versucht das vorliegende Buch wieder kenntlich zu machen.

Dafür war eine andere Methode anzuwenden als die im Odysseusbuch dargelegte. Dort mußten viele Entdeckungen erst gemacht werden. Hier lag im Grunde alles schon vor. Aber es war nicht geordnet. Um ein Zitat Einsteins aus der Einleitung aufzugreifen, „erschienen die Tatsachen seltsam, unvereinbar und ohne jegliche Beziehung zu einander." Doch nicht Ausgrabungen, am Ende gar solche unter Wasser, die Entwicklung neuer Rekonstruktionsmethoden oder Strukturforschungen waren notwendig, sondern „nur reines Nachdenken konnte zu einer richtigen Zusammenstellung der gesammelten Tatsachen führen." Dazu braucht man keine Anmerkungen, die den Gedankengang leicht verwirren könnten. Ist vielmehr der Text verständlich, ist ein Urteil über seine Richtigkeit leichter zu fällen, und wer die Stichhaltigkeit der Thesen gründlich überprüfen will, findet die notwendigen Hinweise in der im folgenden angegebenen Literatur. Die verhältnismäßig große Zahl der angeführten Abhandlungen des Verfassers erklärt sich aus diesem Sachverhalt. Sie bilden die Grundlage dieses Buches.

Mein Dank gilt dem Deutschen Archäologischen Institut in Rom, in dessen großer Bibliothek und Fotosammlung ich alle jene scheinbar unzusammenhängenden Tatsachen vorfand, die mir schließlich zum Durchbruch verhalfen und die letztendlich einen so erstaunlichen Bekanntheitsgrad aufweisen, daß man auch den Abbildungsteil begrenzen konnte.

Zu danken habe ich für Auskünfte, Hinweise, Vermittlung von Abbildungsvorlagen sowie für mannigfache Hilfe François Baratte, Dieter Berges, Silvano Bertolin, Velia Cicerchia, Baldassare Conticello, Brian F. Cook, Johannes und Sabine Deckers, Alexander Demandt, Maria Rita Sansi Di Mino, Antonino di Vita Gafà, Hellmut Flashar, Christoph Luitpold Frommel, Friedrich Hiller, Marcello Gigante, Günter Grimm, Nikolaus Himmelmann, Helmut Jung, Max Kunze, Adriano La Regina, Ger Luijten, Fabrizio Mancinelli, Bram Mej, Carl Werner Müller, Arnold Nesselrath, Mando Oikonomidu-Karamessini, Carlo Pietrangeli, Konstantina Peppas-Delmusu, Enrica Pozzi Paolini, Maria Radnoty-Alföldi, Margarete Schützenberger, Antonio Varone, Maria Luisa Velloccia-Rinaldi und zuletzt, doch nicht als Letztem, Mathias Winner, dem dieses Buch am meisten verdankt.

Robert und Engelbert Heitkamp, die seit je die Sperlonga-Forschung so nachhaltig förderten, gaben die Initialzündung zur Abfassung des Buches in der vorliegenden, an ein größeres Publikum gerichteten Form.

Mein Dank gilt auch dem verehrten Botschafterehepaar Lothar und Cecilia Lahn, zu deren Abschied von Italien diese Forschungen in einer Adunanz des Deutschen Archäologischen Instituts in Rom zum ersten Mal öffentlich vorgetragen wurden.

Schließlich möchte ich einen besonderen Dank dem Verleger Franz Rutzen sagen, der dem Buch seine Gestalt gegeben hat.

Rom, im September 1987   Bernard Andreae

Dokumentation

Die zu Rate gezogenen großen ENZYKLOPÄDIEN, deren weiterführende Artikel leicht über die Stichworte zugänglich sind, werden nicht im einzelnen zitiert, sondern nur an dieser Stelle genannt: *Paulys Realencyclopädie der Classischen Altertumswissenschaft*, 50 Bde., Stuttgart und München 1893–1978. – *Der kleine Pauly, Lexikon der Antike*, 5 Bde., Stuttgart und München 1965–1975. – *Lexikon der Alten Welt*, Zürich und Stuttgart 1965. – *Enciclopedia dell'Arte antica classica e orientale*, 7 Bde., Suppl., Atlanten, Rom 1958–1985. – *Enciclopedia universale dell'arte*, 16 Bde., Rom 1958–1978.

Eine AUSGEWÄHLTE BIBLIOGRAPHIE der wesentlichen wissenschaftlichen Schriften des 20. Jahrhunderts zur Laokoon-Gruppe findet sich bei Bernard Andreae, *Odysseus. Archäologie des europäischen Menschenbildes*, Frankfurt 1982, 2. Aufl. 1984, 269, im folgenden abgekürzt Andreae, *Odysseus*. Die umfangreiche Literatur zur Laokoongruppe von 1506–1981 hat Georg Daltrop, *Die Laokoongruppe im Vatikan. Ein Kapitel aus der römischen Museumsgeschichte und der Antiken-Erkundung*, Xenia. Konstanzer Althistorische Vorträge und Forschungen Heft 5, 1982, 2. Aufl. 1986, im folgenden abgekürzt Daltrop, *Laokoongruppe*, in chronologischer Folge zusammengestellt. Diese Schrift wird für die Beschäftigung mit dem Kunstwerk grundlegend bleiben, da sie die wichtigsten frühen Zeugnisse über die Gruppe anführt und ihre Schicksale seit der Auffindung behandelt. Hier wird die herrschende Meinung zur Laokoon-Gruppe als einem Originalwerk augusteischer Zeit mit Nachdruck vertreten.

INSCHRIFTLICHE ZEUGNISSE, die auf die Laokoon-Gruppe bezogen wurden, behandelt erneut Ellen E. Rice, *Prosopographica Rhodia. Part II. The Rhodian Sculptors of the Sperlonga and Laocoon Statuary Groups*, The Annual of the British School of Athens 81, 1986, 233–250. Die Autorin bekräftigt noch einmal die herrschende Meinung und sucht sie durch inschriftliche Zeugnisse zu untermauern, die nach der Ansicht des Verfassers jedoch eine ganz andere Interpretation zulassen. Vgl. Bernard Andreae, *Plinius und der Laokoon*, 8. Trierer Winckelmannsprogramm 1986, Mainz 1987, 15 Anm. 19.

Als das „vermutlich berühmteste Werk antiker Skulptur" hat Peter Heinrich von Blanckenhagen, *Laokoon, Sperlonga und Vergil*, Archäologischer Anzeiger 1969, 256–275, bes. 257, die Gruppe bezeichnet.

Seite 11

Seite 12   Zu den NEUEN ENTDECKUNGEN s. u. S. 69 ff. und S. 146 ff.
Die berühmte und so lange mißverstandene TEXTSTELLE DES GAIUS PLINIUS SECUNDUS, *Naturalis Historia* 36,37 lautet in ihrer Gesamtheit:
„Schließlich ist nicht mehr viel von weiteren die Rede, deren Berühmtheit in herausragenden Arbeiten die Zahl der Künstler entgegensteht, da nicht einer den Ruhm in Anspruch nimmt, noch mehrere gleicherweise genannt werden können, wie beim Laokoon, der im Palast des Imperators Titus steht, als Arbeit allen in Malerei und Bronzeguß vorzuziehen. Aus einem Stein machten ihn und die Kinder sowie die bewundernswerten Schlangenwindungen aufgrund eines Ratsbeschlusses die Spitzenkünstler Hagesander, Polydorus und Athanadorus, die Rhodier.
In ähnlicher Weise haben die Kaiserpaläste auf dem Palatin mit trefflichen Bildwerken angefüllt: Craterus mit Phytodorus, Polydeuces mit Hermolaus, ein anderer Pythodorus mit Artemon und der einzelne Trallianer Aphrodisius."

Seite 13   Zur GESCHICHTE DER LAOKOON-VEREHRUNG: Jacopo Sadoleto, *De Laocoontis statua, quae in Vaticano spectatur. Opera III*, Verona 1738, 245–246. – Gerard Audran, *Proportions du corps humain mesurées sur les plus belles figures de l'antiquité*, Paris 1683.
ALLGEMEIN: Margarete Bieber, *Laocoon, The Influence of the Group since Its Discovery*, Detroit 1942, 2. Aufl. 1967. – Adriano Prandi, *La fortuna del Laocoonte dalla sua scoperta nelle terme di Tito*, Rivista dell'Istituto Nazionale d'Archeologia e Storia dell'Arte N.S. 3, 1954, 78–107. – Hellmut Sichtermann, *Laokoon*, Opus Nobile, Heft 3, Bremen 1957. Ders., *Laokoon, Werkmonographien zur bildenden Kunst*, in: Reclams Universal-Bibliothek 101, Stuttgart 1964. – Heinz Ladendorf, *Antikenstudium und Antikenkopie, Vorarbeiten zu einer Darstellung ihrer*

Abb. 55   Laokoon-Gruppe mit den Ergänzungen von G. Montorsoli und A. Cornacchini.
Abb. 56   Rechter von L. Pollak wiederentdeckter Arm des Laokoon.
Abb. 57   Bearbeitungsspuren an der rechten Seite des Altares, auf dem Laokoon sitzt.
Abb. 58.59   Fragmente des linken Beines und des rechten Armes des Odysseus aus der Skylla-Gruppe von Sperlonga (Abb. 22.23).

Abb. 55 △   ▽ Abb. 58

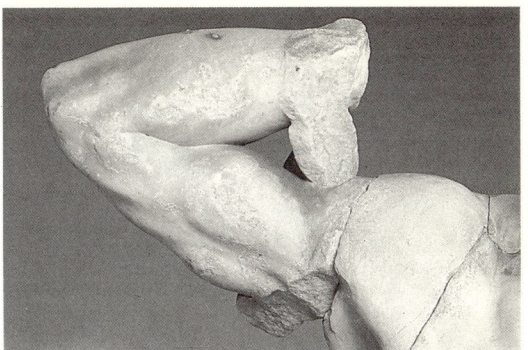
Abb. 56

Abb. 57

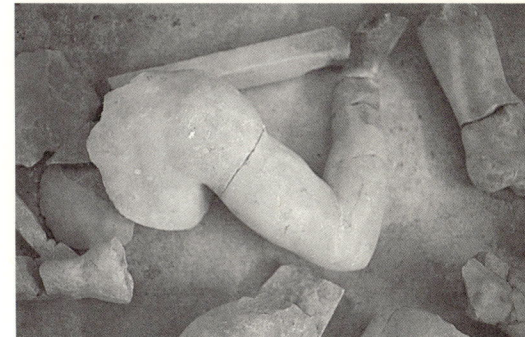
Abb. 59

Bedeutung in mittelalterlicher und neuerer Zeit. 2. erweiterte Auflage, Abhandlungen der Sächsischen Akademie der Wissenschaften zu Leipzig 46,2, Berlin 1958, 37–43, 180 Nr. 918–950. – Leopold D. Ettlinger, *Exemplum doloris. Reflections on the Laocoon Group,* in: Essays in Honor of Erwin Panofsky, De artibus opuscula 40, New York 1961, 121–126. – Horst Althaus, *Stoff und Form,* Bern 1968. (Zitat hier S. 14 a.O. 99). – Michael und Renate Hertl, *Laokoon. Ausdruck des Schmerzes durch zwei Jahrtausende,* München 1968. – Francis Haskell and Nicholas Penny, *Taste and the Antique. The Lure of Classical Sculpture 1500–1900,* New Haven–London 1981, passim. – Hanno-Walter Kruft, *Metamorphosen des Laokoon. Ein Beitrag zur Geschichte des Geschmacks,* Pantheon 62, 1984, 3–11. – Phyllis Bober and Ruth Rubinstein, *Renaissance Artists and the Antique Sculpture. A Handbook of Sources,* London 1986, 152–155 Nr. 122. – Orietta Rossi Pinelli, *Chirurgia antica e restauri storici,* in: Memoria dell'antico nell'arte italiana, a cura di Salvatore Settis 3, Torino 1986, 183–191.

Seite 14   Die erstaunliche Wirkung, die von Johann Joachim Winckelmanns Behandlung der Laokoon-Gruppe in: *Gedanken über die Nachahmung der griechischen Werke in Malerei und Bildhauerkunst,* Dresden 1755, und in: *Geschichte der Kunst des Altertums,* Dresden 1764. 10. Buch, 1. Kapitel § 11–17, ausging, beruht auf der Tatsache, daß Winckelmann an der Laokoon-Gruppe das Wesen griechischer Kunst zu definieren versucht hat.
Diese Wirkung wurde verstärkt durch die Auseinandersetzung, die Winckelmanns Gedanken in Deutschland auslösten:
Gotthold Ephraim Lessing, *Laokoon oder über die Grenzen der Malerei und Poesie, mit beiläufigen Erläuterungen verschiedener Punkte der alten Kunstgeschichte,* Berlin 1766.
Christian Gottlob Heyne, *Prüfung einiger Nachrichten und Behauptungen vom Laocoon im Belvedere,* Sammlung antiquarischer Aufsätze 2, Leipzig 1779, 1.

Seite 15   Johann Gottlieb Welker, *Das akademische Kunstmuseum in Bonn,* Bonn 1827, 27–33.
William Blakes Radierung: Archibald Russel, *The Engravings of William Blake* 2, London 1956, 49.
Zum MAHNMAL FÜR ROTTERDAM „DIE ZERSTÖRTE STADT" von Ossip Zadkine s. S. 173 ff.
Heinrich Brunn, *Geschichte der griechischen Künstler* 1, Braun-

schweig 1853, *Die Bildhauer 475–492;* 2. Aufl. Stuttgart 1889, 332–349.

„Mit halb staunendem, halb fragendem Blick" betrachtet die Gruppe G. Kleiner, *Die Begegnung Michelangelos mit der Antike,* Berlin 1950, 27. *Seite 16*

Herodot, *Historiai,* Buch 1 Prooemium. Vgl. Walther Nicolai, *Versuch über Herodots Geschichtsphilosophie,* Heidelberg 1986.

Die Formulierung von ALBERT EINSTEIN in: Albert Einstein und Leopold Infeld, *Physik als Abenteuer der Erkenntnis,* Leiden 1938, 86. *Seite 18*

DIE TROJANISCHE ABSTAMMUNG DER RÖMER: Franz Bömer, *Rom und Troja,* Baden-Baden 1951. — R. Schilling, *La religion romaine de Venus depuis les origines jusqu'au temps d'Auguste,* Paris 1954, 303–345. — Andreas Alföldi, *Die trojanischen Urahnen der Römer,* Basel 1957. — E. Weber, *Die trojanische Abstammung der Römer als politisches Argument,* Wiener Studien, Neue Folge 6 (5) 1972, 213–215, wiederabgedruckt in: Antike Diplomatie, hrsg. Eckart Olshausen, Darmstadt 1979. — Peter Aichholzer, *Darstellung römischer Sagen,* Wien 1983, 1–29. — Fulvio Canciani, *Enciclopedia Virgiliana I,* Rom 1984, 160–161, s.v. Anchise. Iconografia. — Jacques Poucet, *Les origines de Rome. Tradition et histoire,* Brüssel 1985.

DIE EPIGRAMME DES TITUS QUINCTIUS FLAMININUS in Delphi überliefert Plutarch, *Flamininus 12, das Orakel im Krieg gegen Antiochos III.* Plutarch, *De Pythiae oraculis* B 11 (2, 339). *Seite 19*

Zu JULIUS II. s. u. S. 29 ff. *Seite 23*

Zu GIULIANO DA SANGALLO s. u. S. 31 ff.

Zu MICHELANGELO s. u. S. 38 ff.

DIE PARAPHRASE IN PROSA DER LAOKOON-ERZÄHLUNG BEI VERGIL beruht auf der Versübersetzung von Johannes Götte, Tusculum-Bücherei, 5. Aufl. München 1980, 2, 1–804. *Seite 24*

Zur DEUTUNG DER LAOKOON-ERZÄHLUNG BEI VERGIL vgl. vor allem Hermann Kleinknecht, *Laokoon,* Hermes 79, 1944, 66–111, wiederabgedruckt in: *Wege zu Vergil,* Wege der Forschung XIX, Hrsg. Hans Oppermann, Darmstadt 1966, 426–488 und Clemens Zintzen, *Die Laokoon-Episode bei Vergil,* Abhandlungen der Akademie Mainz Nr. 10, 1979. — Ettore Paratore, *Sull'episodio di Laocoonte in Virgilio,* in: Studi di poesia latina in onore di Antonio Traglia 1, Rom 1979, 405–430 ist unergiebig.

Zu JULIUS II. immer noch grundlegend Ludwig v. Pastor, *Seite 29*

Geschichte der Päpste im Zeitalter der Renaissance, 7. Aufl., 3, 2, Freiburg 1924, 659–1166. – Vgl. Julian Klaczko, *Jules II,* Paris 1898, 3. Aufl. Paris 1902. – Clemente Fusero, *Giulio II,* Mailand 1965. – L. Bindi Senesi, *Giulio II,* Mailand 1967. – Claudio Rendina, *I papi. Storia e segreti,* 4. Aufl. Rom 1987, 608–612.
Zum FRESKO DES MELOZZO DA FORLÌ AUS DER VATIKANISCHEN BIBLIOTHEK, jetzt in der Pinacoteca Vaticana: Rezio Buscaroli, *Melozzo da Forlì nei documenti, nelle testimonianze dei contemporanei e nella bibliografia,* Rom 1938, 52–56. – André Chastel, s. folgende Anm. S. 10 f.

Seite 30   Zur SIXTINISCHEN KAPELLE: Ernst Steinmann, *Die Sixtinische Kapelle. 1. Bau und Schmuck der Kapelle unter Sixtus IV.,* München 1901; *2. Michelangelo,* München 1905. Deoclecio Redig de Campos, *I „tituli" degli affreschi del Quattrocento nella Cappella Sistina,* Rendiconti della Pontificia Accademia Romana di Archeologia 42, 1969–1970, 299–314. – Lutz Heusinger und Fabrizio Mancinelli, *Alle Fresken der Sixtinischen Kapelle,* Florenz 1973. – André Chastel u. a., *La Cappella Sistina. I primi restauri: La scoperta del colore,* Novara 1986; Deutsche Ausgabe, *Die Sixtinische Kapelle,* Zürich, Köln, 1986, 10.

Seite 31   Zu GIULIANO DA SANGALLO: S. Marchini, *Giuliano da Sangallo,* Florenz 1942.

Seite 32   Zum UNVOLLENDETEN FRESKO DES FILIPPINO LIPPI IN DER VILLA MEDICEA von Poggio a Caiano und zur ROLLE DES GIULIANO DA SANGALLO bei der Auffindung der Laokoon-Gruppe s. Mathias Winner, *Zum Nachleben des Laokoon in der Renaissance,* Jahrbuch der Berliner Museen 16, 1974, 83–121. – Jean Legrand, *Filippino Lippi: Tod des Laokoon,* Zeitschrift für Kunstgeschichte 46, 1983, 203–214. – Mariette de Vos, *La ricezione della pittura antica fino alla scoperta di Ercolano e Pompei,* in: Memoria dell'antico nell'arte italiana, a cura di Salvatore Settis 2, Turin 1985, 361. – Das Zitat von Giorgio Vasari, in: Le vite de' più eccelenti pittori, scultori ed architetti, Florenz 1550; 2. Auflage Florenz 1568, Ausgabe von Gaetano Milanesi I–IX Florenz 1878–1885, III S. 4.

Seite 33   Der berühmte BRIEF DES FRANCESCO DA SANGALLO über die Auffindung des Laokoon an Monsignor Spedalengo abgedruckt bei C. Fea, *Miscelanea filologica critica e antiquaria I,* Rom 1790, 329 ff. Deutsche Übersetzungen bei Hellmut Sichtermann, *Laokoon,* Stuttgart 1964, 27 f. und Daltrop, *Laokoongruppe* 10.

Zu PLINIUS: Bernard Andreae, *Plinius und der Laokoon*, 8. Trierer Winckelmannsprogramm 1986, Mainz 1987. *Seite 34*

Zu LORENZO IL MAGNIFICO: Luigi Ugolini, *Lorenzo il Magnifico*, Turin 1959. – André Chastel, *Art et humanisme à Florence au temps de Laurent le Magnifique*, Paris 1959. – Mario Martelli, *Studi laurenziani. Lorenzo il Magnifico*, Florenz 1965. – Emmy Cremer, *Lorenzo de' Medici. Staatsmann, Mäzen, Dichter*, Frankfurt 1970. *Seite 36*

MÜNZEN DES KAISERS TITUS mit Delphin, der sich um einen Anker ringelt: H. Mattingly und E.A. Sydenham, *The Roman Imperial Coinage 2*, London 1926, Nr. 119, 154–5, 217. *Seite 37*

TITUS... DELICIAE HUMANI GENERIS. Sueton, *Titus* 1.

Zu diesem Abschnitt s. Bernard Andreae, *Michelangelo und die Laokoon-Gruppe*, in: Festschrift für Heinrich Drerup zum 23. August 1988, im Druck. *Seite 38*

Zu MICHELANGELO ALLGEMEIN: Linda Murray, *Michelangelo. His Life, Work and Times*, London 1984. Deutsche Ausgabe, Stuttgart 1986.

Daß Michelangelo nur den TORSO VOM BELVEDERE und die Natur als Lehrmeister anerkannte, überliefert der Maler Giovanni Battista Paggi: Giovanni Bottari, *Raccolte di lettere* 4, 90 f., daß er den Laokoon als „portento d'arte" bezeichnete: J. J. Boissard, *Romanae urbis topographia*, Frankfurt 1597, 13 f. *Seite 39*

Ascanio Condivi, *Vita di Michelangelo Buonarotti*, Florenz 1553, LXVIII. Übersetzung von Robert Diehl, Insel-Bücherei 554, Leipzig 1939, 88. *Seite 40*

Cesare Trivulzio in einem Brief an seinen Bruder Pomponio in Mailand vom 1. Juni 1506. Giovanni Bottari, *Raccolte di lettere nella pittura, scultura ed architettura 3*, Rom 1759, 321 f.; neue Ausgabe von S. Ticozzi, 3, Mailand 1922, 474 f. Nr. 196. – Daltrop 1986, 67 Anm. 29.

Zum EHRENPLATZ DES LAOKOON IM BELVEDERE-HOF vgl. Hans Henrik Brummer, *The Statue Court in the Vatican Belvedere*, Acta Universitatis Stockholmiensis, Stockholm Studies in History of Art Nr. 20, Stockholm 1970, The Laocoon 73–119.

JULIUS I.: Claudio Rendina, I papi. Storia e segreti, 4. Aufl. Rom 1987, 85–87.– Erich Casper, Geschichte des Papsttums von den Anfängen bis zur Höhe der Weltherrschaft, Tübingen 1930, 131–165. *Seite 41*

AD AETERNAM REI MEMORIAM: aus der Erwerbungsurkunde der *Seite 42*

Laokoon-Gruppe im Archivio Segreto Vaticano, Julius II, Diversa Cameralia Vol. 57, fol. 235v/236. Daltrop, *Laokoongruppe,* 67 Anm. 22 und 26.

GRABSTEIN DES FELICE DE FREDIS von 1529 in S.Maria in Aracoeli in Rom: V. Forcella, *Iscrizioni delle chiese e d'altri edifici di Roma 1,* Rom 1869, 620. – Daltrop, *Laokoongruppe,* 67 Anm. 25.

SKIZZE DES GIULIANO DA SANGALLO in Wien, Albertina: A. Stix und L. Fröhlich-Bum, *Die Zeichnungen der toskanischen und römischen Schulen, Beschreibender Katalog der Handzeichnungen in der graphischen Sammlung Albertina III,* Wien 1932, Nr. 201. – Daltrop, *Laokoongruppe,* 69 Anm. 43 Abb. 5.

Seite 43 Zu den WANDZEICHNUNGEN IM KELLERRAUM UNTER DER SAGRESTIA NUOVA zu Florenz und zum Folgenden vgl. Bernard Andreae, *Michelangelo und die Laokoon-Gruppe,* in: Festschrift für Heinrich Drerup zum 23. August 1988, im Druck. – Die Wandzeichnung veröffentlicht von Paolo Dal Pogetto, *I disegni murali di Michelangelo e della sua scuola nella Sagrestia Nuova di San Lorenzo,* Florenz 1979, 88–90 Abb. 108. – Phyllis Bober und Ruth Rubinstein, *Renaissance Artists and Antique Sculpture. A Handbook of Sources,* London 1986, 152–155 Nr. 122. – Giovanni Agosti und Vincenzo Farinella, *Michelangelo e l'arte classica,* Florenz 1987, 54–60.

Seite 45 Zur MARMORKOPIE DES LAOKOON VON BACCIO BANDINELLI und zu den BRONZENACHBILDUNGEN DER RENAISSANCE s. das zu S. 43 zitierte Handbuch von Phyllis Bober und Ruth Rubinstein.

Seite 46 Zu EL GRECO: Gianna Manzini und Tiziana Frati, L'OPERA COMPLETA DEL GRECO, Mailand 1969, Nr. 166. – Ewald Vetter, EL GRECOS LAOKOON „RECONSIDERED", Pantheon 27, 1969, 295–298.

Das ALTARBILD TIZIANS IN SS. NAZARO E CELSO in Brescia: Corrado Cagli und Francesco Valcanover, L'OPERA COMPLETA DI TIZIANO, Mailand 1969, Nr. 105 A.

Zum AFFENLAOKOON vgl. H.W. Jansen, *Apes and Ape Lore in the Middle Ages and the Renaissance,* Appendix 355–368, der allerdings annimmt, es handle sich um die Kontroverse, ob Galen Menschen oder Affen seziert habe.

AMICO ASPERTINIS SKIZZENBUCH: Daltrop, *Laokoongruppe* Abb. 9.

Seite 47 Zu WINCKELMANNS DEFINITION VOM WESEN DER GRIECHISCHEN KUNST s. Reinhard Brand, *...eine edle Einfalt, und eine stille*

Größe, in: *Johann Joachim Winckelmann 1717–1768,* Hrsg. Thomas W. Gaethgens, Hamburg 1986, 45 ff.

Zu den BILDERN MIT DER DARSTELLUNG AUFGERISSENER MÜNDER. CARAVAGGIO: Renato Guttuso und Angela Ottino della Chiesa, *L'opera completa del Caravaggio,* Mailand 1967, Nr. 33. GUIDO RENI: Cesare Garboli und Edi Baccareschi, *L'opera completa di Guido Reni,* Mailand 1971, Nr. 66, Taf. 27–30. – A. Schopenhauer, *Die Welt als Wille und Vorstellung.* Sämtliche Werke 3, Wiesbaden 1949, 482 hatte das Bild wegen der „sechs schreienden Mundaufreißer" als Mißgriff bezeichnet. Geschmacksurteile helfen in der Kunstgeschichte nicht weiter! RIBERA: Alfonso E. Perez Sanchez und Nicola Spinosa, *L'opera completa del Ribera,* Mailand 1978 Nr. 189. *Seite 49*

Zum „FRUCHTBAREN AUGENBLICK" vgl. Andreae, *Odysseus,* 137 ff. bes. 148. Adolfo Venturi, *La Galleria Crespi in Milano,* Mailand 1900. – Ders., *Memorie autobiografiche,* Mailand o.J., 219. *Seite 50*

Christian Gottlob Heyne 1778, *Prüfung einiger Nachrichten und Behauptungen vom Laocoon im Belvedere,* in: Sammlung antiquarischer Aufsätze 2, Leipzig 1779, 1. *Seite 52*

Zu den SKULPTUREN VON CAPRI, SPERLONGA UND BAIAE s. Andreae, *Odysseus,* 91–176. – *Baia, Il ninfeo sommerso di Punta Epitaffio,* Neapel 1983. *Seite 53*

WINCKELMANNS VERZEICHNIS VON KUNSTWERKEN, DIE IN GEMEINSCHAFTSARBEIT GEMACHT WORDEN WAREN, in: *Geschichte der Kunst* 2, 331, Vgl. Andreae, *Odysseus,* 192. *Seite 55*

Ludwig Pollak hat seinen BERICHT ÜBER DIE ENTDECKUNG DES ARMES zuerst in einer Sitzung des Deutschen Archäologischen Instituts in Rom zum 400. Jahrestag der Auffindung der Laokoon-Gruppe am 12.1.1906 vorgetragen: *Der rechte Arm des Laokoon,* Mitteilungen des Deutschen Archäologischen Instituts, Römische Abteilung 20, 1905, 277–282. – Vgl. Margarete Merkel Guldan, *I diari di Ludwig Pollak, Die Tagebücher von Ludwig Pollak, Kennerschaft und Kunsthandel in Rom 1893–1934,* Rom 1987, 55–57. *Seite 56*

Vor Filippo Magi hatten Ernesto Vergara Caffarelli, *Studio per la restituzione del Laocoonte,* Rivista dell'Istituto di Archeologia e di Storia dell'Arte. N.S. 3, 1954, 35 ff. und Silvio Ferri, im Istituto di Archeologia, Pisa, abgebildet bei Magi, s. folgende Anm. Taf. 40,2, eine REKONSTRUKTION MIT HILFE VON GIPSABGÜSSEN ver- *Seite 57*

sucht. Vgl. Silvio Ferri, *Aspetti ipotetici di un ulteriore restauro al gruppo del Laocoonte,* Archeologia Classica 2, 1955, 66–69.
Filippo Magi veröffentlichte über die Arbeiten zur Wiederherstellung des Laokoon einen ausführlichen Bericht mit dem Titel *„Il ripristino del Laocoonte",* Memorie della Pontificia Accademia Romana di Archeologia 9, 1 (1960).

Seite 58   Zur ENTDECKUNG DES PERGAMON-ALTARES jetzt Max Kunze u. a., „Wir haben eine ganze Kunstepoche gefunden". Ein Jahrhundert Forschungen zum Pergamon-Altar. Sonderausstellung der Antikensammlungen im Pergamonmuseum, November 1986 bis April 1987. Staatliche Museen zu Berlin, DDR. Mit ausführlicher Bibliographie. Hier S. 6 auch der von Alexander Conze, Göttingische Gelehrte Anzeigen 1882, 902 überlieferte Ausruf eines Teilnehmers bei der Freilegung der Athena-Platte: „Jetzt haben wir auch einen Laokoon!"
Zur DIRKE-GRUPPE, dem sogenannten FARNESISCHEN STIER, zuletzt: Franz Heger in: *Lexicon Iconographicum Mythologiae Classicae III* 1, Zürich und München 1986, 636 f. s.v. Dirke. –
Vgl. Bernard Andreae, *Plinius und der Laokoon,* Mainz 1987, 5.
Der Vergleich von Heinrich Brunn, in: *Geschichte der griechischen Künstler 1. Die Bildhauer,* Braunschweig 1853, 475–492.
Vgl. die 2. Aufl. Stuttgart 1889, 332–349.

Seite 59   Reinhard Kekulé, *Zur Deutung und Zeitbestimmung des Laokoon,* Berlin 1883.
Johannes Overbeck, *Geschichte der griechischen Plastik* 3. Aufl. 2, Leipzig 1882, 262–302, bes. 295.
Adrien Wagnon , *La frise de Pergame et le groupe de Laocoon,* Genf 1881.
Adolf Trendelenburg, *Die Laokoongruppe und der Gigantenfries des Pergamenischen Altares,* Berlin 1884.
Alexander Conze, Göttingische Gelehrte Anzeigen 1882, 902 f. –
Heinrich Brunn, *Die Söhne der Laokoongruppe,* Deutsche Rundschau 29, 1881, 204; wiederabgedruckt in: Heinrich Brunn, *Kleine Schriften 2,* Berlin und Leipzig 1905, 505. – Heinrich Brunn, *Über die kunstgeschichtliche Stellung der pergamenischen Gigantomachie,* Jahrbuch der Königlich Preußischen Kunstsammlungen 5, 1884, 231–291, wiederabgedruckt in: Brunn, *Kleine Schriften 2. Zur griechischen Kunstgeschichte,* Leipzig 1905, 430–497.
Die BASIS DES PHILIPPOS AUS LINDOS befindet sich jetzt im

Archäologischen Nationalmuseum in Kopenhagen. Christian Blinkenberg, *Lindos. Fouilles et recherches II, Inscriptions Tome II* Berlin und Kopenhagen 1941, Nr. 347, 676–685. Neues Foto in der in der folgenden Anm. zitierten Schrift von F. Magi Taf. 10,2. Zur Bedeutung dieser Inschrift vgl. E.E. Rice, *The Rhodian Sculptors of the Sperlonga and the Laocoon Statuary Groups*, Annual of the British School at Athens 81, 1986, 233–250 und die kritischen Bemerkungen dazu von Bernard Andreae, *Plinius und der Laokoon*, Mainz 1987, 15 Anm. 19.

Seite 60 Zur INSCHRIFT VON SPERLONGA: Von seiten der griechischen Epigraphik hat sich nur Margherita Guarducci über die Inschrift von Sperlonga geäußert in: Filippo Magi, *Il ripristino del Laocoonte*, Atti della Pontificia Accademia Romana di Archeologia Serie 3, 9, 1960, 39 f. Sie neigt zu einer Datierung in die frühe Kaiserzeit, ein Urteil, das besonders interessant ist, weil 1960 die Zugehörigkeit der Inschrift zur Skylla-Gruppe noch nicht bekannt war.

Seite 61 Über die UNERFÜLLTEN HOFFNUNGEN, welche die Sperlonga-Grabung geweckt hatte, vgl. Hans Riemann, *Sperlongaprobleme*, in: Forschungen und Funde, Festschrift für Bernhard Neutsch, Innsbruck 1980, 371–383.

Seite 62 Zum PARADOX DER LAOKOON-FORSCHUNG vgl. Bernard Andreae, *Das Schicksal des Laokoon*, Vorträge Betontag 1985, Wiesbaden 1986, 41–60. – Ders., *Semeion tes Iliou haloseos*, Rendiconti della Pontificia Accademia Romana di Archeologia, 1986/7, im Druck.

Zur PETROGRAPHISCHEN BESTIMMUNG DES MARMORS BEIM HINTEREN ALTARBLOCK DER LAOKOON-GRUPPE siehe Filippo Magi, *Il ripristino del Laocoonte* 20. – Daltrop, *Laokoongruppe* 27. Ein Bericht über die petrographische Untersuchung wurde nicht vorgelegt, doch hat Magi mündlich versichert, daß der bedeutende Geologe Gioacchino De Angelis d'Ossat die Analyse durchführte. Blinkenbergs Beurteilung in: Mitteilungen des Deutschen Archäologischen Instituts, Römische Abteilung 42, 1927, 186. Dort auch *Seite 63* S. 189 Abb. 2 Erwähnung der ETRUSKISCHEN GEMME MIT *Seite 55* LAOKOON-DARSTELLUNG, die Giovanni Uggeri, *Sul preteso scarabeo del British Museum col mito di Laocoonte*, Parola del Passato 16, 1961, 386–391 für unecht erklärt hatte, die aber von Peter *Seite 56* Zazoff, *Etruskische Skarabäen*, Mainz 1968, 183 Nr. 1040 eindeutig als echt erwiesen und in die Zeit vor dem letzten Drittel des 2. Jahrhunderts v. Chr. datiert wurde.

Seite 65   Das URTEIL VON KARL SCHEFOLD in: *Die hellenistische Blütezeit der Malerei,* Bayerische Akademie der Wissenschaften, Philosophisch-Historische Klasse, Sitzungsberichte 1985, Heft 2, 34 f.

Seite 69   Die umfangreiche LITERATUR ZUR VILLA DES TIBERIUS BEI SPERLONGA zuletzt zusammengestellt von Richard Neudecker, *Die Skulpturenausstattung römischer Villen in Italien,* Mainz 1988. – Vgl. Andreae, *Odysseus* 268 f. Dort 103–198 und Anm. 117–251 auch alle Einzelnachweise zu der hier gebotenen Zusammenfassung.

Seite 74   Zu ODYSSEUS UND DIE CLAUDIER s. die Nachweise bei Bernard Andreae, *L'imperatore Claudio a Baia,* in: *Il ninfeo imperiale sommerso di Punta Epitaffio,* Neapel 1983, 67–71. – Ders., *Ein Palast auf dem Meeresgrund,* in: R. Pörtner und H. G. Niemeyer (Hrsg.), *Die großen Abenteuer der Archäologie 10,* Salzburg 1987, 3591–3601.

Seite 76   Zur REKONSTRUKTION DER SKYLLA-GRUPPE VON SPERLONGA vgl. die ausführliche Darstellung in: Bernard Andreae und Baldassare Conticello, *Skylla und Charybdis. Zur Skylla-Gruppe von Sperlonga,* Abhandlungen der Geistes- und Sozialwissenschaftlichen Klasse der Akademie der Wissenschaften und der Literatur. Mainz 14, Wiesbaden, Stuttgart, 1987.

Seite 79   Über den TRANSITORISCHEN MOMENT äußert Goethe sich angesichts der Gruppe im Vatikan, *Über Laokoon,* Propylaeen 1798, Gedenkausgabe 13, 336.– Vgl. Gottfried von Lücken, *Goethe und der Laokoon,* in: Natalicium Johannes Geffcken zum 70. Geburtstag, Heidelberg 1931, 85–99.

Seite 86   ZERBROCHENE GEGENSTÄNDE finden sich in antiken Darstellungen z.B. auf dem Alexandermosaik: B. Andreae, *Das Alexandermosaik aus Pompeji,* Recklinghausen 1977, Taf. 14 und auf etruskischen Urnen: Enrico Fiumi, *Volterra etrusca e romana,* Pisa 1976, Fig. 89. – Gabriele Cateni und Fabio Fiaschi, *Le Urne di Volterra,* Florenz 1984, Taf. XIII. – Adriano Maggiani u.a., *Artigianato artistico in Etruria,* Ausstellung in Volterra, Museo Guarnacci, und Chiusi, Museo archeologico, 18. Mai – 20. Oktober 1985, passim.

Seite 89   Zum SKYLLA-MYTHOS: W.H. Roscher, *Mythologisches Lexikon* 4, Leipzig 1909, 1024–1071 s.v. Skylla (O. Waser). – Petros Themelis, *Skylla eretriké,* Ephemerìs archaiologiké 1979 (1981) 118–153.

Den Nachweis, daß die SKULPTUREN-GRUPPEN VON SPERLONGA *Seite 94*
keine Originale, sondern verhältnismäßig exakte römische Marmorkopien im Maßstab 1:1 sind, habe ich in *Antike Plastik* 14, 1974, 63–105 zum ersten Mal erbracht und in *Odysseus*, 155–176 mit weiteren Argumenten bekräftigt. Vgl. die Zusammenfassung in meinem Beitrag *Plinius und der Laokoon*, Mainz 1987, 7 Anm. 22–25. – Da J.J. Pollitt in seiner abgewogenen Darstellung in der großangelegten hellenistischen Kunstgeschichte, *Art in the Hellenistic Age*, Cambridge 1986, jüngst immer noch der von vielen Forschern vertretenen Ansicht zuneigt, daß zumindest die Polyphem- und die Skylla-Gruppe „nicht so sehr Kopien als vielmehr freie Varianten hellenistischer Prototypen seien, geschaffen in römischer Zeit", mußten hier die Gründe noch einmal resümiert werden, die mit mathematischer Sicherheit beweisen, daß die Skulpturen von Sperlonga ziemlich exakte, im Maßstab der Originale, also im Dreipunktverfahren angefertigte Marmorkopien sind. Das Argument, das J.J. Pollitt a.O. 124 für die andere These anführt, nämlich daß die Gruppen wie für die Aufstellung in Sperlonga gemacht seien, beweist nur, daß sie für die Aufstellung in einem natürlichen Landschaftsraum konzipiert waren. Genau das wird, zumindest für die Skylla-Gruppe, nachzuweisen versucht und hat analog auch für die Originale der anderen Gruppen zu gelten.

Zur INSCHRIFT DES ATHANADOROS HAGESANDROU VON CAPRI *Seite 99*
siehe Bernard Andreae, *Antike Plastik* 14, 1974, 104.

FARNESISCHER STIER s. S. 58 zur Dirke-Gruppe. *Seite 100*

Zu den WIEDERGABEN DER SKYLLA-GRUPPE IN DER KLEINKUNST *Seite 102*
siehe die ausführlichen Nachweise in: B. Andreae und B. Conticello, *Skylla und Charybdis. Zur Skylla-Gruppe von Sperlonga*, Abhandlungen der Akademie der Wissenschaften und der Literatur, Mainz, Geistes- und Sozialwissenschaftliche Klasse 14, Wiesbaden, Stuttgart 1987, 17 ff. C 1–5.

Zur VERWENDUNG VON GIPSMODELLEN IN TOREUTISCHEN UND *Seite 104*
KOROPLASTISCHEN WERKSTÄTTEN vgl. Carola Reinsberg, *Studien zur hellenistischen Toreutik. Die antiken Gipsabgüsse aus Memphis*, Hildesheim 1980.

Zu den KONTORNIAT-MEDAILLONS vgl. Andreas und Elisabeth *Seite 106*
Alföldi, *Die Kontorniat-Medaillons*, Berlin 1976, 201 Nr. 83–86.

Die GRIECHISCHEN SCHRIFTQUELLEN ZUR SKYLLA-GRUPPE VON *Seite 107*
KONSTANTINOPEL zusammengestellt von Giovanni Becatti, *La*

colonna coclide istoriata, Rom 1960, 201 Anm. 379 f. 202 Anm. 387.

Seite 110 Den Hinweis auf das lateinische Epigramm in den Epigrammata Bobiensia, ed. F. Munari, Rom 1955, Nr. 51 verdanke ich A. Demandt. Der lateinische Text lautet:
Frendentem Scyllam metus est prope litoris oram
    sic sisti, Caesar: vincula necte prius,
nam potis est virtus spirantis fallere aeni,
    ut prius astringat, navita quam caveat.

Seite 111 Die stilistische Einordnung ist in der zu S. 76 zitierten Akademieabhandlung ausführlich begründet. Zur Erleichterung des Lesers werden hier die datierten Vergleichsbeispiele abgebildet. 1. Porträtkopf Antiochos' III. im Louvre, Paris, Gisela M.A. Richter, *The Portraits of the Greeks 2,* London 1965, 270 f. Abb. 1878/79.
2. Pergamon-Altar, Berlin, DDR, Staatliche Museen. Heinz Kähler, *Der große Fries von Pergamon,* Berlin 1948. – Eva Maria Schmidt, *Der große Altar zu Pergamon,* Leipzig 1961. – Werner Müller, *Der Pergamon-Altar,* Leipzig 1964. – Elizabeth Rhode, *Pergamon. Burgberg und Altar,* Berlin und München 1982.
3. Hellenistische Bronzegruppe, Ptolemaios V. einen Barbaren niederringend, Athen, Nationalmuseum. Helmut Kyrieleis, *Kathaper Hermes kai Horos,* in: *Antike Plastik* 12, 1973, 133–146, Abb. 4–9.15.
4. Fragment eines bärtigen Kopfes, Rhodos, Museum: Hans Lauter, *Zur Datierung der Skulpturen von Sperlonga,* Mitteilungen des Deutschen Archäologischen Instituts, Römische Abteilung 76, 1969, 161–173, bes. 166 Taf. 55,1.

Seite 112 Zur Verteilung der Ruderer in der zur Trihemiolia weiterentwickelten Hemiolia s. J.S. Morrison, *Hemiolia, Trihemiolia,* International Journal of Nautic Archaeology 9, 1980, 121–126.

Abb. 60   *Bildniskopf Antiochos III.*
Abb. 61   *Beißergigant vom Nordfries des Pergamon-Altares.*
Abb. 62   *Ptolemäische Ringer-Gruppe in Athen.*
Abb. 63   *Fragment eines bärtigen Kopfes in Rhodos.*

Abb. 60 △

Abb. 61 △

▽ *Abb. 62*

▽ *Abb. 63*

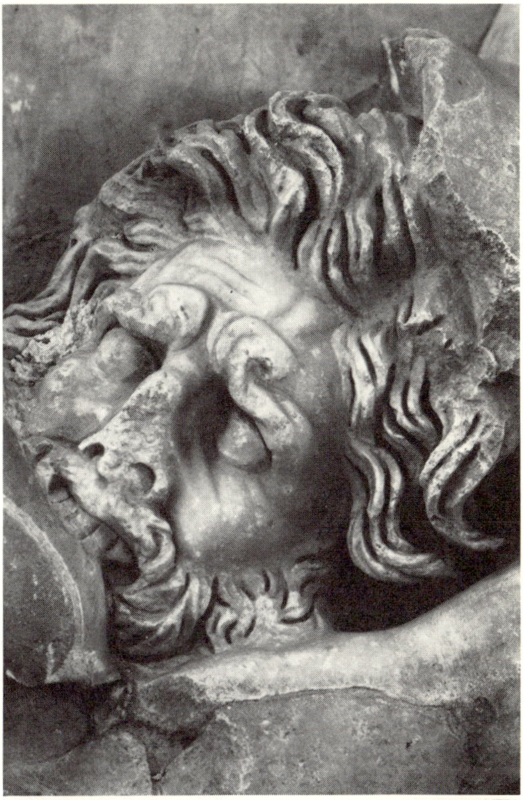

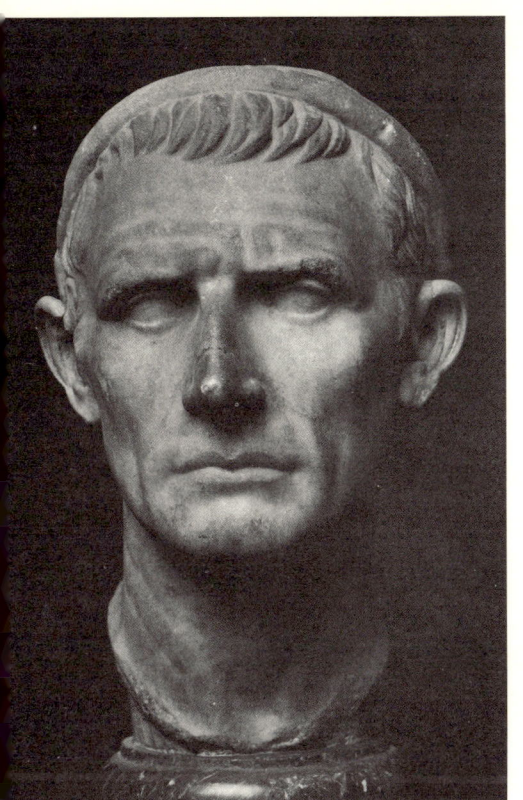

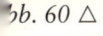

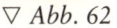

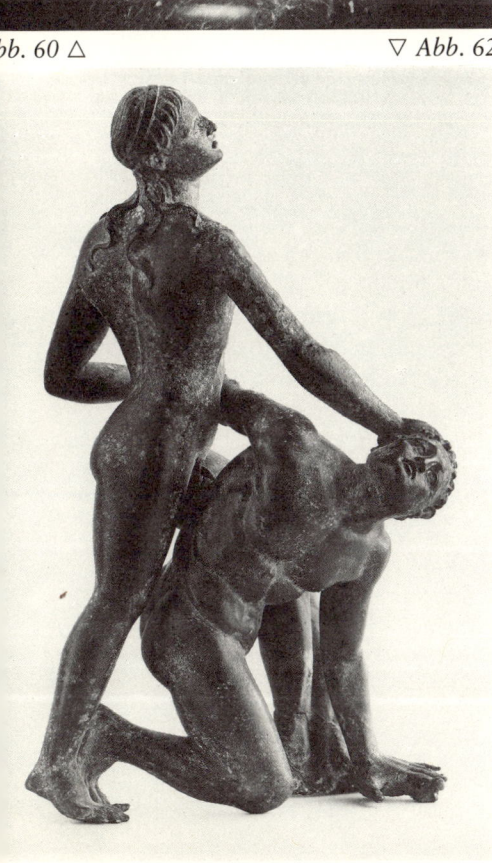

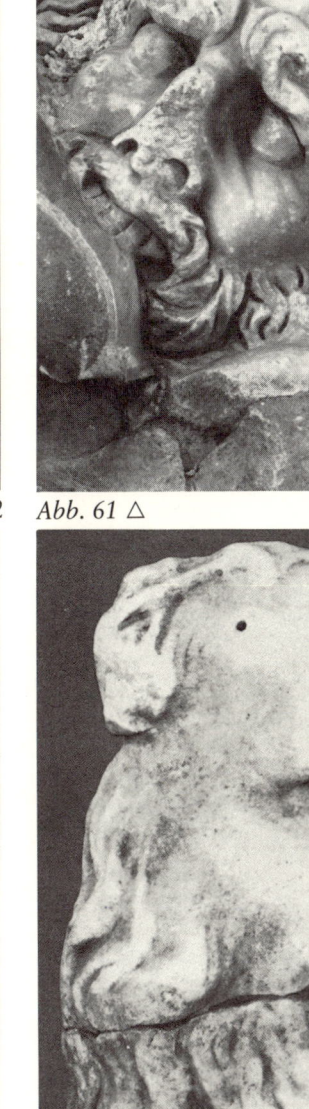

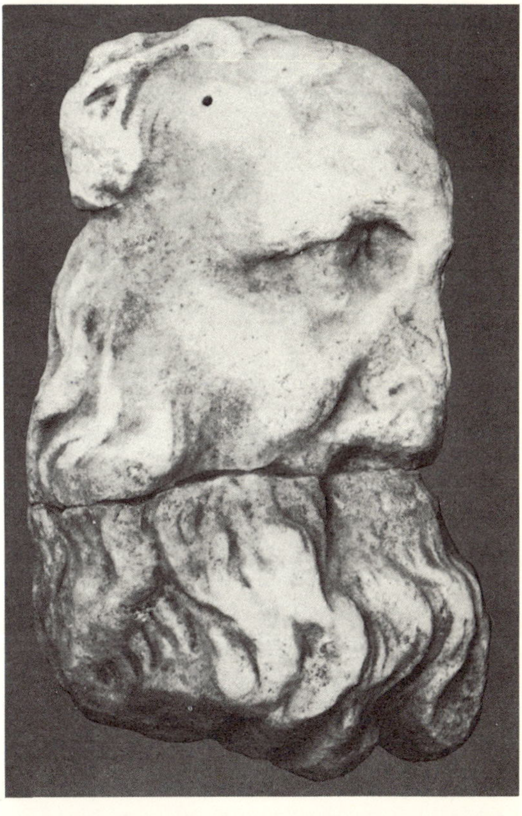

Seite 113 Zur GESCHICHTE VON RHODOS: H. van Gelder, *Geschichte der alten Rhodier,* Den Haag 1900. – Hatto H. Schmidt, *Rom und Rhodos, Geschichte ihrer politischen Beziehungen.* Münchner Beiträge zur Papyrusforschung und antiken Rechtsgeschichte 40, 1959. – R.M. Berthold, *Rhodos in the Hellenistic Age,* Ithaka 1984. – Grigoris Konstantinopoulos, *Archaia Rhodos,* Athen 1986.

Seite 114 Die RATIONALISTISCHE ERKLÄRUNG DES SKYLLA-MYTHOS bei Palaiphatos, *Peri apiston,* Mythographi Graeci III, 2 ed. N. Festa (1902) 20 (21). Für die Überprüfung der Übersetzung danke ich C.W. Müller.

Seite 116 Zur RHODISCHEN PLASTIK: G. Gualandi, *Sculture di Rodi,* Annuario della Scuola Italiana di Atene 38, 1976, 7–259. – G.S. Merker, *The Hellenistic Sculpture of Rhodes,* Studies in Mediterranean Archaeology 40, Göteborg 1973.
Zur KULTURGESCHICHTE VON RHODOS IN HELLENISTISCHER ZEIT vgl. Carl Schneider, *Kulturgeschichte des Hellenismus* 1, München 1967, 387–401.

Seite 117 Die ZU NYMPHÄEN AUSGESTALTETEN HÖHLEN in den Kalkfelsen der Akropolis von Rhodos sind noch nicht genau untersucht und vermessen. Wahrscheinlich handelt es sich um ehemalige Steinbrüche. Besonders eindrucksvoll sind die durch einen unterirdischen Gang verbundenen Kavernen zu beiden Seiten der Voriou-Straße in der großen auf den Mount Smith, die antike Akropolis, führenden Kehre. Grigoris Konstantinopulos, *Archaia Rhodos,* Athen 1986, Abb. XLV.
Die PASQUINO-GRUPPE hat Bernhard Schweizer, *Das Original der sogenannten Pasquino-Gruppe,* Abhandlungen der sächsischen Akademie der Wissenschaften 83, Nr. 4 (1936) mit überzeugenden Gründen als pergamenische Schöpfung erwiesen. Dieses Ergebnis wird durch die Erforschung der stilistisch nächstverwandten Polyphem-Gruppe von Sperlonga bestätigt, die ihrerseits mit dem Stil des Pergamon-Altares große Übereinstimmungen aufweist. Vgl. B. Andreae, in: *Antike Plastik* 14, 1974, 87–95.
Die ATTISCHE KUNST HELLENISTISCHER ZEIT hat Andrew Stewart, *Attika, Studies in Athenian Sculpture of the Hellenistic Age,* Supplementary Paper Nr. 14, 1979, The Society for the Promotion of Hellenic Studies, untersucht. Auch wenn die Datierung des Phyromachos, des bedeutendsten Meisters hellenistischer Zeit aus Athen, ins 3. Jh. v. Chr. nicht mehr zu halten ist, wie ich in der

Schrift *Antisthenes Philosophos Phyromachos epoiei*, Eikones. Studien zum griechischen und römischen Bildnis, Hans Jucker zum sechzigsten Geburtstag gewidmet, 12. Beiheft zur Halbjahresschrift Antike Kunst (1980) 41 gezeigt habe, so enthält die Schrift von Stewart doch eine so überzeugende Bestimmung des attischen Stils, daß man die Palladionraub-Gruppe hier anschließen kann.

Zur GRÜNDUNG VON RHODOS ALS HAUPTSTADT DER INSEL s. *Seite 119* Wolfgang Hoepfner und Ernst-Ludwig Schwandner, *Haus und Stadt im klassischen Griechenland*, Berlin 1986, 21–26.

Zum VERHÄLTNIS VON RHODOS UND ROM s. die S. 113 zitierte *Seite 120* Schrift von H.-H. Schmidt.

HANNIBALS DENKSCHRIFT ÜBER DIE UNTATEN DER RÖMER IN *Seite 121* KLEINASIEN, Cornelius Nepos, Hannibal 13,2.

Zur GESCHICHTE DER HELLENISTISCHEN STAATENWELT IM ZEIT- *Seite 122* ALTER DER DIADOCHEN: Michael Rostovtzeff, *Die hellenistische Welt*. Gesellschaft und Wirtschaft 8 Bde. Stuttgart 1955–56. – William W. Tarn, *Die Kultur der hellenistischen Welt* 3. Aufl., Darmstadt 1966. (Deutsche Übersetzung von: Hellenistic Civilisation 3. Aufl., London 1952). – Hermann Bengtson, *Griechische Geschichte von den Anfängen bis in die Römische Kaiserzeit*, 4. Aufl., München 1969, 426–504. – Pierre Grimal (Hrsg.), *Der Hellenismus und der Aufstieg Roms*. Fischer Weltgeschichte 8, Frankfurt 1973. – Edouard Will, *Histoire politique du monde hellénistique (323–30 av.J.C.)* 2 Bde., Nancy 1966–1982. – John Onians, *The Hellenistic Age. The Greek World View 350–50 B.C.*, London 1979. – Frank W. Walbank, *The Hellenistic World*, Brighton 1981. – François Chamoux, *La civilisation hellénistique*, Paris 1981. – Claire Préaux, *Le monde hellénistique. La Grèce et l'Orient de la mort d'Alexandre à la conquête romaine de la Grèce (323–146 av.J.C.)* 2 Bde., Paris 1978–1981. – Erich S. Gruen, *The Hellenistic World and the Coming of Rome*, Berkeley 1984. – Hermann Bengtson, *Die Diadochen. Die Nachfolger Alexander des Großen*, München 1987, behandelt nur die Generation nach Alexander.

PANAITIOS: Basile N. Tatakis, *Panétius de Rhodes*, Paris 1931. – *Seite 123* Lotte Labrowski, *Die Ethik des Panaitios*, Leipzig 1934. – Max Pohlenz, *Antikes Führertum. Cicero de officiis und das Lebensideal des Panaitios*, Leipzig 1934.

Den PALAST, in dem Tiberius in der Stadt Rhodos die Wintermonate zu verbringen pflegte, glaubt man jetzt bei Ausgrabungen von

Th. Dreliosi-Iraklidou am Westrand der mittelalterlichen Stadt gefunden zu haben: Wolfram Hoepfner und Ernst-Ludwig Schwandner, *Haus und Stadt im klassischen Griechenland*, Berlin 1986, 227 Anm. 44.

Seite 124 Zum DENKMAL DES PEISANDROS VON KAMEIROS MIT DER AUFSCHRIFT THEOKRITS: Anthologia Palatina 9, 598.

Zu APOLLONIOS RHODIOS: P. Händel, *Die hellenistische Dichtung*, Stuttgart 1960, 124 ff. – Egon Eichgrün, *Kallimachos und Apollonios Rhodios*, Berlin 1961. – Adolf Koehnken, *Apollonios Rhodios und Theokrit*, Göttingen 1965. – Francis Vian, *Apollonios de Rhodes* 3 Bde., Paris 1974–1981. – Malcolm Campbell, *Studies in the Third Book of Apollonius Rhodius Argonautica*, Hildesheim 1983.

Seite 125 Zitat nach Carl Schneider, *Kulturgeschichte des Hellenismus*, München 1, 1967, 398.

Zitat nach Hatto H. Schmitt, *Rom und Rhodos*, München 1957, 132.

Seite 126 Zu HIPPARCHOS VON NIKAIA: Das Urteil des Plinius, *Naturalis Historia* 2, 24–26. Fragment aus dem Werk „Über die durch ihr Gewicht zu Boden bewegten Körper" überliefert von Simplicius, *Commentarii in Aristotelem*, De caelo 277 a 27 (I 8, 119 a).

ALLGEMEIN: Oskar Becker, *Das mathematische Denken in der Antike*, Göttingen 1957, 110. – O. Neugebauer, *Exact Sciences in Antiquity*, Providence 1957. – S. Sambursky, *Das physikalische Weltbild der Antike*, Zürich und Stuttgart 1965, 74, 82 f., 463, 466 f., 546, 549 f.

Zur SUBLUNAREN MECHANIK BEI HIPPARCHOS UND ZUR ENTDECKUNG DES IMPETUSBEGRIFFS s. Sambursky, *a.O.* 467–486. – Vgl. M. Wolff, *Geschichte der Impetustheorie*, Frankfurt 1978. –

Zu HIPPARCHOS ALS GEOGRAPH s. D.R. Dicks, *The Geographic Fragments of Hipparchus*, London 1960.

Die Darstellung der RELATIVEN BEWEGUNG in der Skylla-Gruppe von Sperlonga und die Impetustheorie des Hipparchos von Nikaia wurden zuerst kombiniert von Bernard Andreae, Frankfurter Allgemeine Zeitung Nr. 302 vom 31. Dezember 1986, 33.

Seite 128 Zu LYKOPHRON: Lycophronis Alexandra, ed. Lorenzo Mascialino, Leipzig 1964. – Die Scholien zur Alexandra sind publiziert von E. Scheer, Bd. 2 Scholia continens, Berlin 1908. – Übersetzung: Carl von Holzinger, *Lycophrons Alexandra*, Griechisch und Deutsch mit erklärenden Anmerkungen, Leipzig 1895.

Zur Datierung der „Alexandra": Konrat Ziegler, *Real-Enzyklopädie der Classischen Altertumswissenschaften* XIII 2, München 1927, 2326–2381 s.v. Lykophron. – S. Josifovic ebenda Supplementenband XI, München 1968, 888–930 s.v. Lykophron. – Konrat Ziegler, *Der Kleine Pauly, Lexikon der Antike 3*, Stuttgart 1969, 815 f. s.v. Lykophronos Alexandra.
Entscheidend für die Spätdatierung Lykophrons II. ist eine kurze und versteckte Notiz des bedeutenden Erforschers alexandrinischer Poesie, Peter Marshall Fraser, der zunächst als der stärkste Verfechter der Frühdatierung galt und diese auch noch in seinem umfassenden Werk *Ptolemaic Alexandria*, 2 Bde. Oxford 1972,1,619.2 1065 ff. Anm. 331 vertreten hat; in Report of the Department of Antiquity of Cyprus 1979, 328–343 hat Fraser jedoch eindeutig nachgewiesen, daß der Autor der Alexandra Einzelheiten aus der Geschichte von Zypern am Ende des 3. Jh. v.Chr. mitteilt und folglich nicht vor diesem Datum geschrieben haben kann.

Löwenkopf der Skylla im Scholion zu Lykophron, Alexandra, Tzetzes zu Vers 650, Scheer *a.O.* S. 216, 10. *Seite 126*

Zu Pyrrhos: Hermann Bengtson, *Die Diadochen, Die Nachfolger Alexanders des Großen*, München 1987, 161–169. Zitat von Tonio Hölscher, in: *Die Geschlagenen und die Ausgelieferten in der Kunst des Hellenismus*, Antike Kunst 28, 1985, 133. *Seite 131*

Zu Polybios: Frank W. Walbank, *Polybius*, Berkeley 1972. – Ders., *A Historical Commentary on Polybius*, 3 Bde., Oxford 1957–1979. *Seite 132*

Zum Ballast der Laokoon-Rezeption erklärt Hanno-Walter Kruft, in: *Metamorphosen des Laokoon. Ein Beitrag zur Geschichte des Geschmacks*, Pantheon 62, 1984, 3–11, „Es ist wohl keine Übertreibung zu sagen, daß die historische Hülle von Verständnis und Mißverständnis, die sich um den Laokoon gelegt hat, der Bedeutung der antiken Gruppe zumindest gleichkommt." Goethes Beschreibung der Laokoon-Gruppe erschien 1798 in Propyläen, I, 47, 97–117. (Gedenkausgabe 33,128) – Vgl. Gottfried von Lücken, *Goethe und der Laokoon*, in: Natalicium Johannes Geffcken zum 70. Geburtstag, Heidelberg 1931, 85–99. – Ernst Grumach, *Goethe und die Antike,* Berlin 1949, 549–554; dort 547–556 Goethes weitere Bemerkungen zum Laokoon. *Seite 137*

Seite 128

Die Laokoon-Zeichnung von 1506 im Düsseldorfer Kunstmuseum wurde bekannt gemacht von Mathias Winner in dem S. *Seite 141*

S. 32 zitierten Aufsatz. Vgl. Phyllis Bober und Ruth Rubinstein, *Renaissance Artists und Antique Sculpture. A Handbook of Sources,* London und Oxford 1986, Nr. 122 a.

Der BRIEF VON GIOVANNI CAVALCANTI, abgedruckt bei Eugene Müntz, *Les antiquités de la ville de Rome aux XIVe, XVe et XVIe siècles,* Paris 1886, 45.

Erika Simons grundsätzlicher Beitrag *Laokoon und die Geschichte der antiken Kunst,* Archäologischer Anzeiger 1984, 643–672. – Vgl. Bernard Andreae, *Laokoon und Lykophron. Zur Bedeutung der Laokoon-Gruppe in hellenistischer Zeit,* Studien zur Klassischen Archäologie, Festschrift für Friedrich Hiller zu seinem 60. Geburtstag am 12. März 1986, 123–141.

Seite 144 Die beiden vorhergehenden Rekonstruktionsvorschläge, auf die Erika Simon sich bezieht, stammen von Per Aström, *Archeologia Roma* 8, 1969, 54 und von Roland Hampe, *Sperlonga und Vergil,* Mainz 1972, 77 f. Taf. 36.

Seite 146 Die NEUE INTERPRETATION DES PLINIUS-ZITATES NATURALIS HISTORIA 36,37 in: Frankfurter Allgemeine Zeitung Nr. 170 vom 26.7.1986. 8. Trierer Winckelmannsprogramm 1986, Bernard Andreae, *Plinius und der Laokoon,* Mainz 1987. B. Marzullo, Museum Criticum 21/22, 1986/87 (1988), 371–374.

Seite 148 Zu den VERGILILLUSTRATIONEN DER POMPEJANISCHEN WANDMALEREI s. Karl Schefold, *Die Trojasage in Pompeji,* Nederlands Kunsthistorisch Jaarboek 5, 1954, 221–224; wiederabgedruckt in: Karl Schefold, *Wort und Bild, Studien zur Gegenwart der Antike,* hrsg. von Ernst Berger und Hans Christoph Ackermann, Basel 1975, 129–134, besonders 133.

Die DEFINITION DER GRIECHISCHEN TRAGÖDIE bei Aristoteles, *Poetik* 6,2 lautet: „Die Tragödie ist die Nachahmung einer Handlung bedeutenden Inhalts ... vorgeführt von gegenwärtig handelnden Personen, die durch Mitleid und Furcht die Reinigung von diesen Pathemata, d.h. leidvollen Gemütsbewegungen bewirkt. Vgl. *Aristoteles Poetics,* Introduction, Commentary and Appendices by D.W. Lucas, Oxford 1968, 97 f. – *Poetik.* Aus dem Griechischen. Übersetzung von W. Schönherr. Anm. von E.G. Schmidt. Nachwort von E. Simon, Leipzig 1972. Diese leidvollen Gemütsbewegungen in ihrer Gesamtheit sind nicht nur Furcht und Mitleid, die die Tragödie des Laokoon auslösen, sondern auch seine und der Trojaner Blindheit gegen den Willen der Götter. Die Trojaner konnten deshalb keinen Ausweg mehr finden, den Perga-

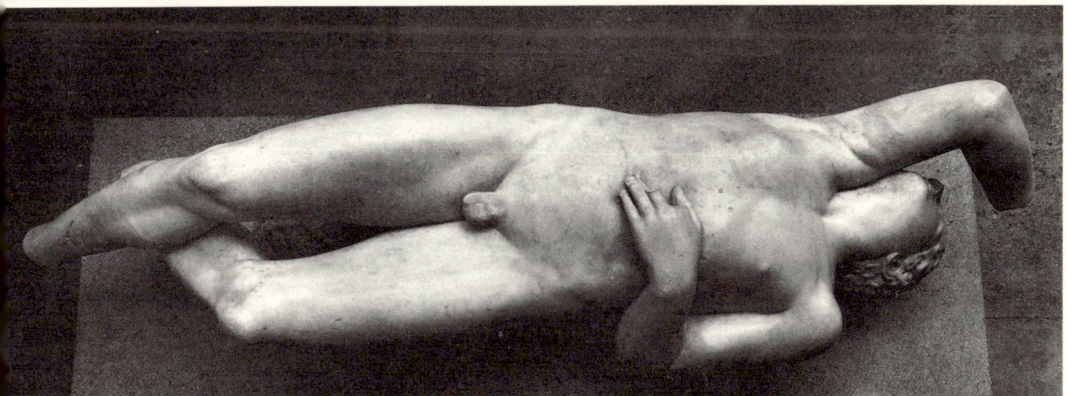

Abb. 64   Laokoon-Gruppe, Rückansicht.
Abb. 65   Aias und Kassandra, Wandgemälde in Pompeji.
Abb. 66   Liegender Niobide in München.

menern, die durch den Anblick der Tragödie des Laokoon von ihrer Blindheit befreit werden, steht hingegen offen, sich durch geschickte Diplomatie, bei der auch die Macht der Kunst eingesetzt wird, mit den Römern zu arrangieren.

Seite 149   Zu Ossip Zadkine: J. Cassov, *Ossip Zadkine,* Annswil 1962. – Johannes Langner, *Mahnmal für Rotterdam,* Reclam's Universalbibliothek Nr. 39094, Stuttgart 1963. Die Zitate ebenda S. 17 u. 18.

Zur hellenistischen Dichtung: Ullrich von Wilamowitz-Moellendorff, *Hellenistische Dichtung,* Berlin 1924. – Alfred Körte, *Die hellenistische Dichtung,* 2. vollständig neubearbeitete Aufl. von Paul Händel, Stuttgart 1960. – T.B.L. Webster, *Hellenistic Poetry and Art,* New York 1964. – Konrat Ziegler, *Das hellenistische Epos,* Leipzig 1966. – Raffaele Cantarella, *La letteratura greca dell'età ellenistica e imperiale,* Florenz 1968.

Die Begegnung des Odysseus mit Aeneas in Etrurien ist bei Lykophron, *Alexandra* 1242–1249 beschrieben, s. u. S. 158.

Zum Laokoon-Mythos in der antiken Literatur s. die zu S. 24 zitierte Literatur.

Seite 151   Zum Folgenden s. Bernard Andreae, *Il gruppo del Laocoonte. Semeion tes Iliou haloseos,* Rendiconti della Pontificia Accademia Romana di Archeologia 1987, im Druck.

Seite 152   Herodot, *Historiai, Proemium.*

Seite 153   Zitat Herodot, *Historiai,* 1, 5.

Seite 154   Zu Lykophron s. S. 128.

Seite 155   Zu Titus Quinctius Flamininus: A.M. Eckstein, *T. Quinctius Flamininus and the Campaign against Philip in 198 B.C.,* The Phoenix 30, 1976, 119–142. – Maria Radnoty-Alföldi, *Der Stater des T. Quinctius Flamininus,* Numismatische Zeitschrift 98, 1984, 19–26.

Seite 157   Zum Königtum von Pergamon: Roger B. McShane, *The Foreign Policy of the Attalids of Pergamum,* Urbana 1964. – Esther V. Hansen, *The Attalids of Pergamum,* 2. Aufl. Ithaca und London 1971. – Hermann Bengtson, *Herrschergestalten des Hellenismus,* München 1975, 236–250 (Eumenes II.). – Joachim Hopp, *Untersuchungen zur Geschichte der letzten Attaliden,* München 1977. – R.E. Allen, *The Attalid Kingdom. A Constitutional History,* Oxford 1983.

Seite 158   Zur Lage Ilions innerhalb des Staatsgebietes von Pergamon

s. Eduard Meyer, *Die Grenzen der hellenistischen Staaten in Kleinasien,* Zürich und Leipzig 1925.
Zu Lykophron s.o.S. 128.
Zu Aeneas in der Alexandra des Lykophron s. L. Mascialino, *Eneas y Roma en Licofron y en Vergilio,* Melmantica (Pontificia Universidad in Salamanca) 33, 1983, 401–405.
Zum Kniefall des Odysseus s. Nicholas Horsfall, *Some Problems in the Aeneas Legend,* Classical Quarterly 73, 1979, 380 f. ohne schlüssige Erklärung.
Zum Testament Attalos' III.: David Braun, *Rome and the Friendly King. The Character of the Client Kingship,* London und Canberra 1984, 131–133/150. – D. Magie, *Rome and the City-States of Western Asia Minor from 200 to 133 B.C.,* Anatolian Studies presented to W. Buckler, Manchester 1939, 161–185.
Zum Weinschlauchträger der Polyphem-Gruppe von Sperlonga: Andreae, *Odysseus,* 251.

Frank W. Walbank, *Philip V of Macedon,* Cambridge 1940. *Seite 160*

Zum liegenden Niobiden: W. Geominy, *Die Florentiner Niobiden,* Bonn 1984, 147–157, 419 ff. Anm. 386 und 389. *Seite 168*

Wilhelm Heinse, *Aphorismen,* hrsg. Albert Leitzmann, 1, Leipzig 1925, 536: „Ich weiß nicht, ob die Gruppe Laokoons wirklich so schön ist, als man sie macht; mir kommt sie immer je mehr ich sie betrachte gekünstelt vor, und wie eine Tanzmeisterstellung, als ob die Schlangen abgerichtet wären, die eine oben herein durch die Arme, und die andere zwischen den Beinen hinauf zu fahren, und den Vater mit den zwey Söhnchen zu einem marmornen Sonnenfächer gleichsam zu flechten…". *Seite 169*

Zum sogenannten Kleinen Attalischen Weihgeschenk: Beatrice Palma, *Il piccolo donario pergameno,* Xenia 1, 1981, 45–84. – Tonio Hölscher, *Die Geschlagenen und Ausgelieferten in der Kunst des Hellenismus,* Antike Kunst, 28, 1985, 120–136.
Zur etruskischen Laokoon-Gemme im Britischen Museum: s. o. S. 63.

Zur Kultgruppe des Damophon von Messene in Lykosoura: Guy Dickins, *Damophon of Messene,* Papers of the British School at Athens 12, 1905/6, 109–136; 13, 1906/7, 357–404. – Jerome Jordan Pollitt, *Art in the Hellenistic Age,* Cambridge 1986, 312. *Seite 170*
Zum Poseidon von Melos: Jörg Schäfer, *Antike Plastik 8,* 1968, 55–67.

Zur SKYLLA-GRUPPE AUS DER VILLA HADRIANA: Andreae, *Odysseus,* 225–244.

Zu SCIPIO: A.E. Astin, *Scipio Aemilianus,* Oxford 1967. Das Ilias-Zitat Scipios ist von Appian, *Libyké* 132 und Diodor 32,24 überliefert, s. Frank W. Walbank, *A Historical Commentary on Polybius* 3, Oxford 1979, 722–725.

Zum KONFLIKT ZWISCHEN ROM UND KARTHAGO: Hermann Bengtson, *Die Diadochen. Die Nachfolger Alexanders des Großen,* München 1987, 156–161. – Ders., *Grundriß der römischen Geschichte mit Quellenkunde,* Handbuch der Altertumswissenschaft III 5, 3. Aufl. München 1982, 97–115 und 145–152. – Alfred Heuss, *Römische Geschichte* 2. Aufl., Braunschweig 1964, 67–98 und 121–123. – Werner Huss, *Geschichte der Karthager,* Handbuch der Altertumswissenschaft III 8, München 1985, 284–443.

Seite 171 Die Begriffe „VERNICHTUNGSSTRATEGIE" und „ERMATTUNGSSTRATEGIE" bei Alfred Heuss, a.O. 88.

Zu den Motiven für das römische Vorgehen gegen Karthago Alfred Heuss, *a.O.* 121. – Werner Huss, *Geschichte der Karthager,* München 1985, 436 ff.

Die INTERNATIONALEN AUSGRABUNGEN IN KARTHAGO: Die Ergebnisse werden seit 1978 alljährlich im Bulletin des Centre d'Études et de Documentation archéologique de la Conservation de Carthage, CEDAC, veröffentlicht. Zum NEUEN KRIEGSHAFEN, Henry Hurst, *Excavations at Carthage 1977–8, Fourth Interim Report,* The Antiquaries Journal 59, 1979, 1–49.

Zum METUS PUNICUS: Heinz Bellen, *Metus Gallicus – Metus Punicus. Zum Furchtmotiv in der römischen Republik.* Abhandlungen der Akademie der Wissenschaften und der Literatur, Mainz 1985, Nr. 3.

Das berühmte *ceterum censeo Carthaginem esse delendam* überliefert bei Cicero, Cato 18 und anderen.

APPIAN ÜBER KARTHAGO: Appian, *Libyké* 128–132 = *Römische Geschichte* 8,19.

Seite 173 Zum AUSSPRUCH SCIPIOS s. o. S. 170.

VANDALEN IN ROM: 2. Juni 455, vierzehntägige Plünderung. Ludwig Schmidt, *Geschichte der Wandalen,* 2. Aufl. Leipzig 1942.

Ossip Zadkine s. o. S. 149. Die Zitate bei Langner, a. O. 17 f.

Seite 175 Zur EROBERUNG VON KORINTH: Polybios 39,2 (13. 40,7) – Alfred Heuss, *Römische Geschichte,* Braunschweig 1964, 121. –

Hermann Bengtson, *Grundriß der römischen Geschichte und Quellenkunde*, 3. Aufl. München 1982, 145–147.

Zu Numantia: Appian, *Iberiké, Römische Geschichte 6,95–96 (6,15)*. – Alfred Schulten, *Numantia. Die Ergebnisse der Ausgrabungen 1905–1912. 3. Die Lager Scipios*, München 1927, 54. – H. Simon, *Roms Kriege in Spanien 154–133 v. Chr.*, Frankfurt 1962. *Seite 177*

Scipio in Pergamon: Dieter Knibbe, *Die Gesandtschaft des jüngeren Scipio Africanus im Jahre 140 v. Chr.; ein Höhepunkt der Weltreichspolitik Roms im 2. Jh.*, Jahreshefte des Österreichischen Archäologischen Instituts 45, 1960, 35–38. – A.E. Astin, *Scipio Aemilianus*, Oxford 1967, 137.

Zu Attalos II. s. die zum Königtum von Pergamon angegebene Literatur o. S. 157, besonders J. Hopp, *a.O.* 59–106. – Nikolaus Himmelmann hat seine Entdeckung, daß der sogenannte Thermenherrscher im Römischen Nationalmuseum Attalos II. darstellt, vorläufig nur in einem Bericht in der Frankfurter Allgemeinen Zeitung Nr. 256 vom 4. November 1987, 33 kurz, aber vollkommen überzeugend begründet.

Zur Dirke-Gruppe s. S. 58. *Seite 180*

Die Inschrift des Stylopinakions im Tempel der Königin Apollonis, der Mutter von Eumenes II. und Attalos II., in Kyzikos ist überliefert in der *Anthologia Palatina* 3,7:

„Das siebte Stylopinakion, an der Nordseite, zeigt die Geschichte von Amphion und Zethos; sie binden Dirke an einen Stier; denn diese hatte ihre Mutter Antiope, die von ihrem eigenen Vater Nykteus an Dirkes Gatten Lykos zur Bestrafung für ihren Fehltritt übergeben war, aus Eifersucht in grausamster Weise mißhandelt:
Tötet, ihr Söhne des Zeus, Amphion und Zethos, die Dirke,
tat sie doch Schlimmstes dereinst Mutter Antiope an,
hat sie aus eifersüchtiger Wut in Fesseln gehalten;
aber tritt sie an euch flehend und wimmernd heran.
Knüpft an den Stier sie nun an mit doppeltgewundenen Stricken,
daß er den Körper ihr schleift bis in die waldige Schlucht."

Übersetzung Hermann Beckby (Hrsg.), Anthologia Graeca 1, Buch 1–6, München 1957, 205.

Zu den Stylopinakia vgl. Heide Froning, *Marmorschmuckreliefs mit griechischen Mythen im 1. Jh. v. Chr.* Mainz 1981, 44–47.

Zu den Standbildern der Scipionen: Luca Giuliani, *Bildnis und Botschaft, Hermeneutische Untersuchungen zur Bildniskunst der* *Seite 181*

215

römischen Republik, Frankfurt 1986, 175–189. – Vgl. Raimund Wünsche, *„Marius" und „Sulla". Untersuchungen zu republikanischen Porträts und deren neuzeitlichen Nachahmungen,* Münchner Jahrbuch der bildenden Kunst 33, 1982, 7–38.

Seite 183   Zum BEGRIFF CONSILIUM s. Friedrich Brein, *Zum Laokoon,* in: Classica et Provincialia, Festschrift Erna Diez, Graz 1978, 33–38, allerdings mit verfehlter Datierung der Laokoon-Gruppe um 75 n. Chr.

Seite 184   Als EXEMPLUM DOLORIS wurde die Gruppe angesehen nach Leopold D. Ettlinger, EXEMPLUM DOLORIS. REFLECTIONS ON THE LAOCOON GROUP, in: *Essays in Honor of Erwin Panofsky, De artibus opuscula* 40, New York 1961, 121–126.

ABBILDUNGSVERZEICHNIS

1. Vatikan, Belvedere, Laokoon-Gruppe.
2. Pompeji, Casa del Menandro, Wandgemälde, Tod des Laokoon.
3. Pompeji, Casa del Menandro, Wandgemälde, Trojanisches Pferd.
4. Vatikan, Stanza dell'Incendio, Fresko Raffaels, Borgobrand, Ausschnitt: Flucht des Aeneas. Foto Museum.
5. Vatikan, Pinacoteca, Wandgemälde des Melozzo da Forlì, Sixtus IV. übergibt im Beisein der Kardinalnepoten Riario und della Rovere dem Bibliothekar Platina die Ernennungsurkunde. Foto Museum.
6. Florenz, Uffizien, Bildnis des Lorenzo de'Medici von Giorgio Vasari. Foto Museum.
7. Amsterdam, Rijksmuseum, Bildnis des Giuliano da Sangallo von Piero di Cosimo. Foto Museum.
8. Rotterdam, Museum Boymans-van Beuningen, Bildnisskizze des Michelangelo von Fra Bartolomeo. Foto Museum.
9. Poggio a Caiano, Villa Medicea, Bauherr Lorenzo der Prächtige, Architekt Giuliano da Sangallo.
10. Unvollendetes Fresko des Filippino Lippi in der Vorhalle der Villa Medicea von Poggio a Caiano.
11. Florenz, Uffizien, Gabinetto dei Disegni, Entwurfskizze für ein Laokoon-Gemälde von Filippino Lippi. Foto Museum.
12. Florenz, Kellerraum der Sagrestia Nuova von Santo Spirito, Lavierte Kohlezeichnung des Laokoon-Kopfes. Foto Alinari.
13. Vatikan, Belvedere, Laokoon-Gruppe, Ausschnitt des Kopfes des Laokoon.

14. London, British Museum, Etruskische Skarabäus-Gemme im a-globolo-Stil, Laokoon. Fotos Museum.
15. Sperlonga, Museo Nazionale, Hand der Skylla und Kopf des Steuermanns, Zusammenfügung mit Hilfe von Kunststoffabgüssen, Foto DAI Rom.
16. Sperlonga, Skylla-Gruppe, Ausschnitt: Kopf des Steuermanns.
17. Sperlonga, Grotte des Tiberius, Rekonstruktionsskizze von M. Schützenberger.
18. Berlin, Pergamon-Museum, Großer Altar von Pergamon, Ausschnitt: Kopf eines Giganten vom Nordfries. Foto Museum.
19. Sperlonga, Museo Nazionale, Skylla-Gruppe, von links.
20. Sperlonga, Museo Nazionale, Skylla-Gruppe, von vorn.
21. Sperlonga, Museo Nazionale, Inschrift der Skylla-Gruppe.
22. Rekonstruktionsvorschag der Skylla-Gruppe von Sperlonga, Zeichnung von M. Schützenberger.
23. Rekonstruktionsvorschlag der Skylla-Gruppe von Sperlonga mit in die Fläche geklapptem Schiff, Zeichnung von M. Schützenberger.
24. Sperlonga, Museo Nazionale, Skylla-Gruppe, Ansicht von rechts.
25. Lindos, Akropolis, Schiffsrelief des Hagesandros.
26. Anordnung der Ruderbänke in einer Trihemiolia, Zeichnung von M. Schützenberger.
27. Berlin, Staatliche Museen – Stiftung Preußischer Kulturbesitz, Rhodischer Reliefbecher, Skylla, Zeichnung von Marina Heilmeyer.
28. British Museum, Bronzepatera aus Boscoreale, Skylla. Foto Museum.
29. Didyma, Tonmodel, Skylla. Foto DAI Istanbul.
30. Zeichnung des Tonmodels Abb. 29 von F. Bérard.
31. Vienne, Museum, Gallische Terra-Sigillata-Applique. Zeichnung Museum.
32.–34. Kontorniat-Medaillons mit Darstellung der Skylla, der Bestrafung Dirkes und des Laokoon, nach Andreas Alföldi und Elisabeth Alföldi, Die Kontorniat-Medaillons (1976).
35. Paris, Louvre, Nike von Samothrake. Foto Marburg.
36. Neapel, Museo Nazionale, Dirke-Gruppe. Foto DAI Rom.
37. Fontainebleau, Château, Bronzeabguß der Laokoon-Gruppe von Primaticcio. Foto Museum.

38.–44. Vatikan, Belvedere, Laokoon-Gruppe, Ausschnitte.
45. Berlin, Pergamonmuseum, Porträtkopf Attalos I. aus Pergamon.
46. Athen, Nationalmuseum, Goldstater mit Bildniskopf des Titus Quinctius Flaminius. Foto Bas. Stamatopoulos.
47. Paris, Bibliothèque Nationale, Cabinet des Médailles, Silbertetradrachmon mit Porträtkopf Eumenes II. von Pergamon. Foto Museum.
48. Rom, Museo Nazionale Romano, Bronzestatue eines hellenistischen Herrschers, nach der Identifizierung von N. Himmelmann Attalos II. von Pergamon. Foto Museum.
49. Berlin, Pergamonmuseum, Poträtkopf Attalos III. aus Pergamon, Foto Museum.
50. Berlin, Pergamonmuseum, Großer Altar von Pergamon, Ausschnitt: Alkyoneus vom Ostfries.
51. Sperlonga, Museo Nazionale, Kopf des Odysseus aus der Polyphem-Gruppe.
52. München, Glyptothek, Porträtkopf des Publius Cornelius Scipio Africanus.
53. München, Glyptothek, Poträtkopf des Lucius Cornelius Scipio Asiaticus.
54. Rotterdam, Denkmal „Die zerstörte Stadt" von Ossip Zadkine.
55. Vatikan, Belvedere, Laokoon-Gruppe mit den Ergänzungen von Giovannangelo Montorsoli.
56. Vatikan, Belvedere, Laokoon-Gruppe, Ausschnitt: der von L. Pollak gefundene, wiederangefügte rechte Arm des Laokoon.
57. Vatikan, Belvedere, Laokoon-Gruppe, Ausschnitt: linke Nebenseite des Altares. Foto Museum.
58. Sperlonga, Museo Nazionale, rechter Arm des Odysseus aus der Skylla-Gruppe.
59. Sperlonga, Museo Nazionale, linkes Bein des Odysseus aus der Skylla-Gruppe.
60. Paris, Louvre, Porträtkopf Antiochos III. Foto Giraudon.
61. Berlin, Pergamonmuseum, Großer Altar von Pergamon, Ausschnitt: Beißergigant des Nordfrieses. Foto Museum.
62. Athen, Nationalmuseum, Ringergruppe Ptolemaios V. Foto DAI Athen.
63. Rhodos, Museum, Fragment eines bärtigen Kopfes. Foto Museum.

64. Vatikan, Belvedere, Laokoon-Gruppe. Rückansicht. Foto DAI Rom.
65. Pompeji, Casa del Menandro, Wandgemälde, Ausschnitt: Kassandra und Aias.
66. München, Glyptothek, Liegender Niobide, Foto Museum.
Sofern nicht anders vermerkt, stammen die Fotos vom Verfasser. Allen Museen gilt unser herzlicher Dank für die Publikationserlaubnis.

Karte des Mittelmeergebietes: A. Fischer.

KULTURGESCHICHTE DER ANTIKEN WELT

Band 1:
John Boardman
Schwarzfigurige Vasen aus Athen
Einführung und Handbuch
278 Seiten; 321 Abbildungen

Band 2: *vergriffen*
Maria Alföldi
Antike Numismatik
Teil 1: Theorie und Praxis
XLVI, 218 Seiten Text und umfangreiche Register;
23 Textabbildungen; 25 Tafeln mit 410 Abbildungen; 7 Karten

Band 3:
Maria Alföldi
Antike Numismatik
Teil 2: Bibliographie
XXX, 152 Seiten Bibliographie und ausführliches
Register; 20 Tafeln
2. wesentlich erweiterte Auflage

Band 4:
John Boardman
Rotfigurige Vasen aus Athen
Die archaische Zeit
285 Seiten; 528 Abbildungen

Band 5:
John Boardman
Griechische Plastik
Die archaische Zeit
297 Seiten; 481 Abbildungen

Band 6:
Karl-Theodor Zauzich
Hieroglyphen ohne Geheimnis
Eine Einführung in die altägyptische Schrift
125 Seiten; 8 Farb- und 6 Schwarzweißabbildungen

Band 7:
Friedrich Karl Dörner
Vom Bosporus zum Ararat
Reise- und Fundberichte aus Kleinasien
XII, 392 Seiten mit 27 Textillustrationen; 5 doppelseitige Farbtafeln mit 8 Abbildungen; 64 Schwarzweißabbildungen;
2. Auflage — erweitert um 8 doppelseitige Farbtafeln

Band 8: *vergriffen*
Friedrich Richter / Wilhelm Hornbostel
Unser tägliches Griechisch
Deutsche Wörter griechischer Herkunft
Mit einem archäologischen Beitrag von
Wilhelm Hornbostel
246 Seiten; 36 Abbildungen

Band 9:
Sybille Haynes
Die Tochter des Augurs
Aus dem Leben der Etrusker
308 Seiten; 13 Farbtafeln; 42 Schwarzweißabbildungen

Band 10:
Volkert Haas
Hethitische Berggötter und hurritische
Steindämonen
Riten, Kulte und Mythen
257 Seiten; 6 Farb- und 37 Schwarzweißabbildungen

Band 11:
Labib Habachi
Die unsterblichen Obelisken Ägyptens
256 Seiten; 5 Farb- und 83 Schwarzweißabbildungen

Band 12:
Gerd Hagenow
Aus dem Weingarten der Antike
Der Wein in Dichtung, Brauchtum und Alltag
248 Seiten; 16 Farbtafeln und 64 Schwarzweißabbildungen

Band 13:
Denys Haynes
Griechische Kunst und die Entdeckung der Freiheit
148 Seiten; 90 Schwarzweißabbildungen

Band 14:
W. K. Lacey
Die Familie im antiken Griechenland
330 Seiten; 32 Tafeln mit 49 Abbildungen

Band 15: *vergriffen*
Jost Perfahl
Wiedersehen mit Argos und andere Nachrichten
über Hunde in der Antike
116 Seiten; 8 Farb- und 50 Schwarzweißabbildungen

VERLAG PHILIPP VON ZABERN · MAINZ

KULTURGESCHICHTE DER ANTIKEN WELT

Band 16:
Karl Schefold
Die Bedeutung der griechischen Kunst
für das Verständnis des Evangeliums
113 Seiten mit 48 Abbildungen

Band 17:
J. M. C. Toynbee
Tierwelt der Antike
XV, 486 Seiten mit 1 Textabbildung; 4 doppelseitige Farbtafeln; 48 Tafeln mit 144 Abbildungen

Band 18: vergriffen
Hilde Rühfel
Das Kind in der griechischen Kunst
Von der minoisch-mykenischen Zeit
bis zum Hellenismus
378 Seiten; 133 Abbildungen; 8 Farbtafeln

Band 19:
Hilde Rühfel
Kinderleben im klassischen Athen
Bilder auf klassischen Vasen
232 Seiten; 100 Abbildungen; 5 Farbtafeln

Band 20:
A. M. Snodgrass
Wehr und Waffen im antiken Griechenland
314 Seiten; 140 Abbildungen

Band 21: vergriffen
Patricia und Don R. Brothwell
Manna und Hirse
Eine Kulturgeschichte der Ernährung
316 Seiten; 45 Textabbildungen; 19 Farb- und 50 Schwarzweißtafeln

Band 22:
Roland Hampe
Antikes und modernes Griechenland
343 Seiten; 82 Textabbildungen; 6 Farbtafeln

Band 23:
Donna C. Kurtz / John Boardman
Thanatos
Tod und Jenseits bei den Griechen
481 Seiten; 247 Abbildungen; 8 Farbtafeln

Band 24:
Alison Burford
Künstler und Handwerker
in Griechenland und Rom
316 Seiten; 5 Textabbildungen; 50 Farb- und 32 Schwarzweißtafeln mit 88 Abbildungen

Band 25: vergriffen
Howard Hayes Scullard
Römische Feste
Kalender und Kult
413 Seiten; 51 Abbildungen; 11 Farbtafeln

Band 26:
Hermann Müller-Karpe
Frauen des 13. Jahrhunderts v. Chr.
201 Seiten; 112 Textabbildungen; 18 Farbtafeln

Band 27:
Barbara Deppert-Lippitz
Griechischer Goldschmuck
322 Seiten; 225 Textabbildungen; 32 Farbtafeln

Band 28/1:
Werner Ekschmitt
Kunst und Kultur der Kykladen
Teil I: Neolithikum und Bronzezeit
244 Seiten; 112 Textabbildungen; 48 Tafeln mit 47 Farb- und 16 Schwarzweißabbildungen

Band 28/2:
Werner Ekschmitt
Kunst und Kultur der Kykladen
Teil II: Geometrische und Archaische Zeit
276 Seiten; 151 Textabbildungen; 64 Tafeln mit 18 Farb- und 64 Schwarzweißabbildungen

Band 29:
Theodor Wiegand
Halbmond im letzten Viertel
Archäologische Reiseberichte
297 Seiten; 38 Fotos

Band 30:
Rainer Stadelmann
Die ägyptischen Pyramiden
Vom Ziegelbau zum Weltwunder
296 Seiten; 92 Textabbildungen; 23 Farb- und 54 Schwarzweißtafeln

VERLAG PHILIPP VON ZABERN · MAINZ

KULTURGESCHICHTE DER ANTIKEN WELT

Band 31:
Claude Bérard, Jean-Pierre Vernant u. a.
Die Bilderwelt der Griechen
Schlüssel zu einer »fremden« Kultur
259 Seiten; 231 Abbildungen, davon 46 Farbabbildungen

Band 32: vergriffen
Frédéric L. Bastet
Hinter den Kulissen der Antike
337 Seiten; 39 Abbildungen; 7 Farbtafeln

Band 33:
Marcus Junkelmann
Die Legionen des Augustus
Der römische Soldat im archäologischen Experiment
313 Seiten mit 24 Textabbildungen; 80 Tafeln mit 31 Farb- und 126 Schwarzweißabbildungen

Band 34:
Erika Simon
Die konstantinischen Deckengemälde in Trier
64 Seiten mit 25 Abbildungen; 14 Farbtafeln

Band 35:
John Boardman
Griechische Plastik
Die klassische Zeit
323 Seiten mit 412 Abbildungen; 8 Farbtafeln

Band 36:
Thomas Hägg
Eros und Tyche
311 Seiten mit 84 Textabbildungen; 8 Farbtafeln und einer Vorsatzkarte

Band 37:
Anne Johnson
Römische Kastelle
des 1. und 2. Jahrhunderts n. Chr. in Britannien und in den germanischen Provinzen des Römerreiches
370 Seiten mit 229 Textabbildungen; 8 Farbtafeln mit 15 Abbildungen

Band 38:
H. W. Parke
Athenische Feste
294 Seiten mit 74 Abbildungen

Band 39:
Bernard Andreae
Laokoon und die Gründung Roms
220 Seiten mit 29 Farb- und 39 Schwarzweißabbildungen

Sonderband:
Ausgrabungen — Funde — Forschungen
des Deutschen Archäologischen Instituts
258 Seiten; 127 Schwarzweißabbildungen;
14 farbige Abbildungen und Karten

Sonderband:
Edmund Buchner
Die Sonnenuhr des Augustus
112 Seiten; 25 Textabbildungen; 32 Tafeln mit 53 Abbildungen

Sonderband: vergriffen
Gianfilippo Carettoni
Das Haus des Augustus auf dem Palatin
95 Seiten mit 19 Textabbildungen; 26 Farbtafeln mit 40 Abbildungen; 22 Schwarzweißtafeln mit 24 Abbildungen; 2 Pläne

Sonderband:
Wiktor A. Daszewski
Dionysos der Erlöser
Griechische Mythen im spätantiken Zypern
52 Seiten mit 3 Textabbildungen; 19 Farbtafeln

Sonderband:
Werner Ekschmitt
Die Sieben Weltwunder
Ihre Erbauung, Zerstörung und Wiederentdeckung
277 Seiten; 94 Abbildungen; 28 Farb- und 50 Schwarzweißtafeln

Sonderband:
Roland Hampe / Erika Simon
Griechisches Leben im Spiegel der Kunst
96 Seiten mit 59 Photos
Überarbeitete 2. Auflage des seit 1961 vergriffenen Bandes

VERLAG PHILIPP VON ZABERN · MAINZ

KULTURGESCHICHTE DER ANTIKEN WELT

Sonderband: *vergriffen*
Homer
Die Odyssee
In gekürzter Form nacherzählt von Eva Jantzen
und bibliophil illustriert von Brinna Otto
200 Seiten; 66 Zeichnungen nach griechischen
Originalbildern

Oleg V. Volkoff
1000 Jahre Kairo
Die Geschichte einer verzaubernden Stadt
251 Seiten mit 44 Abbildungen, 8 doppelseitigen
Farbtafeln und 1 Stadtplan

Sonderband:
Nikolas Yalouris
Pegasus. Ein Mythos in der Kunst
171 Seiten mit 134 Farb- und 13 Schwarzweißabbildungen

VERLAG PHILIPP VON ZABERN · MAINZ